新时代大学素质教育系列教材

大学生美育

主　编　李　娇　颜　孜　李英子
副主编　钟　源　韩泽琼　蒋　樱

中国·武汉

图书在版编目(CIP)数据

大学生美育/李娇,颜孜,李英子主编.—武汉：华中科技大学出版社,2023.8
ISBN 978-7-5680-9400-9

Ⅰ.①大… Ⅱ.①李… ②颜… ③李… Ⅲ.①美育-高等学校-教材 Ⅳ.①G40-014

中国国家版本馆 CIP 数据核字(2023)第 136225 号

大学生美育
Daxuesheng Meiyu

李　娇　颜　孜　李英子　主编

策划编辑：阮　钊　熊元勇
责任编辑：李　琴
封面设计：孢　子
责任校对：谢　源
责任监印：朱　玢
出版发行：华中科技大学出版社(中国·武汉)　　　电话：(027)81321913
　　　　　武汉市东湖新技术开发区华工科技园　　　邮编：430223
录　　排：华中科技大学惠友文印中心
印　　刷：武汉市洪林印务有限公司
开　　本：787mm×1092mm　1/16
印　　张：17.25
字　　数：378千字
版　　次：2023年8月第1版第1次印刷
定　　价：58.00元

本书若有印装质量问题,请向出版社营销中心调换
全国免费服务热线：400-6679-118　　竭诚为您服务
版权所有　侵权必究

《大学生美育》
编 写 组

主　　编：李　娇　颜　孜　李英子
副 主 编：钟　源　韩泽琼　蒋　樱
编写人员：

许　莉　陈铭溪　焦　洁（武汉华夏理工学院）

刘菲菲　刘佳琪（武汉文理学院）

石　雪　朱才全　张　娟（武汉生物工程学院）

张之明　熊　伟（武昌理工学院）

"新时代大学素质教育系列教材"
编委会

主　任：赵作斌（武昌理工学院校长）
副主任：（以姓氏笔画为序）
　　　　方国平（武昌工学院党委书记）
　　　　江　珩（武汉生物工程学院党委书记）
　　　　李崇光（武昌首义学院校长）
　　　　何慧刚（湖北经济学院副校长）
　　　　陈祖亮（武汉学院党委书记）
　　　　夏　力（湖北第二师范学院副校长）
　　　　涂方剑（武汉音乐学院纪委书记）
　　　　湛俊三（武汉东湖学院党委书记）
委　员：（以姓氏笔画为序）
　　　　丁成忠（武汉华夏理工学院副校长）
　　　　马凤余（湖北恩施学院校长）
　　　　王良钢（武汉商贸职业学院副校长）
　　　　王明光（武汉文理学院副校长）
　　　　左宗文（武汉工商学院副校长）
　　　　朱继平（长江大学文理学院党委书记）
　　　　李　利（武昌职业学院副校长）
　　　　李明清（湖北工程学院新技术学院校长）
　　　　吴德明（武汉轻工大学学工部部长）
　　　　陆　博（荆州学院校长）

陈　昀（湖北经济学院法商学院校长）
胡　柳（湖北商贸学院副校长）
耿帮才（湖北文理学院理工学院常务副校长）
徐拥华（武汉设计工程学院副校长）
董艳燕（黄冈科技职业学院副校长）
程　红（文华学院副校长）
颜　海（武昌理工学院校长助理兼素质教育研究院院长）

总序

为深入学习贯彻党的二十大精神,"全面贯彻党的教育方针,落实立德树人根本任务,培养德智体美劳全面发展的社会主义建设者和接班人"。湖北省素质教育研究会高等教育分会、湖北省高等教育学会民办教育分会在武昌理工学院民办大学素质教育研究中心举行了"新时代大学素质教育系列教材"编写座谈会。湖北省内近30所高校的领导、专家学者参加了座谈会。与会领导、专家学者围绕"如何落实立德树人根本任务,发展素质教育""新时代大学素质教育的内涵、路径与措施""素质教育对建设高等教育强国的意义"等主题进行交流。大家一致认为:发展素质教育,需要各高校在课程、教学等核心领域和教材、考试及评价等关键环节有新突破,并就"新时代大学素质教育系列教材"的"共编、共讲、共研"方案达成了重要共识。"新时代大学素质教育系列教材"计划出版12个品种,分三年出齐。其中2023年出版4个品种,包括《大学生劳动教育》《大学生美育》《大学生健康教育》《大学生职业生涯规划》。我们期许"新时代大学素质教育系列教材"能为发展素质教育、培养担当民族复兴大任的新时代人发挥应有的作用;我们有信心,通过坚持不懈的努力,为素质教育的进一步发展做出更多的贡献。

"新时代大学素质教育系列教材"编委会

2023年3月

前言

美是纯洁道德、丰富精神的重要源泉。美育是审美教育、情操教育、心灵教育，也是丰富想象力和培养创新意识的教育，能提升审美素养、陶冶情操、温润心灵、激发创新创造活力。为贯彻落实习近平总书记关于教育的重要论述和全国教育大会精神，进一步强化学校美育育人功能，构建德智体美劳全面培养的教育体系，落实中共中央办公厅、国务院办公厅《关于全面加强和改进新时代学校美育工作的意见》，湖北省高等学校人文社科重点研究基地"民办大学素质教育研究中心"联合湖北省素质教育研究会高等教育分会，湖北省高等教育学会民办教育分会，共同发起"新时代大学素质教育系列教材"编写出版工程。《大学生美育》是系列教材之一。本教材结合大学生美育的实际需求，按照知美、识美、审美、创美、颂美的编写思路，设计了【美育目标】【美之印象】【美之赏析】【美之感悟】的新颖体例，体现了理论与实践相结合、形式与内容相统一、可读性和实用性并重的原则，期望能为新时代大学生美育教学提供优质资源。

本教材编写集中了多所高校教师的集体智慧，全书体例、模块、篇章结构、前言及统稿由颜孜和李英子完成；第一章、第二章由武昌理工学院组织编写；第三章、第四章、第八章由中南财经政法大学李英子编写；第五章由武汉文理学院组织编写；第六章由武汉华夏理工学院组织编写；第七章、第九章由武汉生物工程学院组织编写。

本教材编写中参阅引用了大量文献资料并尽可能注明出处，在此谨向原著编写的人员表示诚挚的谢意！本教材在编写过程中得到了"新时代大学素质教育系列教材"编委会领导、华中科技大学出版社的大力支持在此一并表示感谢！

由于编者水平有限，教材中难免存在不足之处，敬请各位同仁和读者批评指正！

《大学生美育》编写组
2023 年 12 月

目录

第一章 美之认知 …………………………………………… (1)
   第一节 美及美学 ………………………………………… (2)
   第二节 美育的本质与特征 ……………………………… (7)
   第三节 美育的内容与功能 ……………………………… (9)

第二章 美之审视 …………………………………………… (19)
   第一节 审美标准 ………………………………………… (20)
   第二节 审美心理 ………………………………………… (31)

第三章 美之赏析：自然之美 ……………………………… (39)
   第一节 自然美的形成与特征 …………………………… (39)
   第二节 自然审美 ………………………………………… (66)

第四章 美之赏析：社会之美 ……………………………… (78)
   第一节 社会美的内容与特征 …………………………… (78)
   第二节 社会审美 ………………………………………… (86)

第五章 美之赏析：文化之美 ……………………………… (100)
   第一节 文化美的内涵与特征 …………………………… (101)
   第二节 文化审美 ………………………………………… (108)

第六章 美之赏析：艺术之美 ……………………………… (132)
   第一节 艺术美及其本质 ………………………………… (133)
   第二节 艺术美的特征及功能 …………………………… (142)
   第三节 艺术审美 ………………………………………… (153)
   第四节 艺术美欣赏 ……………………………………… (159)

第七章　美之赏析:人体美与服饰美 ……………………………………(188)
　第一节　人体美 ……………………………………………………(189)
　第二节　服饰美 ……………………………………………………(197)

第八章　美之创造:科技之美 ……………………………………………(209)
　第一节　科学之美 …………………………………………………(209)
　第二节　技术之美 …………………………………………………(220)

第九章　美之升华:人格之美 ……………………………………………(237)
　第一节　人格美及其特征 …………………………………………(238)
　第二节　人格美审美 ………………………………………………(247)

参考文献 ……………………………………………………………………(262)

第一章 美之认知

 ## 美育目标

通过理解美的相关概念，学会运用美的本质与特征分析课程中的案例，从而正确把握美育的本质与特征。习近平总书记在全国教育工作大会上提出了"培养德智体美劳全面发展的社会主义建设者和接班人"。熟悉我国当下美育根本任务的内容，是以实现人的全面发展为终极目标，是以提高全民族文化素质为目的，是社会主义精神文明建设的重要途径。

 ## 美之印象

▲《八骏图》

《八骏图》是徐悲鸿先生享誉世界的代表作之一，创作于抗战胜利后的1948年，以传说中周穆王游昆仑时为之驾车的八匹骏马为题材，八匹马形态各异，或奔腾跳跃，或腾空而起，或回首长嘶，不仅将马的神骏壮美精准的表现出来，而且将马的内在精神本质把握得非常到位，铁骨龙魂、神骏龙蹄，虎虎生风，呼啸而来，生动展现了奔马坚毅，敏捷的特点，让人无限遐思，生出勃勃朝气，奋发向上的力量。

形象性是美的第一特征，人通过感官感知到形式美，感染性是美的第二特征，美好的事物能引起人的感情涟漪，领悟到美的更深层次的情感意蕴。《八骏图》不仅将奔马的骨骼肌肉结构准确的表现出来，还将夸张变形拿捏得非常到位形神具足，融入了自由与力量的艺术马，鼓舞人积极向上，奋发拼搏。

第一节　美 及 美 学

一、什么是美

早在古希腊时期,哲学家柏拉图在他的著作《大希庇阿斯篇》里,借助苏格拉底之口,在人类历史上第一次提出了关于美的本质的问题:"美是什么?"和"什么是美?"

那么,"什么是美?"这好像是个不假思索就能脱口而出回答的问题。在我们每个人的生活中,很难会有人对美好的事物从头到尾都保持无动于衷的状态。比如,我们能直接感知到新疆大漠、云南梯田、四川黄龙是属于自然美;张桂梅、屠呦呦、钟南山等人是传达着社会美;《大卫》《千里江山图》、唐诗宋词是呈现艺术美,但是这些具体的感受和评价,就是这个问题的终极答案吗?

从上述的各类审美体验,我们可以得知,美是审美主体与审美客体的契合。没有审美客体,美无法独立存在,没有审美主体,美感就无从产生。判断一个事物美不美,既取决于事物本身的属性,也需要人的主观评价与感受。而审美主体与审美客体的分离与统一,正是人类历史发展的结果。人类在谋求自身的发展过程中,通过不断寻找新的审美形式来丰富自己的审美知觉经验,获得层次更丰富的体验。所以,美是人的本质力量客观化后形成的产物,离开了人类的社会生活,美就无法存在。

二、美的特征

(一) 形象性

形象性是美的第一特征,形象性通过物质作用于人的感官上。人通过感官感知到形象美,眼睛通过视觉感知,耳朵通过听觉感知,皮肤通过触觉感知物质形象的各个方面。有些美的形象不是通过感官直接感知,所以关于美的形象,可以分为两种类型,即直接的形象和间接的形象。

(1) 直接的形象,一般来说可理解为人类感官所直接感知的形象,如绘画通过视觉被感知;雕塑通过视觉和触觉被感知;舞蹈等戏剧艺术,则是作用在多重感官,比如视觉、听觉,甚至嗅觉等。直接的形象是指它无需任何中介即成为快感对象,能即时产生美的快感。

(2) 间接的形象,通常指的是文学形象。它具有潜在的形象性,直接地显现为文字、歌词等,间接性地在人的脑海中形成形象性画面。文字是人类文明之旅的记录工具与载体,是生活化、形象化的思想结果。李白《望庐山瀑布》"飞流直下三千尺,疑是银河落九天。"多么丰富的想象力,从现实自然延伸到宇宙的广渺;王维《山居秋暝》"空山新雨后,天气晚来秋。明月松间照,清泉石上流。"描绘出秋天的清新,明月松树,泉水小石构成远离世俗的空灵;林徽因《你是人间的四月天》"你是一树一树的花开,是燕在梁间呢喃,——你是爱,是暖,是希望,你是人间的四月天!"内容、节奏、韵脚共同营造出春风轻灵、春光明媚、春色多变的画面形象,最后直抒胸臆,令人回味无穷。在诗词或者说歌词里是看不到直接的形象,但脑子里构造的形象却比一个直接的形象更具有意味性,是每个人依据自己的生活经验去理解、共鸣乃至构造出的形象。

(二)感染性

美的感染性是指美的事物所具有的吸引、愉悦的特性,能够引起审美主体的感情涟漪。美具有感染性,首先诉诸于人的情感,从悦耳悦目领略到美,再根据审美主体的经验获得美的升华,领悟到美的更深层次的意蕴。也就是说,我们欣赏任何一种美的事物,首先不是明白原理或者道理,而是在感情上产生冲动,获取精神上的愉悦。

人们都有美的感染性体验。无论是亲临云南元阳梯田感受壮美,还是聆听贝多芬《第五交响曲》感受激昂。事物的形象确实是引起人们审美愉悦的直接因素,审美主体的经历也是获得感染性的重要因素。如《论语·述而》记载,孔子在齐国听到《韶》乐,沉浸其中,甚至到了"三月不知肉味"的程度,感叹没想到《韶》乐的美妙竟然达到了这种程度。当时,孔子适逢文化裂变期,对行将失落的周代雅乐进行修复、改造和传播心怀使命感。而《韶》乐的尽善尽美使得孔子在感情上得到共鸣,感受到心目中追求的礼乐。

(三)功利性与超功利性

美是人类在漫长社会实践中诞生的,它所包含的内容必然体现出历史的时代性,体现出社会的功利性,满足人们的精神需求。比如中世纪的艺术是为宗教服务,哥特式教堂所体现出的庄严肃穆之美遥遥寄托着人们对上帝的信仰。

同时,美还具有的超功利性。美的事物与人的实际利益是相脱离的。当美的事物引起人的快感之际,这种快感是一种自由的游戏状态,不含物质、实用等功利色彩的个人精神愉悦状态。

三、美的内容、形式和形式美

(一)美的内容与形式的关系

1. 美的内容决定美的形式

为更好地表现内容,就需要有与它相适应的合理的内部结构和外部形态。比如歌词需要通过旋律、节奏等形式,来表达作词者或者歌手想表达的情感思想内容。比如《义勇军进行曲》旨在激励着中国人民的爱国主义精神,决定了它的节奏必然是铿锵的,旋律是雄伟的,以及对三连音的妙用,增强了歌曲的战斗气氛,节奏和旋律要为爱国主题而服务。贾谊《新书·服疑》记载:"贵贱有级,服位有等……天下见其服而知贵贱"。比如为了区别清代后宫嫔妃服饰等级,就需要通过服饰的质料、款式、颜色、纹样和饰品来体现。颜色上,清朝服饰中等级最高的为明黄色,所以只有皇后和皇贵妃能穿明黄色,贵妃和妃则穿金黄色,其他妃嫔只能穿茶褐色、红色、绿色,而作为贵人、常在、答应是没有朝服和朝冠的,只能身穿粉红色、乳白色或者浅绿色这些素净颜色的普通服饰。纹样上,皇后、皇贵妃的服饰纹路多采用金凤、牡丹、"五谷丰登"雍容华贵的纹样,贵妃、妃多为金翟、瑞草、祥云等,嫔及以下只有简单纹样,甚至不绣花纹。

2. 美的形式服务于美的内容

当美的形式适合美的内容时,就能更好地表现美的内容;反之,则会阻碍美的内容的表达。用《大刀进行曲》的节奏和旋律来演唱《我的祖国》,或者用《我的祖国》的节奏和旋律来演唱《大刀进行曲》,不但不能表达原歌词的思想感情,而且还会适得其反,对美的内容起破坏作用。

人们感受美,首先就是感受它的存在形式,才能领悟到美的内容。比如早年的北京故宫文创衍生品制作较粗糙,虽然内容不错,但因为形式陈旧,无法吸引消费者而迟迟无法打开销路,后来向文创产业做得比较好的博物馆学习。从原先的"纪念品"模式里跳出,选择做更加实用和接地气的产品,比如"朕就是这样的汉子"纸扇等,成功地吸引年轻一代的兴趣,成功打响了故宫IP的文创产业,使得故宫文化得到广泛的传播。这说明,我们在重视美的内容时,也不能忘记发展美的形式。根据内容的不同来选择最合适的美的形式,以促进美的内容的发展。

(二)美的形式与形式美的关系

1. 形式美源于美的形式

形式美是指自然、社会和艺术中各种形式因素(色彩、形体、声音等)有规律的组合或者共同的特征,来源于美的客观事物的形式。例如,人们在生活中常看到红色火焰、红扑扑笑脸、办婚事的红喜字等,经过长期的潜移默化,以至于只要看见红色,就会产生炙热、开心、吉祥等感受。这种感受正是火焰、笑脸、喜字等在形式上的共同特征,红色的形式美就是根据这些客观事物的美的形式抽象出来的。

2. 美的形式与形式美既有联系又有区别

美的形式不能脱离具体内容而单独存在,它所体现的内容必然是有具体可感知的形象。而形式美不直接表现具体而微的内容,它所体现的内容是间接的、隐蔽的。比如郑板桥画的竹子——坚定强劲,赞美竹子的顽强精神,隐寓革命者在斗争中的坚定立场,形式美也可以不依赖具体的内容,具有独立的审美价值。比如没有学过文艺复兴背景知识的普通人,第一眼看到达·芬奇画的《蒙娜丽莎》也会感动于其美的真实。

四、美学思想的形成

关于"美"一字,在我国最早的汉字商代甲骨文里,上部像羽毛之类的装饰物,下部是一个大字。甲骨文中的大即是人,因此合二为一就是一个站立的人,头上装饰着高耸弯曲的羽毛或类似的头饰状,像古代巫师化妆跳舞的样子。形容人的容貌和穿着,古人认为这就是美,所以才据此造字。这种解释"美"就有宗教巫术功能作用。

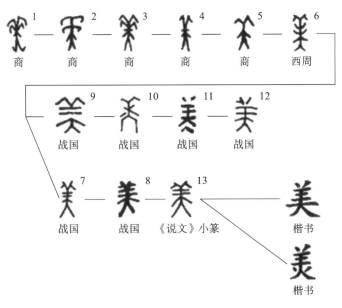

▲ "美"一字的演变过程

当许慎在《说文解字》解释道:"美,甘也。从羊从大,羊在六畜,主给膳也。美与善同意。""美"的含义已脱离了图腾巫术活动,而同"甘甜"这一味觉的快感相连。人们开始意识到审美活动同社会生活的联系。这一含义的出现,为后世"美"的范畴奠定了字源学的基础。

想要看中国的美学思想还是要见先秦时期的典籍。这一时期的美学是以孔子创立的儒家伦理美学为中心,其核心是"仁"。孔子本人对音乐也是充满兴趣,十分重视音乐的形式以及其美学与教化功能。"言而履之,礼也;行而乐之,乐也。"对孔子而言,面对礼崩乐坏的乱局,他想要"复礼"必重"正乐",两者同样不可或缺。《墨子》有言"食必常饱,然后求美;衣必常暖,然后求丽;居必常安,然后求乐。"展现了仓廪实而知礼节的社会美。《庄子》则展现了美的自由自在:"天地与我并生,而万物与我为一。"儒道法从不同角度充实并构建了美的内容体系,为后世的中国美学体系打下了基础。

春秋战国后,美学思想在文学、绘画、音乐、戏剧等艺术领域里得到了新的发展。比如刘勰的《文心雕龙》、顾恺之的《论画》、嵇康的《声无哀乐论》等,从不同角度试图探索了美的规律,见解精辟,但这些理论上的见解实际上还没有形成完整的美学理论体系,当然,美在此还不能成为一门独立的学科。

到了近代,王国维将西方美学与传统文论结合起来,撰写了中国第一部具有现代意义的美学著作《人间词话》。蔡元培则把美学与艺术教育结合起来,提出美感教育的理想,并积极展开社会实践。曾留学日本的吕澂在《新青年》上提出"美术革命",引发热烈争鸣,标志着在中国,美学作为一个学科逐步走向自觉。

在朱光潜的美学体系里,吸收了儒家思想以及西方的思想资源。他认为美育是一种情感教育,要重视美育在认知方面的重要价值,想要民族繁荣,必须提倡美感教育的普及。

1. 西方美学思想的形成过程

西方美学思想形成,得追溯到古希腊。在前6世纪末,毕达哥拉斯学派的科学家们在研究宇宙本源时,提出关于美的问题,并试图做出解释,认为美是体现着合理的或者理想的数学关系,认为美是"和谐"的。这里,他们把注意力放在自然科学上了,尚未关注美与社会的关系。

自苏格拉底、柏拉图开始,美学思想的对象由原先的理念抽象转向对人和社会的思考。柏拉图《大希庇阿斯》是第一篇关于美学问题的专论文章,对美与善的关系、美与丑的对立等作出了探讨。

亚里士多德批判并继承了柏拉图的学说,在《诗学》和《修辞学》里认为美不是抽象的,而是具体的、可以感受的。美的表现与本质是契合的。美与善既相互区别又统一,尤其他批判了柏拉图的艺术模仿说,认为艺术家不仅是描摹现实,而是要揭示现象的本质和规律。另外,他还总结出悲剧理论,论述悲剧与美感的关系,强调艺术是教育作用与娱乐作用相统一。

在漫长的中世纪里,西方的美学思想基本停滞了,上帝是美的化身。到了文艺复兴时期,基督教神学基础被动摇,人的精神上得到解放,从而推动了艺术的发展与繁荣,促进了美学思想的进一步发展。走向启蒙运动之际,美学不再是艺术知识的附庸,成为哲学的重要组成部分,众多学者如对理性主义美学的研究、对形象思维的研究等等,为美学体系的形成奠定了坚实的基础。

"美学"作为一个概念最早是鲍姆加敦提出的。他在1730年出版了《美学》专著第一卷,确立了感性认识是美学的研究对象。最终,美学体系的确立,要落到重要代表人物便是康德和黑格尔二人肩上了。相较于前人只能分析美学的局部,而康德从知、情、意统一高度来论证美学的问题,特别是对审美意识特征的分析,是第一个建立完整美学体系的人。黑格尔则把古典美学推向了高峰。首先,他把美的本质与人的本质联系起来,把美学放在人类思想发展总进程里进行宏观观察,为马克思美学提供了思想基础。其次,他把美的哲学思辨与艺术实践和审美活动结合起来。最后,他建立了庞大的门类艺术体系,比如建筑、雕刻、绘画与音乐等,尽管认识多有偏颇,但美学理论在此完成了构建完整的体系的目标。

2. 马克思主义哲学中的美学

马克思和恩格斯运用辩证唯物主义和历史唯物主义的世界观、方法论,吸收了德国古典美学的成果,奠定了马克思主义美学的坚实基础。

马克思主义美学认为审美意识、艺术现象是由社会存在于经济基础决定的一种社会意识和社会形态。归根结底,物质的生产发展制约着整个人类历史的发展,从而影响审美与艺术的发展。同时艺术自身也有其发展规律,与物质生产发展也存在着不平衡性。

列宁在马克思主义美学的基础上,指出文学艺术是无产阶级事业的一部分,因此不能脱离无产阶级政党的领导,同时也强调了艺术本身的相对独立性。他的社会实践,补充与发展了马克思主义美学。

毛泽东在实践中进一步阐释了无产阶级的文艺发展方向,是为工农兵服务,文学艺术的灵感根植在人类社会中。他提倡革命的文艺工作者深入到群众斗争中,认识现实生活,从现实生活中提炼各种各样的艺术创作元素,帮助群众理解时局动态、革命的理念等。毛泽东的《新民主主义论》和《在延安文艺座谈会上的讲话》在艺术实践上提出"古为今用,洋为中用""推陈出新"等方针,反映了时代性、社会性。使得美学与时代精神紧密相连。这些理念的提出与践行,实际上是对马克思主义的继承、借鉴与创新。

习近平在推进新时代文化自信自强方面,也强调坚持马克思主义在意识形态领域指导地位,提出以社会主义核心价值观为引领,发展社会主义先进文化;同时还提出要坚持以人民为中心的创作导向,推出更多增强人民精神力量的优秀作品。号召国人坚守中华文化立场,提炼展示中华文明的精神标识和文化精髓,加快构建中国话语和中国叙事体系,讲好中国故事、传播好中国声音。

第二节 美育的本质与特征

一、何谓美育

美育,从字面来看是有关于美的教育。再进一步具体阐释,是指通过丰富的实践活动,打动人们的感情,使之在心灵深处受到感染,从而树立正确的审美观,获得感受美、鉴赏美、创造美的能力的教育。习近平总书记在给中央美术学院老教授的回信中强调:"做好美育工作,要坚持立德树人,扎根时代生活,遵循美育特点,弘扬中华美育精神,让祖国青年一代身心都健康成长。"

二、美育的本质

所谓美育的本质,是指着重于促进个体的审美发展,激发生命活力,提升情感境界、培养创造力,最终与其他教育一起服务于人的全面发展目标,离开了感性,就谈不上美育，这是美育区别于其他教育的根本特征。

然而许多人往往把美育过程理解为以艺术的形式灌输抽象道德的教育途径。对于美育价值的体现，总希望在"动之以情"之后，更有"晓之以理"的结果。事实上，美育追求的就是"动之以情"本身，试图开发受教育者生存发展所必需的情感潜能。比如愉快、崇敬、满足、焦急、悲哀、压抑等内心体验。情感的需求和敏锐的生存感受是个体生存的必备要素。一个情感麻木、枯竭或压抑的人，即使其他方面如智力、金钱十分富足，他的个体人格也不会有全面的发展，其生存也谈不上达到真正的圆满与幸福。

当然，美育重视感性的教育，并不说明它排斥理性的教育，美育所要发展的感性是和理性相互协调、相互渗透、相互促进的感性。毕竟，个体以深度体验为核心，同时蕴含着过往的生活经验与文化积淀，而这种经验的积累又放大了个体的感性的范围与深度。美育活动，就是要保护与发展个体的天然感性中的活泼与生动，又要使之得到理性的丰富与提升。

三、美育的特征

（一）注重形式吸引力

从形式上看，美育注重客体对象的感性形式。

美存在于感性形式之中，并通过感性形式表达出来。所谓感性形式，一般来说，是由颜色、形状、声音等各种元素根据一定规律有机组成。美的教育，首先要能够感知对象的美，才能够引导受教育者体验其美的感性形式。比如毕加索著名的反战作品《格尔尼卡》，整幅画只有大体的黑、白、灰三个色调，构图的各个元素看似凌乱，变形的牛头，各种挣扎的人类，仿佛身至地狱，与轰炸之下四处逃散和惊恐悲痛的混乱氛围遥相呼应，然而顶头仍然有一束光，好像人类的光明尚未熄灭。因此，《格尔尼卡》不仅是重磅级美术巨作，更是一段历史的缩影。《格尔尼卡》的吸引力通过它的感性形式表达出来，使得观者获得美的教育。

▲ 格尔尼卡

从内容上看，美育追求情感的感染力。

德国哲学家雅斯贝尔斯在《什么是教育》中谈到,教育的本质意味着,一棵树摇动一棵树,一朵云推动一朵云,一个灵魂唤醒一个灵魂。从途径来看,德育、智育以理服人,而美育则以情动人。只有对美产生情感上的共鸣,获得精神上的愉悦感受,才能达到美育的目的。不能激发情感产生的不是美的事物。不能打动人的感情的教育也不是美育。蔡元培在《体验与艺术》里写到一例,有一儒生遇见说书先生柳敬亭,觉得是可塑之才,便提示道:"说书虽小技,然必句性情,习方俗,如优孟摇头而歌,而后可以得志。"道出说书必须勾画出(故事中人物的)性格情态,熟悉各地方的风土人情,才能使得听众获得共情。柳敬亭深受启发,专研说书技术,他的说书从"能使人欢咍嗢噱"到"能使人慷慨涕泣",又经数月的练习,再听其说书,儒生感叹:"子言未发而哀乐具乎前,使人之性情不能自生,盖进乎其技矣。"意思是,柳敬亭还没有开口,哀伤、欢乐的感情就先表现出来了,使听众不能控制自己的感情,正所谓说书的技艺达到了精妙的程度,观者在情感上获得了美育的享受。

(二)赋予娱乐性与自主性

为什么柳敬亭的说书,世人"争延之使奏其技"呢?就如当下歌迷购买歌星演唱会门票,球迷热情投入球场竞技中,为自己支持的球队摇旗呐喊等。歌星的歌喉、球队的球技等等,他们以完满的感性形式,追求情感的感染力,二者构成美的世界,赋予观者强烈的娱乐性,使他们置身于美的境界,自由舒展地感受美,不由自主地接受思想启迪。而这种启迪不同于德育、智育的耳提面命,具有强烈的目的性。表现出了接受美育比接受德育、智育有无可比拟的积极性与主动性。如果说德育、智育带有一定的强制性,那么美育则有着充分的自由。美育在感受美的过程中,教育是间接目的,娱乐是直接目的。因此美育的作用相较于智育等是缓慢的,思想转变是渐进式的,然而这种转变一旦发生,是异常深刻的。

第三节 美育的内容与功能

一、美育的内容

在美的世界中,美的对象是多种多样的,美的形态是多姿多彩的,美的领域是广阔无垠的,因此关于审美教育的内容是包罗万象的,既有艺术美的教育,又有自然美和社会美的教育,甚至还有新出现的科技美的教育。其中,艺术美是美的集中体现,因而也是审美教育的核心内容。

(一)美育中的自然美

自然美是指对大自然的各类地理地貌以及风土人情的美的感受。

首先,对自然美展开审美教育可以提高人的审美感受力。要认识和欣赏自然美就需要培养感受力,而在这种对自然美感受力的培养过程中也是人与自然相契合的过程。

其次,自然的审美教育塑造了人的性情、性格。俗话说,一方水土养一方人。比如江南水乡的人们相较于东北地区的在性格上更温柔些。起源于南方的昆曲和北方的相声,在艺术表现上大相径庭,前者表达细腻,后者注重逗乐。

最后,通过对自然美的教育也可以培养人们的爱国主义精神,增强民族自豪感。我们祖国地域广阔,南北东西差异较大,塑造了各类精彩纷呈的自然风光。多部国产自然纪录片的拍摄,如《河西走廊》《我们诞生在中国》《航拍中国》等让人们能够足不出户也可以纵览五湖四海、四时风光,激发对祖国的爱国之情。

(二)美育中的社会美

社会美的范围非常广泛,既包括日常生活,又包括生产实践、阶级斗争,也包括人们的科学探索和发现。比如屠呦呦研究防治疟疾新药,标志着中国大陆科学家首次获得诺贝尔科学奖。虽然在研究过程中遇到了众多阻碍,她依然在重重困难中坚持前行。获得巨大荣誉后,她反复强调是集体的研究成果,不骄不躁,又全心全意投入到研究工作中。屠呦呦的这种人格美、对科研的极度专注,使人们感动、促使人们向她学习,不正是以社会美展开美的教育的最好的体现。

而在新时代建设中国特色社会主义的征程中,感受当今中国社会中核心价值观广泛传播、生态文明意识的不断加强、对人类共同命运的深切关怀等等,也同样是认知社会美的重要内容。

(三)美育中的艺术美

艺术美是指人们从自然社会中提炼出具体的形象并表现出来,使人们从中获得审美的享受。展开艺术美的教育,前提是掌握艺术的基本特点。艺术作品必须真实地、概括地反映社会生活。艺术家依照美的规律,从鱼龙混杂的生活中提炼出美的要素,以美的形式表现社会的真实。比如"泥人张"的创始人张长林以高度的思辨能力和敏锐的洞察力将清末至民国年间的风土人情艺术的丰富再现出来,塑像反映出人世间的千姿百态,令观者可以心领神会。

(四)美育中的科学美

科学美是指对客观事物本身及其发展规律的研究展现出的美。

科学美是理性美的展现,力求最佳表现形式展现内容。罗素在《西方哲学史》推崇数学的理性美:"恰当的说,数学不仅涵括真理,亦表现最高等的美——这种美冷静而简朴,宛若雕塑,不诉诸我们任何柔弱的本性,没有绘画中亦或音乐中的华丽绚烂,但是纯粹得庄严,只有最伟大的艺术才能展示其严格的完美。"这段话虽有偏颇之处,但体现了科学美的魅力。

综上所述,不同形态的美,具有不同的审美特征,也会产生不同的审美教育效果,因此艺术美的教育不能替代自然美、社会美等的教育。乃至艺术美内部也有多样的类型,比如音乐审美教育的内容和方法与绘画审美教育的内容和方法是不能混为一谈的。

由此看来,美育不应等于艺术教育。早年教育部印发的《面向 21 世纪教育振兴行计划》中指出:"体育与美育是素质教育的重要组成部分,要加强体育和美育工作。2001 年,初步建立大中小学相互衔接的、较为科学合理的体育、艺术教育体系,保证学校艺术教育和体育教师的数量和质量,提高教学水平。"从这份文件里可以看出,20 世纪初,相关部门把美育理解为艺术教育,在这种观点的指导下,具体到学校里的举措,便以艺术教育课程的展开来代替美育,而艺术教育的课程多仅限于音乐、美术教育。然而这种理解是错误的,因为美育和艺术教育的二者概念是不同的,从范畴上来看,美育包括艺术教育,艺术教育是美育的重要组成部分,丰富了美育的内容。

二、美育的功能

(一) 美育能够陶冶情感,净化心灵

由于美育通过形式来追求情感的感染力,人们在审美教育活动中能够得到情感上的陶冶,心灵得到净化。比如圣人孔子对待音乐的态度,亦是如此。孔子是第一个指出音乐美学功能的人。孔子曰:"不能《诗》,于礼缪;不能乐,于礼素。"意思是如果没有音乐,礼的仪式就会显得质朴无华。充分肯定了音乐的教化功能。他不仅强调要关注音乐的形式,还应注重音乐的内核。"礼乐"的实质不是强加于人按礼乐规则行事,而是主体在践行礼乐的过程中,得到审美愉悦和人格提升。《孔子家语》:"言而履之,礼也;行而乐之,乐也。"这里的"礼"是指个人的知行合一,"乐"则是在践行礼乐过程中有所得的内在愉悦。人们在艺术的审美教育活动中,是在喜怒哀乐的美感状态中吸收美,感受美。所以,作为大学生,应积极参与各类美育活动,比如各类重大音乐会、重要画展,甚至观赏经典电影、阅读经典著作等,都是接受美育的熏陶。

(二) 美育能够激发灵感,开发智力

美育能够培养想象力,提高理解力,是发展智力的动力因素。几乎所有的大科学家或者大发明家在科学工作之余,同样也非常热爱艺术。伽利略不仅是一位杰出的诗人,而且还是位文笔犀利的文学评论家。文艺复兴三杰之一的达·芬奇,在他留下来的手稿里,可以发现他既是个"科学化"的艺术家,又是个"艺术化"的科学家。我国两弹一星功勋奖章获得者钱学森先生求学期间一直热衷于参与音乐活动,他说,"艺术的修养,对我后来科学工作很重要,它开拓了科学的创新思维,我们当时搞火箭的一些想法,就是在和艺术家们交流中产生的。"对于大学生而言,接受审美教育,有助于培养其丰富的想象力、理解力和创新能力,全方位增强思维能力。

(三) 美育能够培养人的爱国意识，增强凝聚力

美育能够从不同的角度体现山河之壮丽，人格之善恶，文化之绚烂，自然而然激发民众的爱国激情，这是美育社会功能的重要体现。例如，从屈原的"长太息以掩涕兮，哀民生之多艰"感受到对国计民生的忧患之情；从王昌龄的"青海长云暗雪山，孤城遥望玉门关"感受到身处边境的思乡之情；从杜甫的"国破山河在，城春草木深"感受到忧国忧民的高尚情感；也能从毛泽东的"江山如此多娇，引无数英雄竞折腰"感受到祖国的壮美。从宋代的《千里江山图》，到近代张大千的泼墨山水，自古以来文人墨客运用他们的各类艺术手法来表现祖国山河之美。大学生可以通过以美爱国，增强民族的自豪感，培养对祖国对人民的深厚情感。习近平总书记在党的二十大报告中指出："以社会主义核心价值观为引领，发展社会主义先进文化，弘扬革命文化，传承中华优秀传统文化。"中国传统艺术是中华文化的瑰宝，书法、绘画、园林、建筑、戏曲等都是其中的典型代表。在中华文明赓续传承的历史长河中，传统艺术浸润涵养了一代又一代中国人。

三、美育与素质教育

《关于深化教育改革，全面推进素质教育的决定》里对素质教育是这样定义的："就是全面贯彻党的教育方针，以提高国民素质为根本宗旨，以培养学生的创新精神和实践能力为重点，造就'有理想、有道德、有文化、有纪律'的、德智体美等全面发展的社会主义事业建设者和接班人。"

关于美育与素质教育的关系，中共中央、国务院在《关于深化教育改革，全面推进素质教育的决定》指出："实施素质教育，必须把德育、智育、体育、美育等有机地统一在教育活动的各个环节中。学校教育不仅要抓好智育，更要重视德育，还要加强体育、美育、劳动技术教育和社会实践，使诸方面教育相互渗透，协调发展，促进学生的全面发展和健康成长。"从这份政府文件可以看出，在国家战略层面上考虑，美育是实现全面发展素质教育的必要支柱之一。

美育是素质教育的有机组成部分，是从属于素质教育。二者是部分与整体的关系。美育的内容是培育审美主体，而素质教育的内容是培育学生全方位的素质素养，比如品德、智力、体育、劳技等。要求我们在推进素质教育的过程中，正确认识美育在全面发展教育中起着推动作用，才能使得美育在素质教育的实施中发挥所长。

美育要为素质教育的实施创设良好的条件。在家庭美育上，长辈需要以身作则，从言行到家庭环境为学生素质教育培养创设良好的环境；在学校，老师要提高自己的专业素养，校园环境要合乎美育的条件；在社会，当地政府应因地制宜，积极推动美术馆、博物馆、剧院、植物园或博物园的建设，创设良好的文化氛围，鼓励民众积极举办或者参与各类艺术展览等活动，接受美育的熏陶。

把素质教育融入日常教育活动之中。素质教育中的德育、智育、体育和美育的

实施是相辅相成,缺一不可的。比如张桂梅为大山女孩托起教育的希望所展现出来的人格美;印象派的出现与当时光色科学理论体系的形成有密切关系;奥林匹克运动会上参赛者的形体美和运动美展现了体育与美的结合等。所以不要通过单一途径来推进素质教育,应该把主科与副科、课内与课外、学校与家庭社会链接起来,全方位对学生展开综合素质的培养。

美之赏析

《人散后,一钩新月天如水》

作为"融合东西"取向的代表人物,丰子恺的美术成就涉及漫画、书法、装帧、木刻等多个方面,其中漫画是其美术成就的主要方面,在同代艺术家里,显得独树一帜。

丰子恺(1898—1975),浙江桐乡人。原名润,号子恺。年少时热爱临摹《芥子园画谱》,1914年入浙江省立第一师范学校,师从李叔同学习绘画、音乐。当时陈师曾在《太平洋画报》刊登的小幅简笔画引起丰子恺的兴趣。东渡日本学习绘画之际,他对日本画家竹久梦二的作品产生浓厚的兴趣,在学习的过程中为他开辟出新的绘画道路和艺术风格。他的早期漫画作品多取自现实题材,后期尤其喜绘儿童题材,以"古诗新画"特点而著称,将中国传统文学诗句以漫画的形式表达出来。并非重现古人传达的意境,而是用当下所见符合诗句意境的景致入画,富有浓郁的生活气息。

《人散后,一钩新月天如水》的题名,取自宋人谢逸的《千秋岁·夏景》。丰子恺用此题画过不少类似的构图。最早的一幅为1924年在上虞白马湖春晖中学所做的版画,是丰子恺的扬名之作。

▲ 人散后,一钩新月天如水

▲ 人散后,一钩新月天如水(局部)1

第一幅《人散后,一钩新月天如水》用横竖线分割构图,黑白用色巧妙展现出月影下的光暗交织,画面左下角有画圈的TK标记,是丰子恺的笔名。

而本书里这幅作品是丰子恺晚年所创作的最后一幅以此题为名的画作,整体结构基本沿袭前作,疏朗简洁的笔触简单勾勒出月下的景致。

廊下置木桌茶具,两黄色藤椅整齐置桌子两边,桌前另有一只普通板凳,桌上散置的三只玻璃杯,以及桌边的三凳,暗示了三位好友夏夜聚饮后散去,廊外还有隐隐若现的郁郁葱葱树木。

画面大片留白,竹帘仅占据画面一角,一弯浅浅的黄月芽挂在画面空白中间,月色下万籁俱寂而又生机勃勃,传达出月凉如水而又不失人情的温情脉脉。

▲ 人散后,一钩新月天如水(局部)2

▲ 人散后,一钩新月天如水(局部)3

藤椅的出现,一茶壶三杯子被玻璃杯所替代,可见丰子恺如实地记录每个阶段的生活状况。同一题材下作品艺术表现的细微变化,见证着时代的变迁以及丰子恺心境的改变。

▲ 人散后,一钩新月天如水(局部)4

丰子恺有言:"余读古人诗,常觉其中佳句,似为现代人生写照,或竟为我代言。盖诗言情,人情千古不变,故好诗千古常新。此即所谓不朽之作也。余每遇不朽之句,讽咏之不足,辄译之为画。不问唐宋人句,概用现代表现。自以为恪尽鉴赏之责矣。"由此可见古诗词与漫画这两种不同的美学形式相互借鉴、渗透和补充,在《人散后,一钩新月天如水》这幅作品里体现得尤为淋漓尽致。

——转自《中国画鉴赏》,赵力,高等教育出版社,2019 年 4 月。

英雄的赞歌

当陈独秀、康有为等有识之士提倡"中学为体,西学为用"的理念,在美术界与之遥相呼应的便是徐悲鸿,他提出"古法之佳者守之,垂绝者继之,不佳者改之,未足者增之,西方画之可采入者融之"的中西融合改革方案。

徐悲鸿(1895—1953),原名徐寿康,江苏宜兴人。六岁开始随父读书习字,1917年赴日本学习美术。1919年,受蔡元培的支持获得公费赴法国留学。1927年回国,先后任教于上海南国艺术学院、北京大学艺术学院、国立中央大学。1946年起担任国立北平艺术专科学校校长,1950年,继而就职于中央美术学院院长,其借鉴西方学院派教学模式,为中国创立了完整的西画教育体系。

▲ 田横五百士

《田横五百士》是徐悲鸿油画代表作之一,该画尺幅巨大,历时近三年完成。当时日寇入侵,国人萎靡不振,徐悲鸿通过创作田横五百士的故事,希望激励广大人民奋起抗击日寇。可谓在特定的历史时期发挥着借古喻今、鼓舞民众的功能。

"田横五百士"故事典出《史记·田儋列传》。汉高祖刘邦统一天下,田横兵败而不肯降服,于是自刎而死。刘邦还想召门客五百人进京,但他们得到消息后皆自尽殉主。

画面右侧立着一位身着绯红衣袍人物,是故事的主角田横,他昂首挺胸,神情肃穆,双臂举起作拱手诀别状,展现了大义凛然、慷慨赴死的英雄气概。田横与右侧的赤脚马夫、马匹、侍从等

▲ 田横五百士(局部)1

构成了一个矩阵,从形式上加强了这组人物稳重阳刚的气质。

另一边的人群则占据了左侧,横贯画幅三分之二,以密集的阵形拟作五百士。每个人神色不一,仿佛听到诀别后,有愤慨的、痛心的、悲伤的等等,众生百像。

另外,画中每个形象都有对应的现实人物,徐悲鸿对写实的坚持与追求在这里得到了突出的体现。

▲ 田横五百士（局部）2

中间突出位置的黄衫青年正是按照他自己的形象塑造的，与徐悲鸿的自画像如出一辙，长脸，眉头微皱，深陷眼窝，薄薄单眼皮，稍厚的嘴唇禁闭。

▲ 田横五百士（局部）3

▲ 田横五百士（局部）4

徐悲鸿的女儿徐静斐亦指出："其中一个妇女抱着一个女孩则是以母亲和我为模特儿。"也就是说蹲在地上微蹙眉头悲伤地望着田横的绿衣妇人，便是徐悲鸿当时的夫人蒋碧微，而她怀抱的少女则为徐悲鸿的长女徐静斐。

老妪和少妇被安排在人群右下角的位置，形成一个近似圆形的闭合结构，体现了妇孺的柔弱同时丰富了构图。

以黄衫青年为分界线，向右多为衣衫楚楚的民众，表情相对肃穆冷静，向左则以赤脚汉子居多，好似当时的穷苦人民的形象。这拨人神情最为激动和愤慨，有的挽

▲ 田横五百士（局部）5

▲ 田横五百士（局部）6

▲ 田横五百士（局部）7

▲ 田横五百士（局部）8

起袖子持剑准备大干一场，有的拄拐激动冲上前，有的蹲坐地上抹眼泪等等。

画面的远处，是一派静谧的田野风光，一方面营造出深远的空间，另一方面蔚蓝的天空与穿红衣的主人公在色彩上构成对比，乡间的祥和与人物的紧张亦构成对比。

该画无论人物形象塑造、构图还是用色，均体现出徐悲鸿对西方历史画传统和浪漫主义以来的个人主义的结合，以及他自觉背负国家前途的使命感。

——转自《中国油画鉴赏》，赵力，高等教育出版社，2021年5月。

美之感悟

　　美是人的本质力量客观化后形成的产物,是审美主体与审美客体的契合。美具有形象性和感染性,人通过不同感官感知到美的形象,既有直接形象,比如绘画、雕塑、舞蹈等艺术形式通过视觉、触觉、听觉让人产生美的快感,也有间接形象,比如文学作品在人脑海中形成形象的画面。美的事物会吸引人产生感情上的冲动,带来精神上的愉悦。

　　美育即美的教育,它是通过打动人的情感、感染人的心灵,帮助树立正确的审美观点,获得感受美、鉴赏美、创造美的能力的教育。美育重视感性教育,追求"动之以情",试图开发受教育者的情感潜能,比如愉快、崇敬、满足、焦急、悲哀、压抑等内心体验。美育并不排斥理性教育,它在保护与发展个体的天然感性中的活泼与生动的同时,使之得到理性的丰富与提升。

　　美育的内容是包罗万象的,既有艺术美的教育,又有自然美、社会美和科学美的教育。艺术美是指人们从自然社会中提炼出美的要素,以美的形式表现出社会的真实。自然美是对大自然各类地理地貌和风土人情的美的感受。社会美是日常生活、生产实践中展现出的美。科学美是理性美,是对客观事物本身及其发展规律的研究过程中展现出的美。以上不同形态的美具有不同的审美特征,也会有不同的审美教育的效果,所以不同类型的审美教育不能相互替代,美育也不等于艺术教育。

　　美育既能陶冶情操净化心灵,又能激发灵感开发智力,还能培养爱国意识增强凝聚力。所以,作为大学生,应积极参与各类美育活动,比如各类重大音乐会、重要画展,甚至观赏经典电影、阅读经典著作等,都是接受美育的滋养,在这一过程中丰富想象力,理解力和创新能力,增强思维能力,增进民族自豪感,培养对祖国对人民的深厚感情。

 思考讨论

1. 美育等于艺术培养吗?请说明你的理由。
2. 作为大学生,我们应该如何展开美育呢?

第二章 美之审视

美育目标

通过美感与审美相关概念的学习,理解审美心理的形成机制与特征。熟悉审美的客观标准。能够通过审美心理的形成机制来分析美感产生动因,有助于培养民族审美意识,提高人民审美水平,弘扬真善美,摒弃假丑恶,确保我们的审美观在当下高速发展且错综复杂的时代里不迷失方向,始终保持理性的发展方向。

美之印象

▲《清明上河图》

《清明上河图》是北宋画家张择端仅见的存世作品,是中国十大传世名画之一,作品以长卷的形式生动记录了北宋年间都城汴京的城市面貌,汴河两岸的自然风光和当时社会各阶层人民的生活风貌,长卷内容丰富,描绘东西繁多,大到城郭、原野、河流,小到摊贩卖的小商品、店铺招牌上的文字、舟车上的铆钉,形成了和谐的统一整体。

审美客观标准的内涵是"真""善""美","真"即是客观事物的本质和规律,这是美的基础,"善"即是符合人的功利性,有利于社会和历史发展,"美"即是审美对象的内容和形式的和谐统一。《清明上河图》这件艺术作品鲜明的体现出了这种"真""善""美"的统一。它反映了北宋年间各阶层人民的真实生活,描绘的各色人物职业繁多,形态各异,栩栩如生,它不仅是一件伟大的现实主义绘画艺术珍品,也为后人提供了北宋都城的商业、手工业、建筑、交通、民俗等翔实的资料,具有重要的历史价值。

第一节　审美标准

一、审美的个性与共性

（一）审美的个性

在心理学范畴里，"个性"（individuality）类似于人格（personality），既有先天的气质基础，又是后天性格刻画的结果。也就是所谓"经常的、稳定的、本质的心理特征，即那些以某种技能特点或结构形式在个体身上比较固定的特点"。偶尔出现的表现不能算作此人的个性。比如一个人偶尔暴怒，不能说这个人的个性是有暴力倾向的。人的个性是由才智、情感、价值观等行为方式的有机整合，是知、情、意、行的复杂组织。个体的形成是遗传与后天的环境、教育等多因素交互作用的结果。

所谓审美个性，是指个人基于不同的审美经验、审美能力，而在审美创造美中表现出独特且稳定的个性特征。朱立元的《美学大辞典》总结其共同特征主要表现在以下几个方面：①有较完备的审美心理结构、独特的心理过程和相对稳定的审美心理状态；②在审美创造美中具有独立自主性和独特倾向性；③有自由自觉的审美活动能力和审美创造美能力；④个人独特性与社会普遍性的统一。

对社会而言，需要丰富多样的审美个性，才会开发出千姿百态的审美对象，促进精神文明建设和物质文明建设。对个人自身发展而言，审美个性是人格发展的重要部分。

审美个性的形成原因是多方面的。既有遗传作用，又有后天的影响，如学习、教育、实践等活动。审美个性具有相对稳定性，同时也有可塑性。随着个人文化素养、审美实践以及社会环境的变化，审美个性也会发生变化。

（1）审美个性形成的先天因素。

审美个性的形成，先天生理心理条件是必不可少的。本质来说是历史地形成的。当然，这并不排除某些自然因素，如禀赋、气质等等，但是人的禀赋、气质也是历史的产物，人化自然的成果。

（2）审美个性形成的后天因素。

后天因素对审美个性形成和发展具有决定性作用。而影响审美个性的后天因素是多元化的。其中，对审美个性的形成和发展有着直接的决定性因素往往指的是个体的社会实践、审美意识等。也就是每个个体的人生经历、人生理想、生活情趣等共同构成审美意识的趋向，显示出审美个性独一无二的特性。

当然，审美个性并不是绝对不变的。如个人的生活经历、周围环境发生变化时，个人的意趣意向也会随之变化，审美个性自然而然也会发生变化。

除此之外，还有个人的性别、年龄、民族乃至社会文化等，都会影响审美个性的形成与发展。马克思说"个人的本质是一切社会关系的总和"。所有社会要素,尤其是社会审美观念、审美理想,都会通过个体的生活活动、文化活动、娱乐活动等潜移默化影响个人的审美心理结构,并通过个体表现出来,从而显示出审美个性的丰富性与多元化。如果没有社会历史、社会实践以及文化活动的多重作用,人的个性潜能是无法转为现实的审美个性。

(二)审美的共性

所谓审美共性,是指人类共同的审美心理结构,是人类在长期社会实践中形成的,并经过其他中介环节不断发展和完善的一种普遍的审美心理结构。人类共同的审美心理结构是社会性与自然性的共同作用,基础是社会性。由于审美共性直接与社会生活、社会文化、社会心理相关联,就不可避免带有时代、民族、阶级的烙印。

1. 审美共性的时代性

审美共性是随着时代发展变化的,渗透交融在集体的审美心理结构之中,赋予它以时代特色。随着历史的发展演变,社会的审美观念也在发展变化,旧的审美观念被新的审美观念所取代。商周时期青铜器是神秘宗教观念震慑的体现,到了春秋战国时期更多表现对现世生活的追求,呈现出新的审美趣味和理想范式。比如采桑宴乐攻战纹铜壶上的纹饰不再是恐怖的兽面纹,而是现实人间的生活图景。由此可见试图挣脱传统宗教的束缚,体现出一种全新的人世间审美趣味、理想。

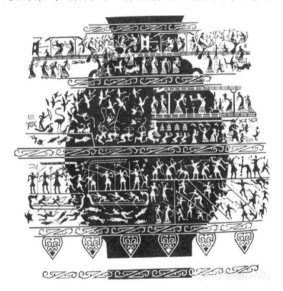

▲ 采桑宴乐攻战纹铜壶纹饰

如今,社会已进入信息时代,经济高速发展,科技日新月异。意味着人们的生活方式、审美观念也必须跟着发展。然而紧张的生活节奏、快速的社会活动韵律,使得乡土人情关系在一定程度上被解构,大城市的人际关系越加疏远,同时江河和空气的污染意味着生态平衡的破坏。因此,我们在适当加快生产和生活节奏的同时,相应树立一种新时代的审美观念,如重视发展人本位的通用设计,重视环保、可循环使用的绿色设计等。

2. 审美共性的民族性

审美共性的民族性是指在每一个民族在统一的历史地理人文条件下,形成统一的审美意识,共同的审美心理。各民族的生产工具、生活器物、服装装潢、图案纹样,无不显示出某种审美的民族性。它具有延续性和相对稳固性。每一个民族成员,其审美个体体现出本民族共同的审美趣味和审美理想,从而区别于其他民族成员的审美心理。如山水的艺术表现,中国多运用散点透视呈现出写意幻想世界,外国多运用焦点透视表现出真实空间。

当然,在合作与交流如此频繁的当代,交往范围的扩大,也会促进各民族的共同审美意识的相互影响,这不仅不会减弱审美共性的民族性,而且会有助于全人类审美意识的拓展和提高。

3. 审美共性的阶级性

人类的审美共性,即审美活动、审美经验往往带有某种阶级、阶层、集团的倾向性,既反映出社会各阶级、阶层、集团的审美差异,又表明一定阶级、阶层、集团具有审美的共同性。审美共性的阶级性,是处于不同经济、政治地位的人们,在共同的实践活动中形成的。不同时代总有其对应的历史内容,而且在同一时代又有各阶级的审美观念、理想的相互斗争、相互影响,并非完全的泾渭分明。所以审美的阶级性是一个复杂的系统问题,不能单以审美者的阶级地位去看,而应以实际的审美表现来观察、分析。

人类共同的审美心理结构,可以说是作为历史的产物,不是一成不变的,而是随着时代、社会的发展变迁,特别是随着审美需要、审美意识的发展,不断变换着组合形式。

4. 审美的个性与共性的统一

随着历史的发展和全球的一体化,人类联系范围在不断扩大,交往层次在不断加深。人类审美的共同性显著增强,但是审美个性也越加突出,因而审美对象也越加丰富多样。

审美共同性、特殊性都寓于审美个体性之中,并通过审美个体性来表现,因而呈现出多元性和丰富性。一方面要注意研究审美的特殊性、个体性、偶然性的问题;另一方面,也要注意研究审美的共同性、普遍性、必然性的问题。

审美的个性与共性的统一观点要求必须充分考虑审美的共性,以免把审美看作个人主观随意性的活动,去追求违反共性的不健康的审美趣味、爱好;又必须充分尊重审美的个性,保护审美中的个人趣味和自由性,避免把审美变成单一死板的活动。

二、审美客观标准

在现代汉语词典里,"标准"一词是指衡量事物的准则。所谓审美客观标准,就是构成群体的审美主体衡量评判审美对象有无审美价值或审美价值高低的相对固定的统一准则。

(一)审美客观标准的特点

1. 主观性和相对性

审美活动是通过个体的直接感受和情感反映实现的,也不可避免地带有个人趣味的主观倾向性。因而审美标准具有主观性。而这种主观性和倾向性使得审美标准表现出复杂性、多样性、灵活性等特点。由于每个审美主体总是从个体实践、审美趣味、审美理想出发去评价美,因此,不同民族、不同阶级的人对同一个审美对象就可能产生不同的审美评价。再加上随着社会的发展,人类意识的拓展,许多事物被纳入审美对象,呈现出多样性和丰富性,审美的差异性由此产生。庄子在《齐物论》认为"彼亦一是非,此亦一是非",意思是在这里是对的,在那里就是错的了。揭示出审美活动具有相对性。审美标准的主观性和相对性,更多强调美的欣赏和判断活动中主体的能动作用。

2. 客观性和绝对性

由于人类的审美活动的丰富多样形成了审美的差异性,那么审美标准是否也有所谓的统一性和客观性呢?

《淮南子》有言:"美之所在,虽污辱,世不能贱;恶之所在,虽高隆,世不能贵。"大意是:不管人的主观意志是怎样,美的依然是美的,恶的依然是恶的,美与恶,是不以人的意志为转移的一种客观存在。中国的北京故宫博物院、澳大利亚的大堡礁、法国的卢浮宫等自然或者人文景观,不管是否有若干人不承认有美感,它一直都客观存在,绝不会因人的意志而发生任何的改变。第二次世界大战期间希特勒的侵略行为,日本帝国主义的大屠杀,历史的真相无论多少人如何粉饰也不会改变其作为人性的"恶"的性质。事实充分证明,美和美的事物是客观存在的,因此人们的审美标准仍然有其客观的、不依赖人的主观意志的内容。归根结底,审美标准的客观性是由美的价值的客观性决定的。如果审美没有客观标准,世界就没有美丑善恶之分,因此审美标准自有它存在的绝对性。

当然,也有很高审美价值的优秀艺术作品长期遭受湮没,或蒙受不公正的评价。如莫奈《日出·印象》当初的展出,被时人讽刺是"对美与真实的否定,只能给人一种印象"。谁也没想到印象派会因为对光影捕捉的特点而留名于美术史,莫奈作为开山代表,其画作在当下市场屡屡被拍出高价,可见其广受欢迎和肯定的程度。也出现过一些畸形的、病态的"美"的长期流行。19世纪中叶,在抗生素未发明以前,肺结核患者只能看着自己的躯体日渐消瘦。然而欧洲人往往会浪漫化肺结核的病症。肺结核患者由于频繁低烧,会有闪闪发亮的眼睛,泛红的脸颊和艳红的嘴唇,纤细柔弱的身材、透明且苍白的肌肤,以及细致如丝般的头发。当时欧洲所流行理想中的美体现在了肺结核患者身上。于是,女性便视其为美丽的标准,纷纷效仿,不惜运用各式各样的有毒美容品,甚至染病期望得到同样的效果。但随着时间的推移,历史最终会给出一个公正的评价。那些真正具有审美价值的作品最终会大放光彩,而那些畸形的、病态的"美"最终也将被历史所淘汰。

3. 历史性

人类的审美活动是在人们的社会实践活动中逐渐发展、分化出来的,而审美的客观标准则是伴随着人类的审美活动产生的。因此,人们对其社会实践行为或者成果的评价是实用价值先于审美价值。从美的本质理解出发,美是人类社会实践的产物,是人的本质力量的对象化。也就是说工具的创造和使用最早体现了人的本质力量,因而最早成为美化甚至崇拜的对象。如原始人在制作和使用石器的过程中,从追求实用性到专注形式美。比如新石器时期陶器与纹饰的出现,人面鱼纹彩陶盆反映出渔猎生活对古人的重要性,有可能暗示着对渔猎丰收的渴望。再比如商周时期青铜器随处可见充满震慑力的兽面纹,可能是宗教意义大于装饰意义。这时独立的审美标准可能还没有形成,审美标准和实用功利标准是混杂一体的。随着审美活动从物质生产活动中分化出来,审美标准才能从实用功利标准中分化出来,逐步形成相对独立的审美标准。中国古代玉器艺术便是从原始人对石器制造活动中独立出来,红山文化玉龙的出现,仿佛昭示着龙的传人身份之根由此扎下。随着历史社会的发展,审美活动中的审美对象的实用功利性已退居次要地位,并且常常是隐身于审美标准之中。

每个历史时期都对应着不同的审美标准,只要是对美的发展起到过有利作用的审美标准,都在一定程度上或某些方面上反映着美的本质。比如各个国家每一时期的服饰样式流变等。

4. 社会性

审美客观标准产生于人类的社会实践,是人们自觉或不自觉地总结审美经验的成果。审美客观标准经群体审美经验上升到审美理想而凝聚出来,是人们在社会实践中对客观对象反映的产物,最终形成了社会意识的一个组成部分。不同时代和社会的个人、阶级、民族,都按照各自的审美趣味和审美理想去进行审美评价,体现着各自的主观标准。同样,个体的审美标准经常会受到社会风尚的影响,从而表现出社会性的特点,也就是所谓的流行风尚。例如在我们今天的社会生活中,也可以看到审美标准的流行性,如个人的穿着打扮、室内装饰等,都涌现出新的流行型、流行色,都表现出人们在审美客观标准上的社会性。

(二)审美客观标准的内涵

那么,审美的客观标准的具体内涵究竟有哪些呢?历史的经验向我们提出一个永恒的标准:真、善、美。

(1)"真"。

所谓真,就是客观事物的本质与规律。判断某一对象是否是美的,要看是否体现了人对事物内在规律的把握。当然,"真"本身并不等于美,但"真"是美的基础与前提。如果不能正确认识客观事物本质、规律,美的创造和欣赏活动就难以进行。

虚假的东西是无法展现艺术生命和艺术美的,即使有失一定的真诚,也会使作品减色。比如中国明清的大量书画伪作,虽然有重要的历史价值,但相较于原作还是略有逊色。当然,艺术之"真"并不是一定要描摹客观的真实。艺术也可以对现实进行艺术的加工和改造,从而以一种艺术之"真"去反映现实之"真",去创造艺术之"美"。

(2)"善"。

所谓善,是指人们在实践活动中所追求的有用的,或者有利于人类的价值。因此,是否符合人类的功利性,是否有利于社会和历史发展,就是所谓的"善"。当然,对"善"的理解不能狭隘认为仅此优良的道德品质。人类的需要是多方面的,对人有益的范围也是非常广泛。"善"不仅限于直接有利的东西,同样,那些间接的功利性也应属于"善"的范畴。比如红色在中国传统文化体系里是一个重要的色调,体现了中国人在精神上和物质上的追求。红色是喜庆、吉祥的象征,所以婚房要贴大红的喜字,中式婚礼上新娘、新郎要一身红装,过年时贴的春联、福字和灯笼也都是红色的。红色是顺利、成功的象征,比如公司分给股东的利润称红利或者分红。红色的色彩功能,便是以这样的曲折、潜藏的形式显示出来的。

(3)"美"。

所谓美,是指审美对象的内容与形式的和谐统一。美是人的本质力量的感性显现。美的内容是指在具体形象中显示人的本质力量,美的形式是指人的本质力量感性形式的显现。别林斯基写到,每一部艺术作品都是某种单独的、特殊的东西,但却渗透着普遍内容——概念。在艺术作品中,概念和形式必须有机地融合为一,像灵魂和肉体融合为一样,至消灭形式也就等于消灭概念。反之亦然。艺术的本质是普遍事物和特殊事物的平衡,概念和形式的平衡。在艺术中,形式占第一位,因此,一切都包含在形式中;它不应该是表达概念的外部手段,却必须是感性显现中的概念本身。由此可见,内容与形式是相互统一的关系,缺一不可。艺术作品的内容决定艺术事物的性质,艺术形式是艺术内容的存在方式。因此,美的内容和表现内容的形式和谐统一就构成了美的充分必要条件。

当然,美的内容是多元化的,表现内容的形式也是异态纷呈,其内容和形式都是有条件的和谐统一,没有一个统一的固定模式,对于具体的审美对象进行审美评价,还需要有与之相适应的具体的审美客观标准。因此,"真""善""美"的统一是对审美客观标准的最一般的规定。在历史上真正能够获得社会的普遍承认的美的事物,都必然是"真""善""美"多维度交织的结果。

三、当代审美的特征和趋势

(一)审美的特征

(1)感性和理性的统一。

美的事物和现象总是有着具体的形象,可以通过欣赏者的感官直接触及感受。

不论自然美、社会美,还是艺术美,都有各自的感性的具体的形态,都必须通过声音、形状或者颜色等外在形式显现出来。离开特定的表现形式,美就无法存在。自然之美,要通过具体的日月星辰、山河海川、鸟虫鱼兽等来领会;音乐之美,必须通过音色、音高、节奏、韵律等多种因素作用于人的听觉,才能进入欣赏范畴;绘画之美,必然体现在画作上的形象、纹饰、色彩、节律等具体形式,作用于人的视觉而引起人对美的感受。总之,事物离开具体形象,美就无从体现。

那么科学理论知识、概念以及道德品质是人类的审美对象吗?并不全是。人类获得关于美的体验,是以直接的感知方式去感受,而不是获取间接的经验。数学、物理里的定理,我们可以说它有理性之美,但它并没有具体可感知的形象存在,更多的是一种间接的体验而非直接感受。

当然,审美并不是简单地评判形式上的美丑。所谓的感性的体验背后其实也潜藏着理性元素。美感认识中的理性因素,不是单纯的超脱于具体形象的抽象概念,而是隐身于感性认识之中。这里的感性与理性是相互统一的,理性并不能脱离具体感受的形象,在形象的感知中又有比较、揣摩、评价等理性活动。比如对竹子的欣赏,首先是直接感受它的外形:枝干挺拔修长而四季青翠,如"窗前翠竹两三竿,潇洒风吹满院寒",具体形象可直接触及;接着对竹子的特性进行理性的分析,竹子有节,每一节内都有气、耐寒、不限土壤肥力等,根据每一个特性赋予它人格化的评价,如"有节有气""不畏严寒""刚柔并济"等;最后在文学中形成传统意象,有象征高风亮节,"劲直忠臣节,孤高烈女心。四时同一色,霜雪不能侵";有赞扬坚韧不拔的毅力,"咬定青山不放松,立根原在破岩中。千磨万击还坚劲,任尔东西南北风"等等,对竹子的审美活动在感性与理性的统一下得到了升华。

(2)相对性和绝对性的统一。

美感需要以情感活动为媒介,是审美对象引发出审美主体情感上的变化。也就是说,人的审美活动总是充满了各种感情色彩的,即这种情感色彩的背后同样潜藏着理性的客观认识。

美既不是孤立存在的,又不是永恒不变的,它往往需要与周围事物或者环境发生各种各样的关系,且在关系中体现出来。面对同一个审美对象,有人觉得美丽,有人觉得丑陋;某一时期觉得美,某一时期觉得不美。不同的时代、阶级、民族就存在不同的审美趣味。比如对女性体型美的评判,春秋时期崇尚清瘦飘逸,"楚王好细腰,宫中多饿死",唐代欣赏丰腴之美,如西安博物院收藏的各类唐俑仕女,白白胖胖惹人喜爱。如日本古代以涂黑牙齿为美,而中国汉族则始终喜欢"朱唇皓齿"。理解事物的审美价值,必须准确理解美的相对性,在情景中理解美。

同样,审美感受虽然具有相对性,但审美对象总是客观的,蕴含着美的内容与形式也存在着共性。凡是体现了人类求真、求善、求美的事物,绝对是美的。比如在任何时代、任何民族中,勤劳、勇敢、正直等优良品德都是人性美的体现;而那些反人性的、扭曲的审美观,终将被抛弃。比如埃及的金字塔、古希腊的雕塑、罗马的建筑,乃至中国的故宫等,凝聚着人类千百年来的智慧,成为全人类的共同财富。体现了审美情感的绝对性。

（3）愉悦性与功利性的统一。

就过程而言，审美是一种被感染的过程。美不直接作用于人的理智，而是作用于人的情感，从而获得感染、激动、愉悦等体验。任何美的东西，自然、声乐、工艺品、绘画等艺术乃至文学作品等，都能激起人内心情感的波动。李白一句"五花马，千金裘，呼儿将出换美酒，与尔同销万古愁。"借酒抒情，读来令人荡气回肠。任何美的事物都能使人在精神上获得愉悦之情，如看到制作精细的工艺品、聆听优雅的音乐等无一不令人感到心旷神怡，如痴如醉。一个个具体的对象触发审美主体自己内心的喜怒哀乐，再结合审美主体的生活经验和理性思考，使审美对象的感知得到扩充和增补，使得审美主体产生更为丰富而深刻的审美感受，从而使身体上的愉悦上升为精神上的愉悦。比如余光中的《乡愁》，青少年可能只能领会文学层面之美，比如韵律、排比等。成年人，尤其是因故离家多年的，再读来感情会更丰富而富有层次感。

这种愉悦性是带有功利性色彩的。也就是说，所谓美对人来说有一定的价值。人类之所以发展出审美活动，是因为它对其自身发展有用。从这一层面上理解，审美的功利性并不是直接的物质功能，而是表现在精神层面上。更重要的是，审美的效能在于使得个体获得愉悦心情、丰富自我、启发思想、开阔视野。个体审美的集群效应从而促进整个社会的精神文明。因此审美活动的直接表现是愉悦性，最终目的是功利性。当然，审美的功利性，无论对个人还是对社会，不像法规、制度那样通过强制执行实现立即生效，而是一个潜移默化的、漫长的过程，需要通过日积月累的熏陶得以实现。

（二）当代审美趋势

一个时代审美趋势总是和同时代社会实践特点相联系的。同以往传统的审美时代特点相比，当代人的审美趋势表现出更多新的特征，主要体现在以下四个方面。

（1）现代科技成果提供了丰富的审美途径与对象。

随着科技的高速发展，出现了以技术为载体的各类艺术。如电视、笔记本电脑等的出现，使得人们的日常生活发生了变化，音响设备、电脑、投影仪以及互联网等成为普通家庭的标配，增加了人们的审美途径。电影、MV音乐、综艺节目成为人们家庭审美生活中不可缺少的内容，扩大了审美的范围。只要有电脑和互联网，足不出户就可以遍览天下，如世界各地自然美景、城市风光，乃至宇宙太空的神奇景致。随着现代航天技术的发展，美国亿万富翁马斯克与贝索斯的竞争使得美国航空事业进入一个新的阶段，中国的航空事业也在稳步发展。目前全球多家航空企业已经实现商业太空飞行之旅，如此一来，普通人去星球旅游观光指日可待。这意味人类对宇宙空间的审美想象，开始变为现实的审美活动，人类的审美范畴的扩大上升到一个新的阶段。

在针对审美对象的艺术的创作上，越来越多地依赖于高新技术等现代化的技术手段，以动画制作为例，早年多为人工一帧一帧的手绘，到运用电脑技术实现从二维到三维的视觉效果。动画的风格越加丰富多彩,有二维动画、三维动画以及定格动画,其种类的多元化背后是科技技术的推动。尤其是三维动画,比如 2019 年图灵奖获得者,来自斯坦福大学的 Patrick M. Hanrahan 和来自迪士尼动画工作室皮克斯的 Edwin E. Catmull。他们在 3D 计算机图形学的基础研究方面做出了重大贡献,开发出的技术已经用于 3D 动画(CGI,计算机生成图像)领域,在电影制作等应用方面产生了巨大影响。自 25 年前的《玩具总动员》开始,他们在计算图形学领域的基础研究变革了整个电影制作行业,产生的影响持续至今。

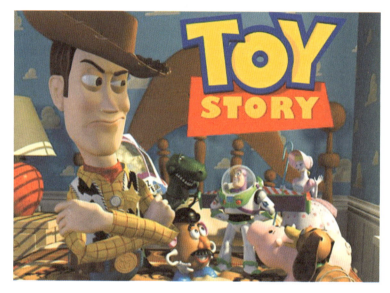

▲ 玩具总动员

现代科学技术不仅为我们提供了全新且丰富的审美对象,还提供了更为有效的审美途径,使得世界各国人民有机会相互了解和交流感情。

(2) 更加关注实用性与形式统一。

从美的起源来看,实用功能领先于审美功能。原始人首要解决的是生存危机,迫使他们只能从实用的功利性角度看待事物。随着人类提高改造自然界的能力,基本生活需要得到满足后,才会琢磨追求自然界的规律、秩序,审美的需要和审美活动由此产生。

所以人类最初的审美对象就是自己制作的生存武器。中国的新石器时期的玉器从原始石器的分离到雕塑艺术门类的形成,见证了一个由粗陋到精美,由实用与审美结合到"纯美"的发展过程,即从"有用即美"到"美用结合",再到非功利的"纯美"的发展趋向。因此,最初形态的美仅限于物质生产,比如新石器时期的打制石器,具有实用价值的东西都是美的。随着人类的进化和社会的发展,生存基本条件得以解决后,美逐渐从实用中分化、成为纯美的存在。在西方的古典文明、中世纪、文艺复兴时期,以及中国的秦汉隋唐明清时期,除了建筑、手工艺品、书画作品等,主要生产资料和生活资料的生产过程就很少有审美的参与,如约翰·拉斯金批判英国工业革命机械化大生产带来的人与物品之间的冷漠、工业生产机器外形丑陋。随着现代化大工业的发展,人们物质生活和精神生活水平不断提高,使得审美重新回归到了生产过程之中,结束了美的创造同生产劳动相脱离的历史。比如众所周知的生产工具电脑,从体积硕大、耗能高的第一代电子管数字机,到第二代进入文字处理和图形图像处理的晶体管数字机,发展到走入家庭生活的第三代集成电路与大规模集成电路数字机,体积越来越小,性能越来越高,出现了多种多样的笔记本电脑。人们对生产工具电脑外形的审美也越来越多元化,比如有人喜欢笔电键盘带彩灯,有人重视笔电的便携性,有人喜欢笔电的可爱外壳等等。美与审美渗透了工业品的生产过程。

当人类进入市场经济时代,现在的产品,从生产、造型、包装,到销售过程,包括独特的广告设计,精美的电视广告等等,都在试图营造鲜明的审美氛围,以获取人们的关注力。市场竞争使人们发现产品的价值不仅限于其技术质量和"有用性",也在于其审美价值的统一。因此,精明的企业家、设计师都把生产过程、服务过程也称为美的创造过程。再比如泰国广告以出乎意料的神转折出名,感性的故事内核,幽默夸张的表现手法,使消费者对产品留下了深刻的印象。比如 19 世纪初期美国工业设计的先驱人物雷蒙德·罗维,他职业生涯的一个转折点是一项工业产品设计项目——斯特纳复印机公司委托他对原有产品改型设计。旧型号的复印机四脚外伸,结构松散,不但加工麻烦,也不便于清洁,而且对于经常在办公室内活动的秘书来说存在安全隐患。因此,他对机器的外形全面升级加以简化,新机器造型整体、形式现代、功能良好、制造方便,实用性与形式达到了完满的统一,一经投产市场效果良好。在 20 世纪 30 年代设计了多种流线型交通工具火车头、汽车、轮船等等,也是实用性与形式统一的典范。流线型的造型,一方面减少交通工具的能耗,另一方面新样式的出现有助于引起消费者的新鲜感,促进商品的购买,有力地推动了流线型设计运动在美国的发展。

(3) 追求绿色环保。

随着现代工业的发展,城市化是走向现代化的必经之路。在这条必经之路上,城市污染问题越来越严峻。19 世纪至 20 世纪初,伦敦居民是以煤炭作为日常生活的主要燃料,此外,火力发电厂和内燃机车等排放的废气也加剧了烟雾污染。因气候条件所限,这些烟雾笼罩市区难以扩散,尤以冬季为甚。1952 年 12 月 5 日至 9 日,伦敦上空受反气旋影响,大量工厂生产和居民燃煤取暖排出的废气难以扩散,积聚在城市上空。这是世界上最为严重的"烟雾事件",连续的浓雾将近一周不散,整个城市被浓雾所笼罩,陷入一片灰暗之中,当时伦敦的交通几乎瘫痪。其间,有 4700 多人因呼吸道疾病而死亡,这就是震惊世界的"雾都劫难"。成为 20 世纪十大环境公害事件之一。同时,对自然资源的过度开发利用、对林木的过度采伐,也使自然环境、生态环境受到了严重的破坏。近年来,亚马逊雨林火灾频繁,其中不乏多次特大级火灾,各国多项研究已经表明森林被破坏的程度和重大火灾之间有着密切的联系。

▲ 伦敦雾都

　　因此,现代人亟须重新开始考虑并重视人与自然的关系。早在19世纪末,英国社会改革家埃比尼泽·霍华德(Ebenezer Howard)就曾针对当时工业革命下英国大城市面临的各种问题,提出"田园城市"的概念,旨在建设一种兼有城市和农村优点的理想城市。用城乡一体的新社会结构形态来取代城乡分离的旧社会结构形态。而中国自古就有"天人合一"的思想,强调了人与自然的紧密关系,认为人与自然之间应该是和谐统一的关系。受这种文化意蕴的影响,中国传统艺术注重自然天成之美。如中国的传统家具艺术、建筑艺术及园林艺术便是典范,十分重视与周围自然环境的相互依托,使各种要素达到和谐统一。代表江南园林之风的苏州园林就是最好的例子,布局形式因规模、地形和要求而异,造石布景处处讲究天然。这种传统思想值得我们进一步深思与学习,并不是要完全复古追求自然的完全再现,而是取其精华。比如贝聿铭的苏州博物馆既体现了传统与现代的结合,又考虑到周围环境的和谐统一。

　　当今中国,"绿水青山就是金山银山"的理念已深入人心,中国正在全方位、全地域、全过程加强生态环境保护,推进绿色、循环、低碳发展,并以负责任的态度向全世界提出了本国的"双碳目标",这一壮举涉及能源结构、工业交通、生态建设等各领域,包括科学可持续使用清洁能源、提升工业技术水平、发展循环经济、培育低碳意识等,在这样的新时代背景下,设计的审美趋向也须积极响应新的需求,无论是产品设计、家居设计、建筑设计等,都着眼于人与自然的生态平衡关系,在设计过程中充分考虑对环境的影响。比如对产品包装材料的选择,尽量减少物质和能源的消耗,以及有害物的排放,并且能够方便分类回收并且再生循环利用;注重产品寿命的设计,延长使用时间等。消费者开始有意识地选择有环保行动的品牌,这也是对环保的身体力行。

（4）当代审美文化多元化的包容。

自从进入航海大时代，世界越来越平。而当代的传媒与交通的高速发展，文化教育的大面积普及，使得人们文化水平得以不断提高，对美的内涵的理解也越来越丰富，对世界的理解范围与深度不断被拓展。

因此，当代人们的审美活动已经不再满足于对本国本民族的艺术美、自然美、形式美的欣赏，而是对其他人类的文化现象，以及异国风情表现出越来越浓厚的兴趣，甚至融入本国审美体系里。比如法国的新艺术运动吸收了日本浮世绘的大量审美元素，如线条与色块的表现，注重平涂效果等，体现在劳特雷克的海报招贴上，一改之前的烦琐画风，呈现出新的艺术特色。

总之，人类以无比的智慧创造了物质文明和精神文明，进而塑造审美个性与共性，形成审美的客观标准。随着时代的变迁体现出新的审美特征与趋势。技术与文化拓宽我们的审美边界，同时我们的审美意识及趋向又反作用于技术与文化的建设与发展。

第二节 审美心理

一、美感与审美心理

（一）美感

恩格斯在《自然辩证法》里写道：人的思维的最本质和最切近的基础，正是人所引起的自然界的变化，而不单独是自然界本身；人的智力是按照人如何学会改变自然界而发展的。因此，自然主义的历史观……是片面的，它认为只是自然界作用于人，只是自然条件到处在决定人的历史发展，它忘记了人也反作用于自然界，改变自然界，为自己创造新的生存条件。人类一方面在改造自然、丰富自然，另一方面在改造与丰富自然的过程中发展人的智力，体现了自然与人类之间的相互作用。同样，人类在创造着客观存在的美，在这一过程中，客观存在的美也塑造着人的审美意识。

马克思曾说，只是由于人的本质的客观地展开的丰富性，主体的、人的感觉的丰富性，如有音乐感的耳朵，能感受形式美的眼睛，总之，那些能成为人的享受的感觉，即确证自己是人的本质力量的感觉，才一部分发展起来，一部分产生出来。

曹利华在恩格斯与马克思的观点基础上，进一步解释，人的本质力量在客观自然上展开的丰富性，也比如形成感受客观自然丰富性的感觉器官。从这个意义上来说，美感也表现为人的本质力量。人的各种审美感觉器官的形成，必然在人类改造自然的过程中发挥其能动作用：人的本质力量物化为对象的质的规定，人的审美感觉物化为对象的感性形式。客观对象（产品）的内在结构和它的外在形式总是以人的思维和感官实践为中介转化为物质的成果;人类创造一种产品,总是人类在实践中通过思维的调节,使人的视觉和听觉(主要是这两种器官)获得相应的结构、形状、颜色、音色等感性形式。

所谓美感,是具有经验的审美感官对客观对象的体验与评价。比如,一个被野兽养育且没有在社会环境中成长的人类,虽然在生理上具备了各类感觉器官,却没有累积相应的感觉经验,人的本质力量在这里无所施展,美感自然就无从体现出来。一个中途失聪的人,虽然失去听觉器官,但可以通过触觉等其他感官去感受音乐节奏上的美感。失去听力的贝多芬后期努力通过想象力来创作音乐,但是为了知道作品的效果,他就利用了骨传导的原理(当时还没有系统的助听技术)来感知钢琴弹奏出来的旋律。

(二)审美心理

审美心理从学科上来看是心理学和美学的融合。同时,审美心理学是美学的分支。审美心理是指人在审美实践活动中面对审美对象,以审美态度来感知对象,从而在审美体验中获得愉悦情感的自由心理。

审美心理是在人与现实的审美关系中产生的,往往集中地表现在审美的创作以及欣赏的环节中。审美心理形成的前提条件是先天的遗传因素,即作为心理器官的脑学的遗传性。但起主导作用的主要是后天的实践活动。

人类初始的审美心理首先是由生理机能,如感知本能、记忆本能、欲望本能等。这些生理上的多种本能通过社会化,逐步感知和发现美。首先是功利满足,其次是形式美的生成,当人类感知并试图创造这种形式美的过程中,逐渐初步建构审美心理的基本模型。在历史的审美实践过程中,随着审美领域扩大,审美对象多样化,审美层次的递进,人类的审美心理也在逐步丰富和完善。

二、审美心理的形成机制

所谓审美心理的形成机制,实际上就是美感产生的运动过程,需要经历感知形式、累积经验、意象创造三个递进式的阶段,也就是审美的准备阶段、实现阶段和效能阶段。人们正是通过这三个阶段,从形式到内容,由外部形象到内部实质,再进入深层意蕴来把握审美对象。同时,这三个阶段在实际审美心理形成过程中并不是孤立存在的,而是互相渗透、彼此促进。

(一)审美心理的准备阶段

审美心理的准备阶段,是指即将进入审美状态的预备阶段。这个阶段的特点是主体将自己的感官作用于审美对象的形式,来唤醒或点燃审美热情。因此,在这个阶段里审美注意占有重要地位。所谓审美注意,是指精神聚焦于某一审美对象的过程。随之而来的是审美期望,这种期望是一种对审美对象的美的精神上的渴求。如审美主体期待从审美客体中获得理智上的满足和精神上的愉悦,就属于审美期望。在这个阶段里,审美注意是行为,而审美期望是该行为的情感效果,二者结合起来就构成审美活动所持有的审美态度。审美注意的出现,使主体的情感得到了关注的焦点,继而产生一种动力性的期望,从而促使审美心理从准备阶段进入实现阶段。

(二)审美心理的实现阶段

审美期望的产生,促使人们开始仔细全面观察审美对象,也就是运用多种感官进行审美知觉活动。从多种感官里获得形象的综合,其中还包括以往的审美经验和情感体验,形成微妙的化学反应。也就是说,在审美过程中,审美主体在运用感官感知对象的基础上,会运用之前所累积的经验展开审美判断,去理解审美客体的美。与此同时,主体还会调动自己的情感直接体验客体的美。审美对象的美从形式到内容,都深深地触动审美主体的心灵,激起了审美主体的感情冲动。这时,审美主体同审美对象在情感上达到了和谐的状态。由此可见,想象、情感、理解等一系列心理活动在审美过程中得以同步或者异步展开。

(三)审美心理的效能阶段

由审美对象的美所引起的愉悦情感中,审美主体感受到了人的智慧结晶的魅力,于是审美过程便结束了。而审美对象在形式与内容上的美和自己在欣赏这种美时的愉悦,共同创造出新的意向,留下了深刻的印象,为后续的审美活动做准备。由此可见,通过审美心理活动,主体获得了意向创造的丰硕成果。对审美主体而言,自身的情感世界得到了充实。而情感世界的丰富,进一步完善人的心理结构,激发了人的想象力和创造力,有助于思维力的培养。毕竟,审美活动与感知、想象、理解等活动紧密相连。另外,长期的审美经验的积累,会形成独有的审美趣味和审美理想。而审美趣味是指,人们在审美中的不同爱好和倾向性的表现。这种审美趣味的培养和提高,就是不断地感受美的结果。至于审美理想,是指人们所追求的被视为最完善的美的境界和美的形象。它的形成要受到各种客观因素的影响和制约,归根结底也是个体审美经验不断积累和创造的成果。

三、审美心理的特征

(一)大学生的审美感知具有主动性与积极性

大学时期,人们的生理与智力发育正处于高峰阶段。同时,离开管理较为严格的高中生活,进入相对自由的大学生活,人们的独立自主意识开始形成并日趋强烈。还尚未完成社会化的大学生们,在丰富多彩的高校文化氛围里,对美的感受更有主动性,学会用发展、变化的眼光去把握、感受和理解美,善于从流动的变化情景中捕捉美的瞬间。毕竟大学生活相对自由,可以在学习之余,有精力、有动力参加各种审美活动,使自己各方面的审美感官得到充分的调动与锻炼,形成较活跃的审美感知系统。审美感知的敏感性与主体激情的主动驱使,使得他们对闪烁着理想光辉的未知情景更充满兴趣,厌恶因循守旧,因而大学生们是最容易接受具有一定的审美要求的新生事物的群体。

(二)大学生的审美意象具有丰富性与创造性

大学阶段的群体,精力充沛、感觉敏锐、思维活跃、情绪饱满,使得他们的审美想象呈现出丰富性与创造性。

随着知识的积累、阅历的加深,一方面使得大学生具备了独立尝试和探索的条件,另一方面使大学生的审美视野越加广阔。脱离应试教育阶段,大学生迫不及待投入全新有趣的生活,从而表现出丰富多样的审美趣味。

在审美对象上,越是未知的领域、想象余地大的事物,越容易激发大学生的审美愉悦。比如,在艺术欣赏方面,相较于单一的艺术样式,抽象、超现实的复合交叉型的作品更容易引发他们的无限想象。对普通观者,这类创新实践活动可能难以理解,但对大学生而言,更符合其标新立异、不受羁绊的自由诉求,激起他们的探索欲望,证明其价值,在审美活动中实现审美意象的创造。

(三)大学生的审美理解具有思考性与辨别性

自从进入大学起,大学生自我意识和独立意识迅速增强,要求摆脱长辈的束缚,有普遍且强烈的"成人感",希望从各个方面来证明自己的成熟与自由的掌控力。在宽松友好的师生关系、异彩纷呈的艺术活动、馆藏丰富的书籍、浓郁的文化氛围里,大学生开始有自我思考,表现在审美上,不再满足简单且感性的判断,更多试图向理性的方向探索。在审美活动中能够以审视的目光对审美对象进行理性思考、辨别。对各种事物的美与丑之分,往往不会轻率下判断,运用批判意识来分析事物对象,最终形成属于自己的稳定的审美理解与兴趣。

大学生审美心理的特征一方面激励他们积极探索世界的未知,另一方面,由于缺乏人生的经验,也容易导致他们盲目接受虚无缥缈的东西,比如空洞的哲理、混淆的美丑等,反而影响他们在审美上的健康成长。了解大学生的审美心理特征,有助于展开有针对性的审美指导,培养正确的审美感知力,提高审美趣味,使得他们成为有着健康审美观念的人。

美之赏析

梵·高与浮世绘

梵·高出生于荷兰一个小镇新教牧师的家庭,作品充满激情,个性强烈。他的实际作画时期并不长,但其作品对西方现代绘画却产生了深远的影响。梵·高一生还留下大量的书信资料,主要都是写给他从事画商的弟弟提奥,其中关于浮世绘版画的内容不胜枚举,表露出他对日本美术的极度赞誉。

梵·高在19世纪80年代初就接触到了浮世绘版画。1885年12月他在安特卫普给提奥的信中就写道:我的画室还是不错的,这里贴着好几幅日本版画。这令我感到非常高兴。想必你是知道的,有在庭院和海边的女性形象,骑马的人以及那些形形色色的画。

梵·高对浮世绘透明鲜亮的色彩充满了向往,他在巴黎时就热衷于临摹浮世绘版画。他的临摹可以分为两部分,一是直接临摹,二是间接临摹,即将浮世绘作为画中画。梵·高直接临摹的三幅浮世绘是歌川广重《名所江户百景》系列中的两幅,分别为依据《大桥暴雨》所作的《雨中大桥》和《龟户梅屋铺》的《开花的梅树》,以及《艺术的日本》封面上被左右颠倒印刷的溪斋英泉的《花魁》。梵·高以十分虔诚的态度,先用铅笔在半透明的薄纸上将画面拷贝下来,用墨水笔修正轮廓后仔细打上方格,再放大到画布上。梵·高还在画面中添加了许多其他的图案,如《花魁》背景中的莲花、池塘、竹林与仙鹤,他还给歌川广重的两幅画加上边框,并描画了许多他不可能读懂的汉字。显然,这些都是梵·高心目中的东方符号。

▲ 龟户梅屋铺　　　　　　　　　　▲ 开花的梅树

梵·高将浮世绘作为画中画出现的作品共有五幅,《包扎着耳朵的自画像》《有浮世绘的自画像》,两幅《唐吉老爹》和《坐在咖啡吧的少妇》。唐吉是梵·高居住在巴黎蒙马特区时的好朋友,也是东方工艺美术品的经销商,曾给予他许多生活上的帮助,梵·高是怀着感激之情绘制这幅作品的。画面色彩明丽,用笔简练而坚实,背景的布置表达了梵·高对日本艺术的向往,成为他一个时期的代表作。风靡巴黎的日本美术热潮引起梵·高的极大兴趣,他十分倾慕浮世绘的清新风格,他收集的许多浮世绘版画正是从唐吉的店铺里购买的。在巴黎的两年中,梵·高完全为浮世绘

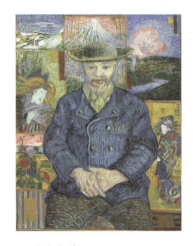

▲ 唐吉老爹

版画的魅力所倾倒,他甚至于1887年两度在巴黎的咖啡厅和餐馆里自行举办浮世绘展,并将自己的作品与浮世绘版画陈列在一起。

梵·高在阿尔的感悟之一就是平面的、并置的鲜艳色彩,这种启示直接来源于他所收藏的浮世绘版画。

这种手法在《阿尔的卧室》中得到更强烈地表现,这是梵·高描绘自己在阿尔居住的"黄房子"的室内景象,朴素简约的色彩表达了宁静和休息的心绪,当时他正兴奋地等待高更的到来,房间在宁静中充满期望的气氛。两个枕头、两把椅子、两扇门等暗示性手法,流露出他对即将到来的朋友的期

▲ 梵·高收藏的浮世绘版画

待。阿尔的梵·高已经完全将日本美术样式融入他的笔下,他曾多次谈到这幅作品:"极其简化的处理手法赋予室内的所有陈设以一种高雅的风格,并造成一种宁静

▲ 阿尔的卧室

或睡眠似的总体气氛。看到这幅画应当使人头脑得到安宁,或者确切地说,能使人的想像得到安宁"。"它的构思是多么的简单,所有的阴影和半阴影都被我免除了,一切都是用均匀的纯色画出,就像浮世绘版画那样。"

梵·高以饱和的色相和短促的线条彻底清除了其作品原有北欧画风的阴暗和模糊,他将浮世绘版画中清澈明亮的色彩和几乎没有阴影的手法最充分地体现在了自己的作品中。

梵·高与贝尔纳的共同之处在于,认识到了浮世绘版画的单纯样式以及由此表现出来的更深层的自然观照意识。"再现的抽象化""亚面色彩的并置""以独特的线条捕捉动态与形状",这是对自然的抽象化捕捉与表现,以及由此产生的装饰性手法。装饰性是19世纪欧洲美术面临的共同课题,日本美术的装饰性手法基于对自然的生活情感,也就是将生活情感以单纯的形状样式化、形象化以及由此而生的装饰性画面。准确地说这种装饰性画面具有工艺的性质,这种工艺性是与日本人的生活情趣紧密相连的。正如梵·高所理解的那样,浮世绘版画的装饰性既植根于平民日常生活情趣,又反过来作用于日常生活。掌握这一点,就不难理解后印象派以来欧洲绘画所普遍具有的对装饰性的追求。

——节选自潘力《浮世绘》

  美之感悟

审美个性指个人基于不同的审美经验、审美能力,而在审美创造美中表现出独特且稳定的个性特征,它的形成既有遗传因素,也受后天因素的影响。审美共性是人类在长期社会实践中形成的共同的审美心理结构,它带有时代性、民族性和阶级性的烙印。在审美实践活动中要坚持审美个性和共性相统一的观点,既要充分考虑审美的共性,以免把审美看作个人主观随意性的活动,又必须充分尊重审美的个性,保护审美中的个人趣味和自由性,避免把审美变成单一死板的活动。

审美客观标准的内涵是"真""善""美"。"真"就是客观事物的本质和规律,"真"是美的基础和前提,如果不能正确认识客观事物本质、规律,美的创造和欣赏活动就难以进行。"善"是指人们在实践活动中所追求的有用的,或者有利于人类的价值,"善"不仅包括直接有利的东西,同样也包含间接的功利性的事物。"美"是指审美对象的内容与形式的和谐统一,是人的本质力量的感性显现。"真""善""美"的统一是对审美客观标准的最一般的规定。在历史上真正能够获得社会的普遍承认的美的事物,都必然是"真""善""美"多维度交织的结果。

审美心理是指人在审美实践活动中面对审美对象,以审美态度感知对象,从而在审美体验中获得愉悦情感的自由心理。它的形成受先天遗传因素的影响,但起主导作用的是后天实践活动。审美心理的形成机制就是美感产生的运动过程,需要经历审美准备阶段,实现阶段和效能阶段等三个阶段,它们不是彼此孤立存在的,而是互相渗透,彼此诱发。

大学期间人的生理和智力发育处于高峰阶段,大学生的审美心理具有以下特征。首先,大学生的审美感知具有主动性和积极性,他们对美的感受更具有主动性,更容易接受对具有一定审美要求的新生事物。其次,大学生的审美意象具有丰富性和创造性,他们具备独立尝试和探索的条件,审美视野更加开阔。最后,大学生的审美理解具有思考性和辨别性,他们具有自我意识和独立意识,表现在审美上形成自己的审美理解和兴趣。了解以上特征,在大学生的审美教育中应该展开有针对性的审美指导,培养正确的审美感知力,提高审美趣味,使他们成为有健康审美观念的人。

思考讨论

1. 审美具有客观标准吗?为什么?
2. 请结合本文,举出具体实例说明当代审美趋势特点。
3. 请结合本文,举出具体实例说明审美心理形成机制的三个阶段。

第三章 美之赏析：自然之美

美育目标

懂得自然美的形成，了解自然美的表象，把握自然美的特征，在此基础上学会如何审视自然之美，运用自然美陶冶心情。

美之印象

大自然之美超出了我们的想象，在世界各地都有着绝美的自然风光。看到下面这个美丽的地方，你是不是该认真的考虑一下要走出去看看这个美丽的世界，重新认识我们生活的地方。

▲ 加拿大圣灵岛

第一节 自然美的形成与特征

一、什么是自然美

自然美对我们来说，并不陌生。从我们亲身感受的审美体验可以知道：自然美对我们有多么大的魅力，而我们在欣赏自然美时又能获得何等的美感愉悦。

恩格斯在欣赏自然美时,曾经感到过"幸福的战栗"。请读一读恩格斯怀着激情写下的这些话:"你抓住船头桅杆的缆索,望一望那被龙骨冲开的波浪,它们溅起白色的泡沫,远远地飞过你的头上。你再望一望远方的碧绿的海面,波涛汹涌翻腾,永不停息。阳光从无数闪烁的镜子中反射到你的眼里,碧绿的海水同蔚蓝的镜子般的天空和金色的太阳熔化成美妙的色彩——于是你的一切忧思,一切关于人世间的敌人及其阴谋诡计的回忆,就会烟消云散,你就会溶化在自由的无限的精神的骄傲意识中。"恩格斯又说:"当大自然向我们展示出它的全部壮丽,当大自然中睡眠着的思想虽然没有醒来但是好像沉入金黄色的幻梦中的时候,一个人如果在大自然面前什么也感觉不出来,而且仅仅会这样感叹道:'大自然啊!你是多么美丽呀!'那么他便没有权利认为自己高于平凡和肤浅的人群。在比较深刻的人们那里,这时候就会产生个人的病痛和苦恼,但那只是为了溶化在周围的壮丽之中,获得非常愉快的解脱。"恩格斯讲述的这种审美感受,难道不觉得非常熟悉吗?也许可以说,对于自然美的欣赏,我们每个人都有自己最美好的回忆。或者是你曾登上高山之巅,遥望朝阳从东方地平线冉冉升起;或者是你曾漫步大海之滨,俯身拾起那一个一个美丽的贝壳;或者是你曾在鲜花盛开的春天里,追逐过五彩缤纷的翩翩蝴蝶;或者是你曾泛舟于洒满月光的平湖上,任清风带走你飘渺的情思⋯⋯也许还可以说,在你那一切美好的愿望中,一定还有畅游祖国名山大川、饱览天下奇景胜地的宿愿。是去黄山欣赏奇松怪石,还是去泰山遥瞰黄河金带?是乘船直奔神奇的巫山十二峰下,还是荡桨于明媚的桂林山水之中?是去西沙群岛领略热带奇观,还是去四季如春的昆明漫游那方圆数百里、遍布奇峰异洞的石林?

丰富多彩的自然美,带给我们多少奇妙的乐趣,又引起我们何等热切的神往。也难怪欧洲中世纪初期,基督教神学的主要代表人物——圣·奥古斯丁,也在他著的《忏悔录》中说道:"人们到外边,欣赏高山、大海、汹涌的河流和广阔的重洋,以及日月星辰的运行,这时他们会忘掉了自己。"我国南朝时期的刘勰同样说得很好:"一年四季有不同的景物,不同的景物具有不同的形貌,感情由于景物而改变,文辞由于感情而产生。一片叶子掉下来尚且引起感想,虫声也能够引起情思,何况既有清风明月的良夜,又有丽日春林的朝晨呢!"

所谓自然美,指的是什么呢?自然美,指的是日光霞霓、高山大海、草树鱼虫、飞禽走兽之类自然现象和自然事物的美。概括来说,所谓自然美,指的就是自然事物的美或自然界中的美。这里的自然事物,是指自然发生而不依存于社会关系、不依赖于人的加工的自然事物;这里的自然界,是指与社会相对而言,并与社会生活区别开来的那一部分客观现实。因此,自然美是现实美的一种,它与其他的现实美、社会美是有区别的。

除了日月山水、植物动物之美外,自然美还包括人体之美。人体美,是指人的容貌、肌肤、体形、姿态的美。它是由人的自然属性所决定的,是自然美的一种。尽管在人身上社会性与自然性相互联系,社会美与人体美相互影响;但是,人体美却有它独自的品格和规律,既不依存人的社会关系,又不依赖于人为的装饰。因此,它与人的社会美虽然一方面互相联系,另一方面却又互相区别,绝不能把它们混为一谈,等量齐观。总而言之,自然美是现实美的一种;它指的是相对于社会事物而言的自然事物的美或自然界中的美。具体来说,自然美包括无机自然物的美、植物和动物的美以及人体的美。

自然美既然是指自然事物的美或自然界中的美,那么,自然事物的美是从哪里来的呢?是自然事物本身就具有的呢,还是从自然事物之外或者自然事物之上加进去的呢?比如说梅花的美,这美是梅花本身就有的呢,还是观赏者加到梅花里去的,即观赏者认为梅花美而梅花因此才有了美?还是上帝把美加到梅花里,梅花的美是从上帝那里来的呢?在美学史上,以上三种意见都有。

柏拉图在事物之上去寻找美的根源。这位古希腊唯心主义哲学家认为,美来自于感性尘世之上的上界的"美本身"。他说:"我们见到尘世的美,就回忆起上界里真正的美","从观照人世间叫做美的东西,而高升到上界,到美本身"。在他看来,现实事物的美不是真正的美,它们只不过是"上界事物在下界的事本";而真正的美是美本身,"她在诸天境界和她的伴侣们同放着灿烂的光芒"。自从我们来到人世,我们用最明朗的感官来看她,发现她仍旧比一切更明朗。普洛丁继承了这种思想,直截了当地说:"物体美是由于分享一种来自神明的理式而得到的。"也就是说,在这种意见看来,自然事物本身并没有美,它的美是由上帝赋予的而所谓"美本身""神明的理式"等等,不过是上帝的代名词罢了这种意见,是客观唯心主义哲学在美学上,在自然美根源问题上的一般表现。英国主观唯心主义哲学家休谟则认为:"美并不是事物本身里的一种性质。它只存在于观赏者的心里,每个人心里见出一种不同的美。这个人觉得丑,另一个人可能觉得美。每个人应该默认他自己的感觉,也应该不要求支配旁人的感觉。要想寻求实在的美或实在的丑,就像想要确定实在的甜与实在的苦一样,是一种徒劳无益的探讨。"照他来说,譬如梅花,我们"觉得"它美,其实它并无所谓美,美倒只是存在于作为观赏者的心里。不过,休谟补充说:"虽然美和丑还有甚于甜与苦,不是事物的性质,而是完全属于感觉,但同时也须承认:事物确有某些属性,是由自然安排得恰适合于产生那些特殊感觉的。"休谟的这个补充,虽然勉强考虑到了事物本身的属性,但是,到底还是把它纳入了他的主观唯心主义美学体系中。这后来演化为所谓美是主观与客观的统一的美学观点。这种观点在我国的代表曾引用苏轼的《琴诗》:"若言琴上有琴声,放在匣中何不鸣?若言声在指头上,何不于君指上听?"他把苏轼谈艺术美的诗搬来解释自然美的根源,把"指头"喻为观赏者的主观条件,认为离开了观赏者的感觉和心,梅花也就没有美。这当然是休谟主观唯心主义美学观的再版。克罗齐则直截了当地说:"美不是物理的事实,它不属于事物,而属于人的活动,属于心灵的力量。"而我国现今的主客观统一论者也说,自然美"是意识形态性的","是艺术加工的结果"。这显然与克罗齐的主张是一致的。这些意见,是主观唯心主义哲学在美学上,在自然美根源问题上的一般表现。

上述两种意见,都不在自然事物本身去寻找自然美的根源,而认为自然美来自自然事物之上或之外这是和他们的哲学观、世界观相一致的。第三种意见则在自然事物本身寻找自然美的根源,认为自然事物的美来自自然事物本身。我国清代的叶燮说:"凡物之生而美者,美本乎天者也,本乎天自有之美也。"他又说:"名山五岳,亦各各自有性情气象,不可移换。""且天地之生是山水也,其幽远奇险,天地亦不能自剖其妙"。这就既指出了自然界天生之物的美是事物天然自有的,又指出"天地"并非有意识的主宰,而和神学目的论划清了界限。英国的雷诺兹也认为:"我们无法设想有一种超越自然的美,正如无法设想有一个第六种感官,或是有什么优美是在人心界限以内产生的。最不哲学的莫过于这样一种假设:说我们可以设想有一种美或优异品质是在自然之外或自然之上的,自然是,而且必须是,我们的一切观念所自出的源头。"他明确指出,自然美在于自然本身,而无天境界的神明的理式。这是在自然美根源问题上唯物主义的回答。

恩格斯指出:"对我来说,事情不在于把辩证法的规律从外部注入自然界,而在于从自然界中找出这些规律并从自然界里加以阐发。"这也就说明,自然界的事物是由客观的物质性决定的,自然界的规律是由自然事物的本性决定的,它不依赖于人的意识而存在,也不是由于有任何外在的原因而产生。因此,自然界的美的规律也无疑是自然界本身具有的规律,自然美的性质也无疑取决于自然事物的本性,自然事物的美就来自于自然事物本身。自然美,人们可以感受它,认识它,欣赏它;但是,它作为自然事物的美,却不是"从外部注入自然界"的,既不是每个人心赋予的,又不是诸天境界的神赐予的。一句话,自然美根源于自然事物本身,除此之外,没有别的根源。这是根据辩证唯物主义的基本原理必然得出的结论。

二、自然美的表现

(一)现象美

你一定曾登上高山之巅,欣赏过日出时的奇幻景色,也许是在泰山,也许是在峨眉山,当黑沉沉的夜幕还笼罩着大地,上空却已游动着一线微明,它渐渐泛出柔和的光芒,如同一条狭窄的暗红色长带;带子的上面露出一片清冷的淡蓝色晨曦。那条红带,慢慢地扩大,像一片红云了,像一片红海了,夜空也被它映红了。一转眼,红海上簇拥出一堆堆墨蓝色的云霞,而清冷的晨曦却变为磁蓝色的光芒。突然间,从墨蓝色云霞里蠡起一道细细的抛物线,这线红得透亮,闪着金光,如同沸腾的溶液物的美,往往瞬息万变,而那最美妙最富有魅力的景色,却常常像昙花一现那样稍纵即逝。达·芬奇曾经说:"请看亮光,并思量它的美吧。眨眨眼睛再看看它,你就会见到本来并不在那里的东西,而原来在那里的,已不知去向。"是啊,日光给我们创造了多少转瞬即逝的美的奇迹。雨后的七色彩虹,峨眉金顶的神奇佛光,沙漠里的绿洲幻影,万顷碧波上的蓬莱仙岛,真是一转眼就不知去向。为了观赏日出时最奇幻而壮丽的景色,多少人远足跋涉,或者登上高山之巅,或者伫立大海之滨,却常常有因为气候不巧只好扫兴而归的事;而有些人在毫无准备的情况下却意外地一饱眼福。日光可以给云霞雾霭涂上美妙的色彩,随即又飞快地把它抹掉。光和影给我们显现出名山胜景的形势,随即又迅疾地重新勾勒它。

就事物的外在形态和色泽而言,真可以说日光能移世界;而且,还可以说"天上月色能移世界"。明代张大复曾说道:"邵茂齐有言,天上月色能移世界。果然,故夫山石泉涧,梵刹园亭,屋庐竹树,种种常见之物,月照之则深,蒙之则净,金碧之彩,披之则醇,惨悴之容,承之则奇,浅深浓淡之色,按之望之,则屡易而不可了……"而且,云雾烟霭本身也千姿百态,变幻莫测。古人曾说:"夫雾云烟霭,轻重有时,势或因风,象皆不定。"又曾说:"云之体,聚散不一。轻而为烟,重而为雾,浮而为霭,聚而为气。其有山岚之气,烟之轻者云,卷而霞舒,云者乃气之所聚也。"这也就说明,云雾烟霭的美也是变化流逝的。由上可知,山的美也具有流逝性。因为山的美不仅受着日光月色的重大影响,而且总是与"象皆不定"的雾云烟霭结成伴侣,要设想山的某一个美的景象会常驻不移是不可能的。总之,无机自然物的美具有转瞬即逝的特征,以至于苏轼会发出"作诗火急追亡逋,清景一失后难摹"的感叹;而同时,无机自然物的美又具有丰富多彩的特征,以至于李白敢向友人保证说:"胜境由来人共传,君到南中自称美。"显然,无机自然物的美的流逝性与丰富性的特征,是互相补充的。正因为它转瞬即逝,所以它丰富多彩、越变越奇,正因为它丰富多彩,所以它转瞬即逝,不能凝固为一个形象而常驻不变。

进一步考察客观存在的无机自然物的美,我们还可以看出,无机自然物的美其实就是无机自然物的光芒、色彩、形状、音响的美。蓝天碧海,青山绿水,红日紫霞,黄金白银,红宝石,绿翡翠。它们的美离不开它们的光芒、色彩。高耸入云的奇峰,逶迤起伏的峻岭,一望无边的海洋,飞泻而下的瀑布,蜿蜒曲折的江河,陡如斧削的绝壁……它们的美离不开它们的形状姿态。叮咚的泉水,汩汩的大江,淙淙流淌的溪河,雷鸣般轰响的飞瀑……它们的美当然与它们的音响韵节分不开。我们说无机自然物的美转瞬即逝,即无机自然物的光色形声的美的流逝性;我们说无机自然物的美丰富多彩,即无机自然物的光色形声的美的丰富性。例如,宋代的郭熙就说到了山的形状的美的流逝性和丰富性,认为"山形步步移""山形面面看",故"一山而兼数十百山之形状""四时之景不同""朝暮之变态不同",故"一山而兼数十百山之意态"。又说:"山,大物也。其形欲耸拔,欲偃蹇,欲轩豁,欲箕踞,欲盘礴,欲浑厚,欲雄豪,欲精神,欲严重,欲顾盼,欲朝揖,欲上有盖,欲下有乘,欲前有据,欲后有倚,欲上瞰而若临观,欲下游而若指麾,此山之大体也。"韩拙也论到山色之美的流逝性和丰富性,说:"山有四时之色:春山冶艳而如笑,夏山苍翠而如滴,秋山明净而如洗,冬山惨淡而如睡。"苏轼著名的游记《石钟山记》,则记叙了石钟山"下临深潭,微风鼓浪,水石相搏,声如洪钟"的音响美;更以形象描写和理性分析相融合,指出只有"以小舟夜泊绝壁之下",才能认识和欣赏到石钟山奇妙的音响美;但是历来许多人浅尝辄止、走马观花,即使亲身到了石钟山,对其音响美也失之交臂。这些都说明,山之美就是山形、山色以及音响的美,山之美的流逝性和丰富性就是山的色形声的美的特性。总之,无机自然物的美,就是无机自然物的光芒、色彩、形状、音响的美,这是无机自然物的美之第三个特征。

▲ 自然美

根据上述三个特征,无机自然物的美,就是无机自然物的丰富而流逝的光芒、色彩、形状、音响的美。简而言之,无机自然物的美是无机自然界的光色形声现象的美,或者说,就是单纯的现象美。这是无机自然物的美的根本特征,上述三个特征只是它的具体表现而已。

无机自然物的美作为单纯的现象美,除了上述三种具体表现外,还有其更深刻的特征。首先,这里的光色形声等现象,是完全依赖于无机自然界的个别实体事物,而不可能单独存在。在现实中,客观存在着日光月辉、彩霞虹霓、山形石态、波光水色、海啸泉漱、电闪雷鸣……就是说,在这里光芒、色彩、形状和音响等现象,离不开具体的无机自然物。我们要观赏神奇的"佛光",就须登上峨眉金顶,而且要等候适当的气候条件,还要在一定的时刻才能看到。我们要欣赏石钟山的音响美,苏轼教给我们的办法是"以小舟夜泊绝壁之下",正是说明了石钟山的音响美完全依赖于客观的个别实体事物,不是单独存在的。其次,无机自然物的光芒、色彩、形状和音响等现象,虽然离不开无机自然物,虽是无机自然物的一种属性条件,但是它们是比较外在、比较低一级的属性条件,它们并不能直接地明显地反映事物的内在本质。例如,达·芬奇说过,树叶、草、珠宝的光泽极少是物体的本来颜色,大部分是照亮它的物体的颜色。密致透明物体内部的光泽色彩极美,例如红宝石,有色玻璃之类的物体。又说,波涛汹涌的海面没有单一的颜色。从陆地观看则见黑色,越近地平线越黑,并可见许多亮斑或高光,宛如一群白色山羊慢慢蠕动;在海上观海则见蓝色,这是因为陆上观海,海波反映了土地的黑色故呈黑色;海上观海则因蓝天映入波涛,所以呈现蓝色。在这里,光芒色彩在一定程度上也还是反映了事物内在本质的某些方面,但是,这种反映并不是直接的、明显的。相对于事物内在本质而言,光色形声是短暂的、运动的、流逝的现象,它们的具体形态虽有事物内在的根据,却受到相关的外部因素的制约或重大影响,表现出明显的外在性。这确实是无机自然物现象美的实际情况。再次,无机自然物的光色形声等现象,它们尽管离不开个别实体事物,但是,却可以有它们自身的、不完全从属于个体的种类。也就是说,单纯的现象的种类和个体的种类并不完全一致。比如说,红日、红云、红霞、红宝石、红金、红石、红泥,就它们的色彩来说,可以是同一个种类的现象,但是,这些无机自然物却显然是不同种类的。云朵受到阳光的影响,具有多种多样变化着的色彩。就是在通常的语汇中,也有红云、白云、黑云等区分;这里的区分,只是色彩现象种类的不同,作为实体自然物来说,不论色彩如何变化,其种属并没有变化。这种情况,与我们说过的单纯现象并不直接和明显地反映事物内在本质这一点,正是相互适应的。

(二) 种类美

我们已经谈到,高级动植物具有比现象美更为深刻的美,即种类美。我们还要补充说,在动植物中也有许多种类,其整个种类都是不美的、甚或是丑的。也就是说,在动植物中存在着以种类性决定美丑的情况。那么在动植物中,为什么有的种类就美、有的种类却不美或者就丑呢?

在传统美学中,有古人曾说:"画人物是传神,画花鸟是写生,画山水是留影。"这里直接谈的是绘画艺术,却无疑也包含了对于人物、花鸟、山水本身的美的奥秘的见解,并且这些见解有一定的道理的。拿山水和花鸟来说,所谓"画山水是留影",这当然也是说山水之美在其"影",即在其形影声色等现象。所谓"画花鸟是写生",这当然也是说花鸟之美在其"生",即在其充分体现了生命的本质特征。这就可以启发我们,要探索几亿年前才诞生了有细胞核的真核生物,如绿藻、鞭毛虫等等。生物继续通过生存竞争、遗传变异和自然选择而进化,经过漫长年代由低级到高级的进化运动,终于形成了一个由一百多万种动物、近四十万种植物和十几万种微生物组成的生物世界。从平原到高山,从沙漠到极地,从海洋到天空,到处都有生命的踪迹。因此,生命在现实中是无机界长期发展的结果,是一个由低级形式向高级形式发展的运动过程。而且,生命由低级形式发展到高级形式,并不意味着生命的高级形式普遍地替代其低级形式,并不意味着生命的低级形式的完全灭绝。正如达尔文所指出的,在脊椎动物中,哺乳动物和鱼类并存;在哺乳动物中,人类和鸭嘴兽并存……哺乳动物全纲进步到最高级,或者这一纲的某些成员进步到最高级并不会取鱼的地位而代之……我相信,许多体制下等的类型现在还生存在世界上,是有许多原因的。……但主要的原因是在于这种事实,即在极简的生活条件下高等体制没有用处—或者竟会有害处,因为本质越精致,就越不容易受调节,就越容易损坏。不仅是高级生物与低级生物发生并存,而且,"低级生物比高级生物的分布更加广远",我们还可以看到下述事实:"地质学告诉我们,从第三纪早期起,贝类的物种数量,以及从同时代中期起,哺乳类的数量并没有大量增加,或根本没有增加。"恩格斯也曾说:

"自亚里士多德以来,有机体的种总的说来没有变化。"根据以上所述的各个要点,也可以说,在现实中存在的各种生物的种类,就是一部部生命发展史。如此看来,黑格尔讲的基本上还是对的,他说,生命及其机构固然有一幅轮廓的图形悬在心灵的面前,但是在现实自然里,这种一般的身体机构就分裂成为无数个别成员,其中每一个在形状上属于一种确定的类型,在发展上都属于一种特殊的阶段。既然生物的每一种类都是生命发展的某一特殊的阶段,那么生命也就是通过这些阶段而逐渐得到充分发展的。换言之,并非任何种类的生物都属于生命充分发展的阶段。有的种类是充分发展的生命,有的种类则是生命尚未充分发展的形式。因此,虽然一般来说动植物区别于无机自然物的根本特征在于生命,但是并非任何种类的植物或动物都是在充分发展意义上的生命,并非任何种类的植物或动物都能充分体现植物或动物的本质特征和普遍性。那么,也就并非任何种类的植物或动物都是美的。譬如传统美学认为花鸟是美的,而且认为花鸟之美是在于它们能充分体现生命的本质特征的。而事实上,鲜花和飞鸟都是相当发展了的生命形式。鲜花是种子植物特有的现象,而种子植物则是在植物界的发展中后来居上的最高等的植物类型。飞鸟也是高等的脊椎动物中的成员。而毛虫和鳄则属于生命发展的低级形式或过渡形式,也就是还没有得到充分发展的生命形式,所以是不美的或丑的。

由此得出一个结论:凡是充分发展的植物或动物种类,都能充分体现植物或动物的本质特征或一般性,就具有种类美;反之,凡是没有充分发展的植物或动物种类,就是不美,其规律有它的特殊性。由于动植物发展的种类定型化趋向,"物种只是特征很显著的、稳定的变种",同一物种的个体差不多都是一样的。所以,动植物的个体的现象也就是其种类的现象。同种的个体之间虽没有特异而显著的个别性,但在此一种类的定型与彼一种类的定型之间,却是有显著差异的。例如同种类的这个鸽子与那个鸽子相比较,都没有什么显著的个别性;同种类的这个老鹰与那个老鹰相比较,也没有什么显著的个别性。

▲ 老鹰

但是拿这种鸽子与那种老鹰相比较,它们各自却都有特异而显著的个别性。也就是说,动植物的种类定形可以向个别性推移,而且事实上动植物的个别性就只能是从种类定形来体现的。而充分发展了的植物或动物种类，它们由种类定形所体现的个别性是特异而突出的，并且能够充分地体现植物或动物的本质特征和普遍性，所以它们是美的。它们的符合美的规律，不是其中某一个体符合美的规律，而是由于种类定形因而整个种类符合美的规律，所以它们的整个种类都是美的，它们就是动植物中的典型的种类。这就是自然界种类美的本质和规律。没有充分发展的生命形式，同样也是由于它们的整个种类不符合种类美的规律，所以整个种类的各个个体就都不具备动植物的种类美。具体来说，低级的生物首先就是没有充分发展的生命形式。如前所述，低级生物构造简单，只适于简单的生活条件，仅具备作为动物或植物的最初级、最基本、甚至原始形态的部分条件，在某些方面还带有从无机界脱胎出来留下的痕迹。所以，各种低级生物都不能充分地体现植物或动物的本质特征和普遍性，不具备动植物的种类美。它们往往和无机自然物一样具有现象的美。

拿植物来说，藻类植物、菌类植物以及菌类与藻类的共生体—地衣，就是非常低级的生物。它们都没有根、茎、叶的分化，结构非常简单而形态歧异多样。藻类植物中，形体小的如单细胞的小球藻，直径仅五至十微米，浮悬水中，不能游动；又如眼虫藻，在显微镜下观察，它身如绿梭，利用前端一根鞭毛在水中游动。所以爱沙·葛雷曾指出，许多低等藻类的孢子和其他生殖体可以说起初在特性上具有动物的生命，以后无可怀疑地具有植物的生命。那么又很显然，它们仅具有动物或植物的最简单、最原始的特性，却既不能充分体现动物的，又不能充分体现植物的本质特征或普遍性，因而没有动植物的种类美。但是，如小球藻、眼虫藻等富含叶绿素，在气候温暖、阳光充足的条件下常常迅速繁殖，使池水呈现美丽的绿色，好似一块色彩均匀的大翡翠，具有相当的色彩现象美。菌类植物如蘑菇等，前面已经谈到过，是没有作为植物的种类美，却可能有现象的美的。地衣是菌类与藻类的共生体，它像其他低级生物一样，简单的构造适于简单的生活条件，其分布也相当广远。它呈壳状、叶状、树枝状。既能生长在岩石上、树上，又能生长在沙漠和极地。总之，藻类、菌类和地衣，都仅具植物的初级的、原始的形态。它们作为植物既没有得到充分发展，也就不能充分体现植物的本质特征，因而没有植物的种类美。但是，它们往往具有类似无机自然物的现象美。

苔藓植物虽然在植物学上被列为高等植物，但植物学也指出它们是由水生向陆生过渡的类型。过渡性的植物种类也是没有得到充分发展的植物，同样没有植物的种类美。苔藓植物如地钱、葫芦藓等等，既没有真正的根，又没有挺拔的茎，也没有发达的叶，大都为扁平的叶状体，葡伏贴地而生。它们同样不能充分体现植物离开无机物而具有的完整的整体性、枝叶向荣的盎然生机和全面发展的生长能力等本质特征和普遍性，因而也就没有植物的种类美。

蕨类植物虽较之上述几类植物更高级些，但总的来说仍是尚未充分发展的植物种类。不过，它的情况也有其特殊性。蕨类植物已经有根、茎、叶的分化。它在泥盆纪末至石炭纪时植株高大，繁荣一世。高达数十米的乔木状树蕨，形成了石炭纪的沼泽森林。后来由于气候和地质的巨大变化，二叠纪以后至三叠纪时，古代蕨类植物大多灭绝。现代生存的蕨类,大多为草本。常见的蕨类植物,茎往往有地上茎和地下茎之别,甚至于只有地下茎。常见的槐叶萍,茎细而横走,无根,叶如槐形,漂浮于水面,它显然不能充分体现植物的本质特征和普遍性,没有植物的种类美。其他如贴于石面的石韦、匍匐于地的石松、杂于草丛的紫萁等等,大多也是这种情况。但在我国南方热带雨林中的溪岸,河畔也有少数蕨类植物茁壮繁茂、体态高大,有的高达三米。它们在充分体现植物的本质特征和普遍性上,也有相当的典型性,作为植物也有一定的美。种子植物是植物发展得最充分、最高级的形态。具有种类美的植物主要是种子植物,而种子植物中有许多种类是具有植物的种类美的。这是因为,一方面,种子植物特别是其中的被子植物,具有根、茎、叶、花、果实、种子六种器官,其器官的专业化已臻完善;专业化的器官各司其职,有机统一,具有相当完整的整体性,使植物繁荣茂盛、欣欣向荣、蓬勃发展。

因此一般来说,种子植物都已内在地具有植物的本质特征和普遍性,已经处在植物充分发展的阶段。但事实上,种子植物并不是它的一切种类都美,其中具有美的各个种类也不是同样程度地美的。这又是因为,按照美的规律,美的事物不仅仅具有深刻而完全的本质特征和普遍性,而且还必须具有特异而突出、丰富而鲜明的个别性,这些个别性还要能够把事物的本质特征和普遍性充分地体现出来,这样的事物才是美的。所以,各种种子植物虽然一般都具有植物得比较深刻、比较完全的本质特征和普遍性,但是也只有具备特异而突出的个别性、把植物的本质特征和普遍性充分地体现出来的种子植物种类,才具有植物的种类美。在这个意义上,种子植物中由种类定形而来的个别性越是突出而特异的,也就越能充分体现植物的本质特征和普遍性,也就越美。

种子植物分为裸子植物和被子植物。裸子植物多数为乔木和灌木、少数为木质藤本,多数为常绿性、少数为落叶性。由上可知,裸子植物中的乔木比灌木和木质藤本更美,常绿乔木比落叶乔木更美,因为前者较之后者,其由种类定形而来的个别性要更加特异而突出,体现植物的本质特征和普遍性要更加充分。例如松树、柏树,常绿耐寒,枝干道劲,树冠美丽,从根部到顶部全面发展,突出地体现了植物蓬勃的生命力,是相当美的。著名的黄山松,由于高寒和风雪以及复杂的地形,因而在种类定形的基础上呈现出种种奇特的丰姿。如玉屏楼东的"迎客松",背风弯斜,枝粗如巨臂;云谷寺旁的"异萝松",长在地势平坦处,树冠如伞,四面匀盖而出。著名的长白松更有"美人松"之称誉,树径将近一米,树干笔直而玉立,可达三十多米高,撑起绮丽开阔的树冠,撒开碧绿苍翠的针叶。这种种松树,都以特异而突出的个别性充分体现了植物完整的整体性、顽强的生命力枝叶向荣的盎然生机。再如驰名于世的"活化石"银杏和水杉,它们虽是落叶乔木,但银杏生长较慢,寿命极长,可达千余年,所以长成的银杏树大都枝繁叶茂、粗壮伟岸,以特异而突出的个别性比较充分地体现了植物的本质特征和普遍性,也相当的美。山东莒县定林寺的一棵银杏树,据说已有三千多岁,高二十五米,围粗达十六米左右,现在还果实累累,实为植物界的奇观。水杉则生长较快,可以高达三十五米左右,枝叶扶疏,挺拔俊秀,也能以特异而突出的现象相当充分地体现植物的本质特征和普遍性,因而相当的美。

▲ 种子植物

被子植物也是如此。而且,由于被子植物比裸子植物更高级些,根、茎、叶、花、果实和种子都全面发展,而最突出的特点是花和果实的出现,因此,在被子植物中,由于花是被子植物最突出的特点,花也就最能突出体现被子植物作为最高级植物的品格,所以花总是美的,显花植物也就总是美的。但是,在被子植物中,花也有发展得完全的和发展得不完全的。发展得完全的花由花托、花、花冠、雌蕊群、雄蕊群等组成,称为完全花。完全花是发展充分的花。而如桑、杨、柳等的花发展得不完全。由此可见,凡是花发展得完全的被子植物,无论乔木、灌木或草本,都是非常美的。也就是说,无论桃、梅、李、杏,还是玫瑰、月季、茉莉、蔷薇,抑或菊花、芍药、莲荷、水仙,都是最能充分体现植物的本质特征和普遍性的,都是很美的。当然,如杨、柳的花虽然是无被花,但杨树挺拔、叶宽阔而繁茂,柳树婆娑、枝条倒垂、叶狭长而如眉,且杨、柳都有柔荑花序,子附白毛而随风起舞,称为杨花、柳絮。这些由种类定形而来的特异而突出的个别性,仍能相当充分地体现植物的本质特征和普遍性,所以杨、柳也相当美。杨、柳尚且如此的美,不用说,显花的高大乔木也就更美了。

再拿动物的情况来说,首先,低级的动物还处在动物尚未充分发展的初级的、原始的阶段,不能体现动物的本质特征和普遍性,没有动物的种类美。从原始的单细胞生物开始,到软体动物、节肢动物、拟软体动物、棘皮动物,一直到脊索动物的圆口纲、鱼纲,都是相当低级的动物。波斯彼洛夫曾经说,来到陆地上的最原始、最低级的动物品种,就其某一点而言,审美上已经具有了较大的完备性,不过这种完备性就其原则来说更接近无机自然界的相应的形成体,甚至还是同动物生活本身的一些本质性特点相矛盾的。有一种原始的软体动物就是如此:内部很不发达,没有肢,活动很少,但它们却生活在外形十分完美的贝壳里。这种软体动物在千百万年过程中逐渐灭绝了,而它们的化石贝壳却使大家对其十分精致的外形的美惊叹不已,这种外形不过是无机物质的有机结晶而已。实际上,软体动物大都有一两个贝壳,它们的贝壳往往具有突出的现象美,而它们却没有动物的种类美。又如跳蚤、蜘蛛、苍蝇、蜻蜓、蝴蝶、蚂蚁等等,都是相当低级的节肢动物。它们像其他低级生物一样,结构简单,适于简单的生活条件,分布相当地广远。动物的本质特征和普遍性在它们身上体现得十分微末、简陋,它们没有动物的种类美。不过,如蝴蝶的双翅生得对称,又往往色彩斑斓,因而有突出的现象美。鱼类已经是水生脊椎动物,但由于水中简单而较稳定的生活条件,鱼类仍是没有得到相当发展的低级动物。尽管许多鱼类有形体的现象美,某些鱼还有色彩的现象美,但是鱼类作为动物却没有种类美。

两栖类动物的出现揭开了脊椎动物在陆上生存、发展的序幕。但是,两栖类动物只是脊椎动物由水生到陆生的过渡性动物种类,还远不是得到充分发展的动物。例如青蛙就是一种两栖类动物,它只有一个心室,体内大部分是缺氧血和多氧血的混合血,体温不能恒定;它用构造极简单的肺呼吸,但肺不能担负全部呼吸作用,还要靠皮肤来辅助呼吸。这些都限制了它的运动能力。它以冬眠状态过冬,冬眠时完全用皮肤呼吸。它趾间有蹼,仍能在水中游泳。而无论在水中或陆上,运动方式都很单一。因此,它兼有水生脊椎动物和陆生脊椎动物的特征既未完全脱离前者,又仅具后者的部分原始雏形,因此还不具备爬行动物中脊椎动物从水生到陆生的过渡,但在陆生脊椎动物的发展上还是处于初级阶段。如现存的爬行动物龟、蛇、蜥蜴、鳄鱼等,都仍然是变温动物,到了寒冷的冬季,大都躲起来冬眠。由于它们是冷血动物,既表现出对环境、气候的极大依赖,运动能力又受到限制,对外界的反应大都相当迟缓。黑格尔曾经谈到,懒虫爬起来很艰难,整个生活习惯都显得没有剧烈运动和活动的能力,就由于它的这种懒散,它叫人嫌厌。因为活动和敏捷才见出生命的较高的观念性。我们对于两栖动物,某些鱼类,鳄鱼,癞蛤蟆,许多昆虫都不起美感,就是因为这个道理。这里说的鳄鱼,就是爬行类动物。总之,低级的动物,和像两栖类那样过渡性的动物,以及像爬行类这样处在动物发展较高阶段上而没有充分发展的动物,它们都不能以其种类定型充分体现动物的本质特征和普遍性,都没有动物的种类美。

鸟类和哺乳类动物是动物发展的高级阶段,是动物发展相当充分的形态。一般来说,它们的种类定型比较能够充分体现动物的本质特征和普遍性,因此,鸟类和哺乳类成为动物的种类美的荟萃,具有种类美的动物就都是鸟类和哺乳类动物。当然,并不是鸟类和哺乳类的一切种类都有动物的种类美。我们将在下面谈到,鸟类和哺乳类中某些退化的物种就是没有动物的种类美的;而一般正常的鸟类和哺乳类的物种,也不仅仅是内在地具有动物的本质特征和普遍性就美,它们还要能通过特异而突出的种类定型把这种本质特征和普遍性充分体现出来,才是美的。

具体来说鸟类。鸟类从古爬行类动物进化而来,它们已经是恒温动物,心脏及血液循环系统已相当发达,神经系统的发展已有相当高的水平,对环境的反应十分敏锐,其体形和内外结构都与其飞翔生活有密切关系。一般来说,鸟类中善飞的种类就是具有种类美的。而且飞鸟不但在空中翱翔,也要在陆地或水上生活、栖息、繁殖,因而有许多善飞的鸟类又或者善走,或者善游,充分体现了动物自由运动的本质特征,尤其是美的。加上飞鸟的纺锤形体形,奋飞时矫健的身姿,有些种类还有美丽的羽毛、婉转的歌喉或嘹亮的鸣声,也使动物的本质特征和普遍性得到鲜明、生动而充分的体现。譬如鸽子,它全身形如纺锤,体被光滑而向后伸展的青灰色羽毛;头部呈流线型,转动自如,反应敏捷,颈胸等处羽毛往往有紫绿色的金属般光泽,它胸部肌肉发达,可达体重之半,成为飞行的强大动力;它以强劲的双翅,善于久飞,而快且有力的心脏搏跳、比较迅速的血液循环、肺与气囊的双重呼吸都保证了运动供氧,尽管飞行时耗氧量比休息时大二十一倍,鸽子在长途飞行后仍然气定神足、从容不迫。鸿雁是按季节变化进行迁徙的候鸟,平时在水域环境栖息、生活;它在迁徙时集结成群,成"一"字形或"人"字形"编队"远飞。或在冷月的清夜,或在迷蒙的晨晓迁徙的鸿雁偶发鸣声,经过大气的振荡、空间的共鸣,成为悠远清厉的音调,更显出它高翔云天、飞越关山、征程万里的种类特征。又譬如天鹅,浑身披有雪白的羽毛,细长的颈项呈柔美的曲线,脚短而趾间有蹼,善于水上浮游,用扁阔的嘴在水中取食,天鹅的翅膀宽阔有力,它的骨骼由含碘丰富的海绵状物质和玻璃纤维似的东西构成,有似钢筋混凝土结构,既坚固,又轻巧,因而它善于高飞。有一种天鹅还能飞越世界最高的珠穆朗玛峰。再如猛禽黑耳鸢,即俗称的老鹰,一身灰褐色羽毛,嘴形强大并弯曲成钩,双脚壮实并有锋利的爪;它以雄阔的双翼,既可搏击云天,又可盘旋滑翔,还可以惊人的速度俯冲扑食;它不但身姿矫健、飞行神速,而且它的眼睛甚至比人眼还敏锐:翱翔于高空的老鹰可以发现地面的小鸡,鹰眼还以它神奇的双重调节功能,使它从高空俯冲而下之时,物象有如电影镜头从远景推到中景、近景以至特写,因而它能迅速、准确地捕获猎物。所以,鸽子、鸿雁、天鹅、老鹰,它们都能以特异而突出的种类定形充分地体现动物的本质特征和普遍性,都具有动物的种类美。鸟类中具有种类美的还有许多,如那迅如疾风的雨燕,长途往返于南极、北极的燕鸥,既能高速飞行,又能悬空定身的"飞行金刚石"蜂鸟,能垂直地疾飞而上云霄、且有清脆甜美的歌喉的云雀,敛羽徜徉林泽、振翅翩飞云汉、一鸣九皋而声闻于野的白鹤等等,它们的整个种类就都是美的。

当然,由于鸟类不但在空中飞翔,而且要在陆地或水上栖息、繁殖、觅食,因此一方面,有些种类的鸟不但善飞,而且善走或者善游,具有在空中及陆地或水上自由运动的能力,获得了相当全面的发展,越发是具有动物种类美的;但是另一方面,也有一些种类的鸟渐渐习于陆地或水上的生活,其飞翔能力及其有关组织构造渐渐退化,甚至成为一种特殊的混种。这后一种情况,也就是达尔文所说的"自然选择"的结果。达尔文曾说:"自然选择即最适者生存,不一定包含进步性的发展"。自然选择十分可能逐渐使一种生物适合于一个地位,在那里有几种器官成为多余的或者无用的;在这种情形下,即体制的等级。

(三) 个体美

我们说的个体美,是指人体的美。人是自然界长期发展的产物。从无机自然物到植物和动物,又进而产生人类——自然界创造这个历史发展过程,也决定了自然美的历史发展的阶段性。自然美也由简单到复杂、由低级到高级逐步发展提高,终于达到了它的最高阶段,即人体美的阶段。莎士比亚曾借他的剧中人之口赞颂说:"人类是一件多么了不起的杰作!多么高贵的理性!多么伟大的力量!多么优美的仪表!多么文雅的举动!在行为上多么像一个天使!在智慧上多么像一个天神!宇宙的精华!万物的灵长!"歌德也说道:"不断升华的自然界的最后创造物就是美丽的人。"车尔尼雪夫斯基同样认为,"人体",是"世界上最美的东西"。而罗丹还曾说:"美就是性格和表现。而且,'自然'中任何东西都比不上人体更有性格。""单是一般躯体,十分匀称、稳定、健美而有神采的躯体,就能暗示他支配世界的全能的理性。"他们共同指出了一点:人体美是最高阶段的自然美。那么,作为最高阶段的自然美,人体美有什么特征呢?前面谈过,无机自然物以及低级生物的美丑遵循现象美的规律,是由现象来划分的;高级的植物和动物的美丑遵循种类美的规律,是由种类来划分的。而现在谈到的人体美,则是依个体来区分美丑,而遵循个体美的规律的。可以说,这就是人体美的主要特征。但是人体的美丑为什么要以个体来区分?人体美为什么是个体美呢?要回答这个问题,我们就必须了解:与无机自然物、植物和动物比较起来,人体有哪些重大的、根本的发展,它们给人体的美带来了什么新的特征。这样,我们就可以理解人体美的特征的由来和内涵;同时,这也就是对自然的个体美的一般特征的说明。

首先,人体是一个高度精密而完善的整体性组织,在自然事物中,它的完整性是最强的。人体的高度完善的整体性表现在两个方面。第一个方面,表现为人体的各个肢体和器官严格分工,高度协同,和谐一致。拿人的手来说,恩格斯曾经这样谈道:"手并不是孤立的。它仅仅是整个极其复杂的机体的一个肢体。凡是有利于手的,也有利于手所服务的整个身体,而且这是从两方面进行的。"一方面,随着人的整体的发展,人的手达到了如此高度的完善,它"仿佛凭着魔力似地产生了拉斐尔的绘画、托尔瓦德森的雕刻以及帕格尼尼的音乐";而另一方面,手的发展又对人的其余机体发生"直接的、可证明的反作用"。黑格尔也曾强调人的手不能离开整个身体,他说:"割下来的手就失去了它的独立的存在,就不像原来长在身体上时那样,它的灵活性、运动、形状、颜色等等都改变了,而且它就腐烂起来了,丧失它的整个存在了。"人体的这种高度完善的整体性,历来为艺术家们所尊重。相传五代时蜀主孟昶藏有一幅吴道子画的钟馗,钟馗左手捉一个鬼,用右手第二指挖那个鬼的眼睛。孟昶拿来给当时的大画家黄筌看,并说:"若用拇指,似更有力。"请黄筌加以修改。黄筌把画带回家,观赏、揣摩了几日,却另画了一幅进呈。孟昶问他为什么不改原画,黄筌回答说:"道子所画,一身气力色貌,都在第二指,不在拇指。若把它改过来,便不是一件东西了。我这别本,一身气力,却都在拇指。"梁启超曾经谈到这个故事,他非常赞赏黄筌说的那番话。梁启超说,试想,画一个人,何以把全身气力,都用到一个指头上?何以内行的人,一看便看得出来?那个别部分的配置照应,当然有很严正的理法藏在里头。其实这"很严正的理法",就是人牵一发而动全身的高度完整

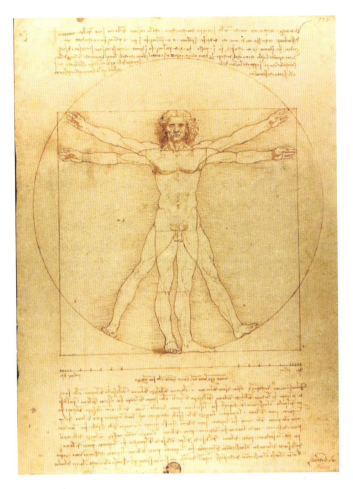

▲ 个体美

性。钟馗其人虽属艺术的创造,但画得那样活灵活现,似真人一般,原因之一正是注意了现实中人体所具有的高度完整性。

美的人体确实有丰富而突出的形式美,或者说,人体外部现象的美是人体美不可缺少的重要方面。罗丹说:"人体,由于它的力,或者由于它的美,可以唤起种种不同的意象。有时像一朵花:体态婀娜仿佛花茎,乳房和面容的微笑,发丝的辉煌,宛如花萼的吐放;有时像柔软的常春藤,劲健摇摆的小树。……有时人体向后弯屈,好像弹簧,又像小爱神爱洛斯射出无形之箭的良弓。有时又像一座花瓶。我常叫模特儿背向我坐着,臂伸向前方,这样只见背影,上身细,臀部宽,像一个轮廓精美的花瓶,蕴藏着未来的生命的壶。"不用说,人体的外部现象确实是非常丰富而且相当美的。但是,人体的外部现象却不像无机自然物和低级生物那样与事物本质没有直接而明显的联系;恰恰相反,在人体上,外部现象是如此直接、如此明显地显露人体的内在本质,以至于任何其他自然事物都无法与人体相比。罗丹在说过上面一段话之后,就接着指出:"我们在人体中崇仰的不是如此美丽的外表的形,而是那好像使人体透明发亮的内在的光芒。"黑格尔也曾正确地指出:"人体到处都显出人是一种受到生气灌注的能感觉的整体。他的皮肤不像植物那样被一层无生命的外壳遮盖住,血脉流行在全部皮肤表面都可以看出,跳动的生命的心好像无处不在,呈现为人所特有的生气活跃,生命的扩张。就连皮肤也到处显得是敏感的,现出温柔细腻的肉与血脉的色泽,使画家束手无策。"因此,尽管人体的外部现象也常常符合现象美的规律,但人体美却不是像低级生物和无机自然物那样的单纯的现象美;美的人体确实有丰富、鲜明的外部现象,但这些现象之所以美却根本是从属于人体的整个个体,因此充分体现了人体的内在本质特征和普遍性。因此,一切把人体美归结为形式美或现象美的论点都是错误的。

由上可知,因为人体具有高度完善的整体性,所以人体的美不是现象美,人体美不能归结为人体形式美。但是,高级的动植物也有相当完整的整体性。因而仅就整体性而言,尽管人体的整体性发展的程度为任何高级动植物所不可企及,然而整体性毕竟不是人体与高级动植物的根本区别。人体区别于高级动植物的主要特点,并且也是人体的美区别于高级动植物的美的主要依据,在于人体不仅有高级动植物无法企及的高度完善的整体性,而且更有高级动植物所没有的明显的个体性。换言之,显明的个体性,是人体的第二个基本特征,它影响着人体的美。

三、自然美的特征

大自然中,美无处不在。自然之美,呈现在春日百花的怒放中,摇曳在翠绿的枝头和柔嫩的青草间,游荡在深海与幽谷里,闪耀在贝壳与宝石的光泽中。无论是日出云霞、月涌江流、寒山碧波、松涛林海,还是春江水暖、蓝田生日、大漠孤烟、霜叶红花,使人们陶醉于大自然生生不息的运动中。古往今来,许多文人墨客用自我的创作方式去体会自然并表达自然,用巧手描绘自然;用声音赞叹自然;用耳朵倾听自然;用眼睛欣赏自然。人们徜徉和陶醉于自然美之中,心驰神往,流连忘返,自然之美以独特的魅力感染着我们。

(一) 自然美源于本真的存在

与艺术相比,自然的美是非虚构的对象,它与人类改造过的对象相比,是非人力的创造物,自然就是自然的作品,这是自然美的首要特征。自然万物或波澜壮阔,或精致纤细;或幽暗深邃,或清浅透明。自然万物中蕴含着生命感、神圣感、神秘感乃至宇宙感、历史感,彰显着自然别样的神秘。自然美的意蕴不是人类完全了解的,或许是人类永远不能完全了解的,深远的意蕴给自然美涂上多重神秘的色彩,构成了自然美的又一特征。

"清水出芙蓉,天然去雕饰"。这句诗常被用来比喻文章的清新自然之气,它被中国审美文化标举为艺术美的最高境界。谢灵运的诗句"池塘生春草,园柳变鸣禽"

之所以传颂千古,谓有神助,就因为它自然。谢朓的"大江流日夜,客心悲未央"之所以成为名句,至今称道,也因为它自然。显然,这个艺术美中的最高境界在自然万物的美中却是随处可见,普遍存在,正是自然美的这一特征,突显了自然美的独特魅力,使得自然成为和艺术不同的一种审美对象。

1. 自然美的原生性

自然美离不开自然物,离不开自然物的物质属性,自然美总是按客观的自然规律发展变化的,离开自然物本身的天然素质,也不可能有自然美。自然美是自然本真的存在,首先就是它的不以人的意志为转移的自然原生性,即它的色彩、线条、形状等自身属性以及它所依赖的自然条件都是自然存在的。比如,奇石的美,其质地与它原来的剥落的岩体有关,其色彩是由岩石中的矿物所含的色素离子、色元素和带色矿物质种类分离情况及含量决定的,其形态和纹理也与自然搬运的时间、距离和环境有着密切关系。

"黄山天下奇"以奇松、怪石、云海、温泉四绝闻名于世,奇松为四绝之一。松树满天下,非黄山仅见之物,黄山松树之多,无以尽数,因何以"黄山"来命名松树,又因何誉为奇松呢?据《黄山志》载:"黄山无峰不石,无石不松,无松不奇。"这是对黄山奇松很精练、很准确的描述。黄山以花岗岩为地基,却能做到"无石不松",这可谓之一奇。黄山松的种子能被风送到花岗岩的缝隙中,在那里发芽生根成长,这种钻劲,可谓一奇。黄山松以石为母,顽强地扎根于巨岩裂隙。黄山松针叶粗短,苍翠浓密,干曲枝虬,千姿百态。或倚岸挺拔,或独立峰巅,或倒悬绝壁,或冠平如盖,或尖削似剑。有的循崖度壑,绕石而过;有的穿罅穴缝,破石而出。黄山松的奇特之美与它的自然属性和自然环境息息相关。它是由黄山独特的地貌、气候而形成的中国松树的一种变体。黄山松一般生长在海拔 800 米以上的地方,地势崎岖不平,悬崖峭壁纵横堆叠,黄山松无法垂直生长,只能弯弯曲曲地甚至朝下生长。由于要抗暴风、御冰霜,黄山松的针叶短粗,冠平如削,色绿深沉,树干和树枝也极坚韧,极富弹性。黄山松的另一特点是,由于紧贴崖壁,许多松树只在一边长出树枝,迎向阳光雨露。黄山松姿态坚韧傲然,美丽奇特,但生长的环境十分艰苦,因而生长速度异常缓慢,一棵黄山松,往往树龄上百年,甚至数百年。

黄山"四绝"的怪石,以奇取胜,以多著称。已被命名的怪石有 120 多处。其形态可谓千奇百怪,令人叫绝。它们似人似物,似鸟似兽,情态各异,形象逼真。如金鸡叫天门、五老上天都、童子拜观音、飞来石、喜鹊登梅、仙人指路、猴子观海、猪八戒吃西瓜等,其分布可谓遍及峰壑巅坡,或兀立峰顶或戏逗坡缘,或与松结伴,构成一幅幅天然山石画卷。黄山千岩万壑,几乎每座山峰上都有许多灵幻奇巧的怪石,其形成期约在 100 多万年前的第四纪冰川期,黄山石"怪"就怪在从不同角度看,就有不同的形状。站在半山寺前望天都峰上的一块大石头,形如大公鸡展翅啼鸣,故名"金鸡叫天门",但登上龙蟠坡回首再望,这只一唱天下白的雄鸡却仿佛摇身一变,变成了五位长袍飘飘、扶肩携手的老人,被改冠以"五老上天都"之名。

其实,"泰山天下雄""黄山天下奇""华山天下险""峨眉天下秀""青城天下幽"等等,都是人们根据山的自然特征和自然属性及其自然环境概括而成的。北宋大画家郭熙这样赞叹自然原生的美:"东南之山多奇秀,天地非为东南私也。东南之地极下,水潦之所归,以漱濯开露之所出,故其地薄,其水浅,其山多奇峰峭壁,而斗出霄汉之外,瀑布千丈飞落于霞云之表。如华山垂溜,非不千丈也,如华山者鲜尔,纵有浑厚者,亦多出地上,而非出地中也。西北之山多浑厚,天地非为西北偏也。西北之地极高,水源之所出,以冈陇臃肿之所埋,故其地厚,其水深,其山多堆阜盘礴而连延不断于千里之外。介丘有顶而迤逦拔萃于四遂之野。如嵩山少室,非不拔也,如嵩少类者鲜尔,纵有峭拔者,亦多出地中而非地上也。"

在我们的身边,只有自然,在千百年乃至千万年的时光打磨下,留下了已逝岁月的痕迹,用原生之美向人间展示出它的天然和纯粹,向人间诉说着它无以复制的传奇。

2. 自然美的天地造化

自然美是天然的作品,它是自然的创造,来自于自然的鬼斧神工。自然美是自然本真的存在,还因为它是自然界万物相互作用变化的结果,是自然万物相映成趣的佳作,是天地造化之功。正如古人所言:"山以水为血脉,以草木为毛发,以烟云为神采,故山得水而活,得草木而华,得烟云而秀媚。水以山为面,以亭榭为眉目,以渔钓为精神,故水得山而媚,得亭榭而明快,得渔钓而旷落,此山水之布置也。山无烟云如春无花草。山无云则不秀,无水则不媚,无道路则不活,无林木则不生,无深远则浅,无平远则近,无高远则下。"大到天体宇宙,小到一草一沙,天地自然是万物千姿百态的设计师和建筑师。自然的美是由地球的气候和天气、地质和地貌、水文和水域、植物和动物、岩石和土壤等自然因素形成的。这些因素在地球的各个区域分布,组合各不相同,因而自然风光也千差万别,多姿多彩。

被誉为中国四大自然奇观之一的吉林雾凇以"冬天里的春天"般的诗情画意的美,向人们展示了自然美天成的瑰丽。隆冬时节,北国大地万木萧条,走在吉林市,我们会发现一道神奇而美丽的风景,沿着松花江的堤岸望去,松柳凝霜挂雪,戴玉披银,如朵朵白银,排排雪浪,十分壮观。这就是被人们称为"雾凇"的奇观。

雾凇通称"树挂",是雾气和水汽遇冷凝结在枝叶上的冰晶,雾凇之美,美在壮观,美在奇绝。而观赏雾凇,讲究的是"夜看雾,晨看挂,待到近午赏落花。""夜看雾",是在雾凇形成的前夜观看江上出现的雾景。大约在夜里十点多钟,松花江上开始有缕缕雾气,继而越来越大,越来越浓,大团大团的白雾从江面滚滚而起,不停地向两岸漂流。"晨看挂",是早起看树挂。十里江堤灰突突的树木,一夜之间变成一片银白。棵棵杨柳宛若玉枝垂挂,簇簇松针恰似银菊怒放,晶莹多姿。"待到近午赏落花",是说树挂脱落时的情景。一般在上午十点左右,树挂开始一片一片脱落,接着是成串成串地往下滑落,微风吹起脱落的银片在空中飞舞,明丽的阳光辉映到上面,空中形成了五颜六色的雪帘。

吉林雾凇的形成原因是松花江水与空气之间巨大的温差,松花江源源不断释放出的水蒸气凝结在两岸的树木和草丛之间,形成厚度达到40至60毫米的树挂,远远超过通常为 5 至 10 毫米的普通树挂的厚度。俄罗斯杰巴里采夫斯克雾凇专业站通过上百年的观测,证明雾凇家族中最罕见的品种是毛茸形晶状雾凇。而吉林雾凇正是这种雾凇中厚度最厚、密度最小和结构最疏松的一种,这种雾凇的组成冰晶将光线几乎全部反射,观赏起来格外晶莹剔透,无愧于被称为精品中的精品。

吉林雾凇的形成是一个复杂的大气物理变化过程,它的降临固然不易,存活更是难上加难,轻微的气温升高或者风速加大都会造成它的脱落,因而大规模的雾凇现象较为罕见。冰封时节,草木凋零,万物失去生机,然而"忽如一夜春风来,千树万树梨花开"。琼枝玉叶的婀娜杨柳、银菊怒放的青松翠柏千姿百态,让人目不暇接,流连忘返。

"黄山自古云成海",这是已故元帅刘伯承 1957 年游黄山时留下的碑刻。黄山自古就有黄海之称。明代著名史学家潘之恒就著有《黄海》一书,有史料说:黄山的四绝中,首推的就是云海了,由此可见,云海是装扮这个"人间仙境"的神奇美容师。瑰丽壮观的"云海"以美、胜、奇、幻享誉古今。大凡高山,可以见到云海,但是黄山的云海更有其特色,奇峰怪石和古松隐现云海之中,就更增加了美感。黄山一年之中有云雾的天气达 200 多天,水气升腾或雨后雾气未消,就会形成云海,波澜壮阔,一望无边,黄山大小山峰、千沟万壑都淹没在云涛雪浪里,天都峰、光明顶也就成了浩瀚云海中的孤岛。阳光照耀,云更白,松更翠,石更奇。流云散落在诸峰之间,云来雾去,变幻莫测。风平浪静时,云海一铺万顷,波平如镜,映出山影如画,远处天高海阔,峰头似扁舟轻摇,近处仿佛触手可及,不禁想掬起一捧云来感受它的温柔质感。忽而,风起云涌,波涛滚滚,奔涌如潮,浩浩荡荡,更有飞流直泻,白浪排空,惊涛拍岸,似千军万马席卷群峰。待到微风轻拂,四方云漫,涓涓细流,从群峰之间穿隙而过;云海渐散,清淡处,一线阳光洒金绘彩,浓重处,升腾跌宕稍纵即逝。云海日出,日落云海,万道霞光,绚丽缤纷。

宁静的桂林溶洞,宛如神话世界,它迷幻如临仙境,仿佛置身于画中,也显示出自然的神奇造化之功。每一个溶洞,都是一个迷人的王国,洞中山峰雄峻,碧流潺潺,千景万物,极具生命力。洞内岩溶好像参天古树、笋芽丛生,又似龙腾虎跃、万马齐鸣。溶洞中神柱翼然,氤氲盘结;洞口四周溪流潺潺,绿树啸啸,微风袭来,树摆水唱,绿树环抱着怪石,怪石挟持着绿树。而小溪欢畅地流过树干,浸过顽石,一路向前奔流。洒青抹绿的峰峦下的溶洞,碧流苍茫,水墨皴染,幽邃曲折成桂林山水。

3. 自然美的本真

自然即自在本真,它是自由的象征。由此,自然美无不体现出事物按其本性存在的自由意味,从这点上讲,自然的审美价值是任何艺术作品所无法企及的。

在我国,古代美学一贯崇尚自然,以自然为美。追根溯源,这种自然审美观源于庄子,庄子美学思想的核心之一就是"自然"。庄子说:"夫天地者,古之所大也,而黄帝尧舜之所共美也。"(《天道》)"天地有大美而不言","圣人者,原天地之美,而达万物之理。"(《知北游》)。在此,庄子非常明确地指出了美存在于"天地"大自然之中。他在《秋水》中又借海神之口说:"牛马四足,是谓天;落马首,穿牛鼻,是谓人。故曰,无以人灭天,无以故灭命,无以得殉名。谨守而勿失,是谓反其真。"也就是说,牛马生就四只脚,可以自由自在地行走,这是牛马的自然本性,是天然;用马络套住马头,用牛鼻缰穿过牛鼻,控制牛马的活动,是人为。人为会破坏牛马的自然本性,破坏了美。庄子从尊重自然的自在之美进而引申到人的精神自由之美,他认为人类的生活也应当纯正自然,不要用人为去毁灭天然,不要用有意的作为去毁灭自然的禀性,不要为获取虚名而不遗余力。谨慎地持守自然的禀性而不丧失,这就叫返归本真。人如果保持了自然本性,也就获得了个体人格的自由,获得了美。正所谓:"真者,精诚之至也。不精不诚,不能动人。"(《渔父》)正是自然美的自在本真,让哲人领悟到真正的自由。

(二)自然美源于变幻的形式

自然的形式是多姿多彩、千奇百怪的。自然万物可大到一望无际,可谓天地悠悠,不见边际,也可以小到微乎其微,正是"一沙一世界,一花一天堂"。

1. 自然美的多样存在

人们赞叹自然,不仅在于自然的本真与天然,还在于自然变幻多姿的形式。自然的形状、色彩、声音、气味等,给人以不一般的审美享受。

自然美品类繁多,形态各异。大到天体宇宙,小到花草沙土,自然美可谓无所不包。日月星辰、风云雨雾、冰雪霞露、溪瀑泉潭、花草树木、名山胜水等一切自然的存在都有各自的形状。即使是同一自然物,也有万千不同的形状。如古人所言:"松有双松、三松、五松、六松、怪木、古木、老木、垂岸怪木、垂崖古木、乔松至一望松,皆视寿用青松、长松。石有怪石、坡石、松石、兼云松者也。林石兼之林木,秋江怪石,怪石之在秋江也,江上蓼花,兼霞之致,可以映带远近作一二也。云有云横谷口,云出岩间,白云出岫,轻云下岭。烟有烟横谷口,烟出溪上,暮霭平林,轻烟引素,春山烟岚,秋山烟霭。水有回溪溅瀑,松石溅瀑,云岭飞泉,雨中瀑布,雪中瀑布,烟溪瀑布,远水鸣榔,云溪钓艇。"

自然首先是以其形状呈现在审美主体视界之中,给人以心灵的惊异、美感的享受。"大漠孤烟直,长河落日圆"是形状上的美感;"碧玉妆成一树高,万条垂下绿丝绦"也以其形状感染人;"轻肌弱骨散幽葩,更将金蕊泛流霞"(宋·苏轼《赵昌寒菊》)更是写活了菊花的形状;"穿花蛱蝶深深见,点水蜻蜓款款飞"(唐·杜甫《曲江》),那"深深见"即忽隐忽现的样子,那"款款飞"即缓慢飞行的样子,将蝴蝶和蜻蜓活泼可爱的样子描述得细致入微。"细雨鱼儿出,微风燕子斜"(唐·杜甫《水槛遣心》),是以形状的独特性迷人;"山从人面起,云傍马头生"(唐·李白《送友人入蜀》),则从形上写出了蜀山的峭拔和栈道的险峻。

自然界有着丰富的色彩。"居庸叠翠""西山红叶""断桥残雪"等景观,都包含了自然色彩之美。而"卢沟晓月""黄河金带""钱塘观潮""黄山烟云""武夷丹霞"等也蕴含着大自然色彩的魅力,更有对"霜叶红于二月花"的陶醉。大自然的天然色彩是无限丰富、变幻无穷的。大诗人杜甫著名的《绝句》"两个黄鹂鸣翠柳,一行白鹭上青天。窗含西岭千秋雪,门泊东吴万里船。"写出了大自然的丰富色调。而"接天莲叶无穷碧,映日荷花别样红""桃花一簇开无主,可爱深红爱浅红""万顷湖天碧,一星飞鹭白"等都显现出美丽的色彩。

自然的声音被称为"天籁之音"。在诸多自然景观中,瀑落深潭、惊涛拍岸、溪流山涧、泉泻清池、雨打芭蕉、风吹松涛、幽林鸟语、夏日蝉鸣、寂夜虫唱等自然音响宛如美妙的乐曲。"叮叮咚咚"的泉水声,好像打着快乐的节拍;欢唱的溪水就像顽皮的小孩;瀑布从百米高的悬崖上冲下来,犹如万马奔腾,"隆隆"的声音,震耳欲聋,气势磅礴;而雨声则时而静寂,时而狂野,时而像绵绵的思念,时而像浓浓的乡愁。站在海边,吹着海风,倾听大海对你诉说它所经历的沧桑,你会为它感到骄傲。走进森林,松涛就像海浪,伴着鸟儿的歌唱,又是一曲真正的森林协奏曲。

自然之声在特定的环境中,形成"柳浪闻莺""峨眉杜鹃"等著名景点,给人以赏心悦目的美感享受。正因为如此大凡名山名园,均设有诸如"松涛亭""听泉亭""留听阁"之类的景点。据说峨眉山万年寺旁有一蛙池,栖息着一种特殊的"弹琴蛙"。每到傍晚时分,山蛙和鸣,声如琴瑟,高低有致,饶有情趣。自不待言,大千世界中的听觉美有着丰富的内容。概括起来,具有代表性的主要是鸟语、虫声、风声、钟声、水声、雨声等等,这些声音音韵天成,音色迷人,宜人心神。

自然以天籁之声传递着美,同样,它也以静谧的安适向人类展示它的多样魅力。"木末芙蓉花,山中发红萼。涧户寂无人,纷纷开且落。"寂静的山涧里,花儿自开自落,自然的静谧之美如此空灵。"千山鸟飞绝,万径人踪灭。孤舟蓑笠翁,独钓寒江雪。"也是一种空旷寂静的美。"曲径通幽处,禅房花木深。山光悦鸟性,潭影空人心。万籁此都寂,但余钟磬音。""蝉噪林逾静,鸟鸣山更幽。""春山无伴独相求,伐木丁丁山更幽。"则是动静结合,以动衬静的一种自然之声。

自然的气味也是丰富多样的。但凡游览过自然生态保存较好的景观之地的人都深有体验:春季有山花的芬芳,鲜草的清馨;夏季有含云吐雾的缥缈仙境,沁人心脾,富含有益健康的负氧离子的空气;秋季是成熟的季节,到处瓜果飘香;冬季有飞舞的雪花、清新的空气。这同都市的烟尘飞灰、一氧化碳、二氧化碳等使人的肺部鼻腔难受的刺激物或有害气体,形成鲜明的对照。亲临其境,吐纳之间,身心愉快,神采飞扬,怎能不领略到大自然陶情怡性、洗涤胸襟的医疗妙用?"不经一番寒彻骨,怎得梅花扑鼻香。"(唐·裴休《宛陵录·上堂开示颂》)"墙角数枝梅,凌寒独自开。遥知不是雪,为有暗香来。"(宋·王安石《梅花》)冬季的梅花之所以引人瞩目,就是因为其香气宜人,且引人遐思。

自然以其形状、色彩、声音、气味、质料等一切形式的元素向人类展示着独特的魅力。

2. 自然美的时空转换

自然在空间中展开为各种各样的静态形象。而在时间中的展开,更使得自然变幻无穷。四季交替,昼夜变化,风蚀浪淘,生命变换,都使自然呈现出变幻无穷的美。人们观赏自然物处在不同的时空条件,有远近、方位、四季、朝暮、阴晴的变化,所以对同一个审美对象就会产生不同的审美感受。

北宋山水画家郭熙在《林泉高致》写山：

山近看如此，远数里看又如此，远十数里看又如此，每远每异，所谓"山形步步移"也。山正面如此，侧面又如此，背面又如此，每看每异，所谓"山形面面看"也。如此，是一山而兼数十百山之形状，可得不悉乎？

山春夏看如此，秋冬看又如此，所谓"四时之景不同"也。山朝看如此，暮看又如此，阴晴看又如此，所谓"朝暮之变态不同"也。如此，是一山而兼数十百山之意态，可得不究乎？春山烟云连绵人欣欣，夏山嘉木繁阴人坦坦，秋山明净摇落人肃肃，冬山昏霾翳塞人寂寂。看此画令人生此意，如真在此山中，此画之景外意也。

写四季景色：

春有早春云景，早春雨景，残雪早春，雪霁早春，雨霁早春，烟雨早春，寒云欲雨春，早春晚景，晓日春山，春云欲雨，早春烟霭，春云出谷，满溪春溜，春雨春风作斜风细雨，春山明丽，春云如白鹤，皆春题也。

夏有夏山晴霁，夏山雨霁，夏山风雨，夏山早行，夏山林馆，夏雨山行，夏山林木怪石，夏山松石平远，夏山雨过，浓云欲雨，骤风急雨，又曰飘风急雨，夏山雨罢云归，夏雨溪谷溅瀑，夏山烟晓，夏山烟晚，夏日山居，夏云多奇峰，皆夏题也。

秋有初秋雨过，平远秋霁，亦曰秋山雨霁，秋风雨霁，秋云下陇，秋烟出谷，秋风欲雨，又曰西风欲雨，秋风细雨，亦曰西风骤雨，秋晚烟岚，秋山晚意，秋山晚照，秋晚平远，远水澄清，疏林秋晚，秋景林石，秋景松石，平远秋景，皆秋题也。

冬有寒云欲雪，冬阴密雪，冬阴霰雪，翔风飘雪，山涧小雪，四溪远雪，雪后山家，雪中渔舍，舣舟沽酒，踏雪远沽，雪溪平远，又曰风雪平远，绝涧松雪，松轩醉雪，水榭吟风，皆冬题也。

写早晚：

晓有春晓，秋晓，雨晓，雪晓，烟风晓色，秋烟晓色，春霭晓色，皆晓题也。晚有春山晚照，雨过晚照，雪残晚照，疏林晚照，平川返照，远水晚照，暮山烟霭，僧归溪寺，客到晚扉，皆晚题也。

好一幅时空变幻的四时美景图，郭熙用短短数语描绘出自然景致在不同时空中的千变万化和千娇百媚。可谓"春山淡冶而如笑，夏山苍翠而欲滴，秋山明净而如妆，冬山惨淡而如睡"。自然万物，林无静树，川无停流。水色是春绿、夏碧、秋清、冬黑。云气四时是春融怡，夏翁郁，秋疏薄，冬暗淡。林木四时是春英，夏荫，秋毛，冬骨，春英是指叶细而花繁，有一种萌芽之美；夏荫是指叶密而茂盛，有一种浓郁之美；秋毛是指叶疏而飘零，有一种萧疏之美；冬骨是指叶落而树枯，有一种枝杆如骨的挺劲之美。同样是风，则"春风如酒，夏风如茗，秋风如烟，冬风如姜芥"。不仅如此，自然景物在一日之内也有变幻之美。

以杭州西湖为例，一年四季，一日四时，阴、晴、雨、雪、雾，都使西湖美景变幻莫测。古人说西湖是"四百八十可游处，三万六千堪醉时"。西湖山外有山，湖中有湖，园中有园，四季景色都能使人赏心悦目：春则花柳争妍，夏则荷榴竞放，秋则桂子飘香,冬则梅花破玉,瑞雪飞瑶。西湖的一泓碧水,开阔处,天水相连,狭小处,水波剪影;环抱她的群山苍翠浓郁、层层叠叠。不论是从东西南北,还是从上下左右各个角度来远眺、近详西湖,她总是那样的隽秀,或画面美,或诗意浓。

西湖四季风光山颜水貌,韵味无穷。正因为西湖的存在,杭州的春日的艳阳才显得那么明媚、景色才那么旖旎,放眼望去,春云舒卷、万枝泛绿,刹那间你会发觉一枝红杏已经出墙来;西湖的凉风有如在炎热夏日的甘泉沁人心脾,可以吹走热浪给人带来的燥热,也让你在闲暇之余可以品茗何为闹中寻静;无边落木萧萧下,在文人骚客的笔下,萧条、悲凉一直是秋天亘古不变的主题,在这里这层秋意已经被湖风驱散了,天高云淡,秋风送爽,正是赏菊的好时光,空气中浸润着甜甜的桂花香,于是这秋日便表现得随和与恬静了;皑皑白雪的冬日,万物寂寥,似乎整个世间一切的生机已经销声匿迹了,但是在湖边,即使在积雪的沉压下你依旧可以轻轻聆听到潺潺水声的流动,那是生命的玄机,在积蓄力量等待再一次勃发。

春去秋来,斗转星移,日出日落,潮起潮平,自然变幻,美不胜收。仰观俯察,远近高低,自然魅影,美轮美奂。王维在《钟南山》中写到"白云回望合,青霭入看无。分野中峰变,阴晴众壑殊。"陈毅在《游桂林》中则有"春花娇且媚,夏洪波更宽。冬雪山如画,秋桂馨而丹。四时景物殊,气象真万千。阴晴和雨雾,着色更鲜妍。……愿做桂林人,不愿作神仙"的自然礼赞,可见,同一个自然物,既表现为这样一种美,又可以呈现出另外的风情。黄山"耕云峰"上有块奇石,如从皮蓬一带观看像鞋子,而在"玉屏峰"前右侧去欣赏却像一只松鼠,面对"天都峰"仿佛正要跳过去,因而又称松鼠跳天都。这是空间角度的转换,使观赏者获得不同的感受。游武陵山就有近看雄奇远望秀的感觉,近看山峰拔地而起,雄伟峭立,而登上西海、天子山朝下一看,千座山峰都变小了,像雨后春笋般满山遍野。

浙江温州雁荡山有著名的合掌峰,它坐落在层峦叠嶂的灵峰景区,是雁荡山标志性景观之一。它由倚天峰和灵峰组成,峰高270米,在群峰环拱中直插云霄。晴朗的天空,合掌峰像极了一双巨大的手掌,掌心相对,合在一起。

苏轼有诗:"横看成岭侧成峰,远近高低各不同。不识庐山真面目,只缘身在此山中。"不管诗人在里面倾注了多少对人、对事的感慨,有两点是我们可以肯定的:其一,从不同的角度看庐山,庐山就有不同的风貌;其二,身在其中,往往不能一睹庐山全貌。无独有偶,美学家朱光潜先生在他的一篇谈美文章中,谈及这么一种美学现象:漫步河边看杨柳,往往会觉得河这岸的杨柳不及河对岸的美。因为近看看得太真切、太实在,而隔河远看,看得朦朦胧胧,会觉得更有诗情画意。这种美学现象,颇为普遍。俗话说:"马上观君子,月下看美人。"定会觉得月下的美人较之阳光下的美人更美。同样因为阳光下看得真切、实在,使得美人脸上的微疵都看得清清楚楚,而朦胧的月光却可以把它抹去。如此美学现象,无疑是因为时空的距离造成的。

诚然,自然美存在于一定的时空之中,也正是因为时空的变幻,自然才呈现出它的多面性、多变性,我们可以"仰则观象于天,俯则观法于地,视鸟兽之文与地之宜,近取诸身,远取诸物"(《易经·系辞下传》),可以如书法家王羲之所说的那样:"仰观

宇宙之大,俯察品类之盛,所以游目骋怀,足以极视听之娱,信可乐也。"(《兰亭集序》)

(三)自然美源于深渊的意蕴

不同的时代、不同的人,对自然有不同的理解。从认知的角度讲,在古希腊,自然被理解为一个有生命、有灵魂的大动物;从近代开始,自然则成为一个设计精美的机器;而现代,自然被理解为一种有时间、有历史的存在。从文化的角度讲,人们对自然的认识也在不断地发生变化,自然与人之间存在着不确定的关系。从美学的角度讲,自然远不止上面这些解析。

在神话、文学乃至宗教的语言中,自然变得更多样、更生动。很显然,自然向我们敞开了它的各种样态,而展现的最丰富的则是它的美。而美的自然本身对于人类来说,仍然有着太多的迷雾。它的一个重要的特征就是,它用万千的形式展示着自己,但是形式背后的内在却始终悠远神秘。

正如自然对于人的意义不仅仅在于它为人类提供了必需的生活场所一样,自然美的意义也不仅仅限于愉悦人的感官。对于人类来说,赏心悦目只是自然美的多层面表现中的一层,自然美更深刻的意义则如同它变幻莫测的形态一样令人神往。在今天,我们重新审视人与自然关系的时候,不难发现,自然美对于人的意义不言而喻,由自然美带给人类的思考和想象,乃至深远的意蕴如同自然的神奇一样无时无刻不冲击着有些麻木的现代人的心灵。

1. 自然美中蕴涵的神秘意味

人与自然的关系似乎在经历着一场轮回,最初的自然是作为外在的超力量而存在的,自然威力无比,人们把自然神化而心存敬畏,巨大的自然力无法抵御,也难以解释,于是就产生神话传说,为了求得神灵保佑,遂产生了自然神崇拜。面对无限的宇宙、滔滔的江河、广袤的土地、浩瀚的森林,我们的远古祖先充满了好奇与敬畏,他们崇拜自然、敬畏自然、臣服自然,充满了对自然神力的敬仰。对于人类自身来说,热爱生命、向往美好,对生命现象、自然奇观的不懈探求构成人与自然关系的一个侧面。而面对自然灾害、生命的消亡,人对自然造物主的情感往往是矛盾的:一方面,自然是造物的神。另一方面,自然又会夺取生命。古老的自然神话从科学的意义上讲或许显现的是人类童年的幼稚,然而正是自然神话丰富了我们审美的情感,安顿了我们盲目的心灵。因学美面神话是人类蒙昧时代的童话,是人类文明最早的一缕璀璨夺目的曙光。虽然世界上文化形态各不相同,不同的地域、国家有着不同的民族风情,但倘若我们沿着丰富多样化的文化去追溯源头,我们又惊奇地发现它们的殊途同归之处,那就是它们最早都起源于神话,而所有的神话都有着十分相似的主题——自然崇拜。

"惟泰元尊,媪神蕃厘。经纬天地,作成四时。精建日月,星辰度理。阴阳五行,周而复始。云风雷电,降甘露雨。百姓蕃滋,咸循厥绪。继统共勤,顺皇之德。鸾路龙鳞,罔不肸饰。嘉笾列陈,庶几宴享。灭除凶灾,烈腾八荒。钟鼓竽笙,云舞翔翔。招摇灵旗,九夷宾将"这是我国古代帝王祭天时所唱颂的歌词,里面对天地万物、四季轮回等一系列自然现象和自然事物做了神话的描述。天上的神灵元尊、媪神创造了万物,死寂的世界才有了生机。同样,在西方古希腊的神话里,天神乌拉诺斯和地母盖亚创造了世界万物,包括我们人类自身在内。

法国人类学家布留尔说:"如果我们看一看旧大陆和新大陆的那些以动物为主人公的神话,就会发现:没有一种哺乳动物、鸟、鱼,甚至昆虫不带上最罕见的神秘属性。"同样,在我国古代的神话中,一切自然物几乎都有神性,具有超自然的法术。自然中到处都是神和怪的影子,风神、雨神、雷神、电神以及所有的妖魔鬼怪都来自自然的神秘和力量的庞大。

两千多年前的伟大诗人屈原,面对苍茫大地、浩瀚星河,发出了如此深刻的哲学追问:"遂古之初,谁传道之?上下未形,何由考之?冥昭瞢暗,谁能极之?冯翼惟象,何以识之?明明暗暗,惟时何为?阴阳三合,何本何化?圜则九重,孰营度之?惟兹何功,孰初作之?斡维焉系,天极焉加?"是对天地自然奥秘的追问,也是对天地威力的慑服。

诗人的困惑是祖先智者的追问和探询,而这又何尝不是我们现代人的心灵困扰。时至今日,自然里还有多少神秘是我们所不能了解和掌握的,人类在自然面前有太多的困惑,而自然却以它宽大的胸怀面对人类的每一次询问。尽管在历史的长河中,人类或多或少地认识了自然,感受到了自然的美,然而作为万物母亲的自然的神秘是人们永远不能完全了解的。从这点上讲,自然是一个自身显现而又自身隐匿的存在。人行走于自然,所有的荣耀皆源于自然之馈赠。包括人之灵性、情思、感悟,乃至忧患。人必须低下高贵的头颅,对自然深深地感恩!

人类的祖先敬畏自然的威力,感叹自然的神奇,用无数的神话来表达对自然的崇敬与热爱,自然就是万物的神和创造者。如今,自然虽已脱去了神的外衣,不再以神的面目呈现它的存在。但是在自然中,依然有无数让人类喟叹的神奇与神秘,只要有人类的存在,有关自然的神话就会一直存在。

2. 自然美的象征意味

自然是人类的家园,人们从自然那里得到的不仅仅是必需的生活用品和生活环境,自然还是人类心灵畅游的海洋。自然和人类生活的关系密不可分,人类在自然身上寻找自己生活的影子,也在自然身上找到了情感的寄托和对未来生活的向往。

在我国,早在先秦两汉时代,就已初步建立了人对自然的较为和谐的审美关系,萌发了朦胧的自然美意识,并开始在文学艺术中有所体现。《诗经》中"桃之夭夭,灼灼其华""瞻彼淇奥,绿竹猗猗。……绿竹青青""昔我往矣,杨柳依依。今我来思,雨雪霏霏""风雨凄凄,鸡鸣喈喈。……风雨潇潇,鸡鸣胶胶"等等,均是写自然景物之佳句并在景中寄寓了人的情感,这表明人们已对自然之美有了一定的感受与体验,并找到了人与自然相通的某些契合点。

孔子率先提出"智者乐水,仁者乐山",实际上已从侧面表明古人开始具有以山水之美为乐的审美意识。他说过:"岁寒,然后知松柏之后凋也",在河川上观水时又说,"逝者如斯夫,不舍昼夜",这些都是在对自然美的欣赏中发现了自然美与人的某些品格、情操的相似相通之处,而用以寄意托情。孟子谈到水时也说:"原泉混混,不舍昼夜。盈科而后进,放乎四海",又说,"孔子登东山而小鲁,登泰山而小天下。故观于海者难为水,游于圣人之门者难为言。观水有术,必观其澜。日月有明,容光必照焉。流水之为物也,不盈科不行;君子之志于道也,不成章不达",这里既有对山水美的描绘,更有将山水比喻为君子之道、德。所以后儒将此归结为"比德"说,即将山水之形态比作仁、义、智、勇等美德。

每一种自然现象总是以自己独特的形式,同人们的社会生活发生这样或那样的联系。于是,人们就可以从自然界与人类社会生活中的种种类似的地方,看到自己的生活形象。比如柳树,它是春的使者,是美好明天的象征;柳与留谐音,它是情感的化身、友谊的象征;柳婀娜多姿,柔弱自然,它是美的女性的象征;柳絮随风飘舞,则富有讽喻的意味。

春来柳先知,柳是春的信使。当春天姗姗走来,柳穿上翠绿的衫裙,婀娜多姿、万千柔情。诗圣杜甫的诗:"腊日常年暖尚遥,今年腊日冻全消。侵陵雪色还萱草,露泄春光有柳条",宋代宋祁的"绿杨烟外晓寒轻,红杏枝头春意闹",清代高鼎的诗:"草长莺飞二月天,拂堤杨柳醉春烟。儿童散学归来早,忙趁东风放纸鸢"都是用柳来比拟早春的美好。

折柳相赠,借柳寄情是我国古代友人惜别时的场景。"柳"与"留"谐音,借柳、折柳可寄托恋恋不舍之情和美好的祝愿,也与送别结下了不解之缘。古人赠柳意味着无论漂泊何方都能枝繁叶茂,而纤柔细软的柳丝则象征着情意绵绵;离人看到柳,又能睹物思人,勾起绵绵相思。岑参的"此地曾居住,今来宛似归。可怜汾上柳,相见也依依",抒发了重返旧地时恋恋不舍的情怀,笔简意深,真挚感人;欧阳修的"花光浓烂柳轻明,酌酒花前送我行。我亦且如常日醉,莫教弦管作离声",则道出了离愁别苦的感情,感人肺腑;郭登的"年年尝是送行人,折尽边城路傍柳"表达了难分难离的心意。

宋代李冠在《蝶恋花(佳人)》中写道:"贴鬓香云双绾绿。柳弱花娇,一点春心足。"写活了妙龄女子美丽苗条的姿色和神采。韩偓的"柳腰莲脸本忘情",女子腰似柳条柔软,故称"柳腰"。李清照的"暖雨晴风初破冻,柳眼梅腮,已觉春心动",唐代李商隐的"花须柳眼各无赖,紫蝶黄蜂俱有情",柳叶初生,似睡眼刚开,故称"柳眼"。李商隐还有"柳眉空吐效颦叶,榆荚还飞买笑钱",女子秀眉细长为柳叶,喻为"柳眉"。一棵迎风起舞的柳树,如同一位翩翩起舞的女子,别有一番风情。唐彦谦的"绊惹春风别有情,世间谁敢斗轻盈。楚王江畔无端种,饿损纤腰学不成。"这首诗咏垂柳,写出了垂柳的婀娜多姿、别具柔情,并且联想到楚灵王"爱细腰,宫女多饿死"的故事,托物寄情,将讽刺的矛头直指腐败王朝,堪称"咏柳"一绝。唐人韩翃的《寒食》一诗写道:"春城无处不飞花,寒食东风御柳斜。日暮汉宫传蜡烛,轻烟散入五侯家。"这里的"花"就是飘飞的柳絮,含沙射影地揭露了五侯得宠皇帝,掌握实权,祸国殃民,最终亡国。唐代诗人李益的《上洛桥》:"金谷园中柳,春来似舞腰。那堪好风景,独上洛阳桥。"用柳姿舞腰的轻快形象,引起人对盛世欢乐的神往,却以独上洛桥的忧伤引出对盛衰的不胜感慨,含意深长。韦庄的"江雨霏霏江草齐,六朝如梦鸟空啼。无情最是台城柳,依旧烟笼十里堤。"借柳景抒发了六朝繁华盛衰的叹息和悲哀。白居易有诗"一树春风千万枝,嫩于金色软于丝。永丰西角荒园里,尽日无人属阿谁?"垂柳的勃勃生机、秀色照人、轻盈袅娜写得极其生动,又有对当时政治腐败、人才埋没的感慨,流露出诗人的不平与惋惜;而王维的"新家孟城口,古木余衰柳。来者复为谁?空悲昔人有。"通过古城、衰柳勾起诗人的感慨,融入对人世兴衰的感叹,言简意深、回味无穷。

3. 自然美中超越的"大美"意味

自然具有超越性。如果说,给自然蒙上神的面纱来描述自然的超越性是其中的一种方式,那么,从现实的功利与生活的羁绊中回归自然的样态则是自然超越性的另一种方式。

当我们凝神观照自然对象时,经常会进入忘我的境地,而触发一种难以言说的感触。我们的心灵深处产生骚动,整个意识仿佛与欣赏对象融为一体,而对象仿佛也带上了和我们一样的感情色彩,与我们的心灵产生着共鸣。在这种观照的某一时刻,我们似乎从对象中参悟了宇宙天地间深不可测的秘密,刹那间心与世绝,进入了另一个超凡入圣的世界。静观万物,它们好像各得其所,呈现出充实而活泼的内在生命;返身自思,对象也被涂上了我们自身的光辉。这时,整个世界都充满了审美情趣,于是我们在欣赏这一自然对象的过程中,捕捉到一股或淡、或浓的情思,获得一种或清空或充盈的感受。这时,我们心中没有任何杂念,只有面对的自然对象,整个心灵完全沉浸其中,完全被征服了,不,应该说完全与对象融为一体,已经分不出哪是自然,哪是自我。

一位曾在1978年秋天参加百名中国人穿越罗布泊活动的作者,在回顾穿越的日子时写道:"回顾身后那一段疾行的历程:见不到城市的繁荣,听不见人流的喧嚣,没有名利的诱惑,没有权利的纷争,作为荒漠的匆匆过客,大家的需求就是能有解渴的清水、能有充饥的干粮。大家的目标就是不掉队,不迷向,奔向下一个营地。荒漠之行,置身于广阔的天地之中人是那么孤独,那么渺小,生活是那么平静,欲望是那么清纯、那么质朴。随地而居,是那么逍遥自在,随遇而安,是那么豁达大度。大家似乎进入了洪荒时代:忘记了人世间的爱恨情仇,模糊了男女之别,淡化了长幼之分,素昧无束,无忧无虑,其乐融融。"

人只有在自然之中,才能真正体味生命的意义和人格的魅力,才能超越现实的各种樊篱,回归自然的人性,看到本真的自我,回归意义的存在,真正体悟到天人合一的真谛。这就是自然美的精髓所在,它自在本真与人同在,人在自然里看到生活的美、人格的美,从自然的形式里看到自然的深情。

有人说:大自然真美丽啊!你看,蓝色的天空中白云在浮游,远处的树林在阳光下发着淡红的光,池塘上正升起淡淡的烟雾,牧羊正在绿茵上安详的吃草。有人说:大自然是弱肉强食的战场,在美丽的翠绿色下面,每秒钟都有生物走向死亡。苍鹰在长空上盘旋,窥视着地上的老鼠,草丛中的黑猫一动不动地埋伏着,等待兔子走过。有人说：大自然是充满未知的地方，一阵风吹过，其中包含着多少无法说清的道理，在我们身边的每一个物体里，在肉眼无法达及的微小空间里，亿万个原子正不知原因的旋转着；在我们的上空，无数个比我们的星球大几万倍的太阳正在燃烧爆炸。有人说：大自然是一个考验人品质和悟性的暂住试验场，上帝将根据人在这里的表现将他们送到天堂或地狱。有人说：大自然是人们享受生活的家园，大自然提供了人类各种享受的源泉，人们的七情六欲都可以在大自然中得到满足。

  对自然的美还有很多很多的说法，上面的说法对于自然来说都是片面的，对于人来说，对自然的各种赞美和敬畏都不过分，它并不在意人的赞美抑或是利用。它超越地存在，以它的生命、它的宽容提醒着人类的幼稚和鲁莽，嘲笑着人的贪欲和伪善。在自然面前，人需要睁大眼睛、敞开心灵，做真正的审美者。

  美国著名作家卡逊在《海洋的边缘》书中这样描述海岸：海岸是一个古老的世界，每次我走进它，对它的美和更深的含义就有新的体会，感受到使一种生物与另一种生物相联系的生命之网的精巧，而每一生命又和周围的环境相连。要理解海岸，光把它的生物分门别类是不够的。只有当我们站在海滩上，感觉到地球，以及雕琢出了海岸的陆地形状，并产生了构成海岸的岩石和沙子的大海的悠长节奏时，只有当我们用心灵的眼睛感觉到生命的波涛，盲目地、无情地寻求一个立足之地，永远地拍打着海岸时，理解才会到来。"天地有大美而不言"，这是自然呈现的超越的"大美"意味。

  因此，自然之美无处不在，它呈现在春日百花的怒放中，摇曳在翠绿的枝头和柔嫩的青草间，游荡在深海与幽谷里，闪耀在贝壳与宝石的光泽中。无论是日出云霞、月涌江流、寒山碧波、松涛林海，还是春江水暖、蓝田生日、大漠孤烟、霜叶红花，都在大自然生生不息的运动中给人以强烈的审美享受。古往今来，文人墨客用心体会自然并表达自然，用巧手描绘自然；用声音赞叹自然；用耳朵去倾听自然；用眼睛去欣赏自然。人们徜徉陶醉于自然美之中，心驰神往，流连忘返，自然之美以独特的魅力感染着我们。我们感知自然之美，需要去了解其特征，用多样的方式感悟自然之美。

第二节 自 然 审 美

一、自然审美的标准

  对于自然的审美，任何时代都有存在，处于不同的文明阶段和文化观念，美的形态是不一样的。对于自然的审美标准是复杂且多元化的，任何从单一的角度对自然审美进行度量都是片面的，也无法满足人们对于审美的需求。对于自然的审美是由一系列复杂的心理活动构成的，人们对于自然的审美标准从古至今一直在不停地变化着，不同地域、不同文化影响下的人对于自然的审美和偏好也不尽相同。通过审美教育，我们可以改善我们的审美趣味。这种改善并不是改变自己的审美偏好，而是扩大自己的审美趣味和范畴,使我们对于自然美的审美趣味变得越来越灵活、敏锐,欣赏范围扩大的同时也带来精神境界的提升。体察自然审美标准的多元化,才是我们进行审美欣赏、审美教育和审美判断的目的。我们探索自然审美的标准,不是要强加给我们某种偏好,也不是要让我们去跟别人争辩,而是让我们在更广阔的领域自由地做出选择。

（一）自然审美的前提

要弄清楚自然审美的标准,首先要区分出客观存在与主观意识,并对自然界中的美加以界定。对于自然审美的主体主要取决于人。自然审美是拿主观意识评价客观存在。梵高和维米尔的做法正好是对客观存在与主观意识的绝佳表现。雷诺阿、马奈、莫奈等印象派画家,以及之后的当代艺术家都借由主观意识反应自然,为我们带来真实的审美体验和传达主观精神的认识能力,把存在作为认识对象,这就构成了互为对象的依存关系。因此,和主观认识行为发生相互作用的存在就是客观存在,包括物质与精神两种存在,在发挥主观能动性的基础上尊重客观规律性,才能真正认识和改造世界。

▲ 文森特·梵高《自画像》

▲ 维米尔《戴珍珠耳环的少女》

主观存在和客观存在是最典型的相对概念,只有当主观意识开始把某种存在及其内涵作为自己对象时,这个对象才会成为相对客观的存在。主观存在就是狭义相对存在,客观存在就是广义相对存在。因为一切"在"都来源于世界,为生灵感应,为人类认知。

十八世纪,英国哲学家休谟提出"美就不是客观存在于任何事物中的内在属性,它只存在于鉴赏者的心里""外在的美也只是决定于快乐"。这也就是说,自然美根源于人的心灵。为什么呢？休谟认为"无论自然的美和道德的美,也无论我们身体的美和外在对象的美,总之,凡有用的、美丽的或令人惊奇的事物的共同点,只在于各自产生一种快乐,此外再无其他共同之点。"例如美的动物,"在一种动物方面产生体力的那个体形是美的;而在另一种动物方面则表示轻捷的体形是美的。"既然自然事物的美的共同之点"只在于各自产生一种快乐",那么自然事物的美的根源便不应当从自然事物本身去寻找,而应当从发生"快乐"的主体,即人的心灵去寻找。因此,自然事物的美就来自心灵。休谟也曾谈到:"我们总还得承认对象中有些东西是天然适于唤起上述反应的。"他还认为,任何一个对象就其一切而面对自然的美,是主观真实的去反映还是严谨的描绘客观存在也常常反应在绘画作品中。

康德在哲学上虽然承认有"自在之物"存在,但认为它不可认知,因为他割裂了现象世界与"自在之物"的联系,认为它们是有原则的、有区别的。因此他必然要停留在现象的此岸,否定表象中的客观内容。他在美学上主张美与概念无关,只涉及对象的形式,也正是要否定表象中的客观内容。在论及"单纯的颜色"的美的时候,欧拉认为"颜色是以太的等时相续的振动,音响里的声音是波动着的空气"。所以主观真实和客观存在在自然美的审视和表现过程当中都有着十分重要的意义。

(二)影响自然审美的因素及其标准

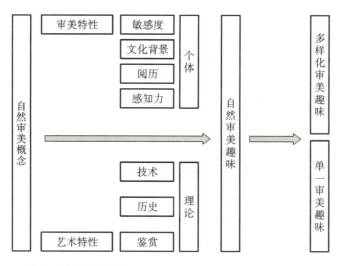

▲ 影响自然审美的因素

布拉萨的三重组合方式曾经探讨过这个问题,布拉萨认为人们对于景观的欣赏受三个方面影响:遗传基因、文化历史、个人发展,因此人对于自然的审美偏好取决于生物法则、文化规则和个人策略三个方面,三者不可偏废。很多人认为,能欣赏诸如交响乐的人趣味高,而喜欢二人转的人趣味低。对于自然的审美本身就是一个多元化的概念,我们欣赏自然美的意义就在于培养更加开拓的审美趣味,扩大自己的审美领域,从而突破文化上的习惯和偏见。

我们如何建立对自然审美的标准呢?根据弗兰克·西布利(Frank Sibley)在《审

美概念》一书中提到相关概念,我们可以将自然景观区分成审美特性的和非审美特性(或者叫艺术特性)的。对于艺术特性,我们需要学习技术、理论和历史知识等,但是对于审美特性,则是和我们的趣味、敏感有关。前者与我们的审美鉴赏力有关,后者是我们的正常感知。前者需要我们经过系统的学习,而后者必须要求我们自己去切身经历。除了地区及人文因素对审美标准的影响,大部分对于自然的审美过程之所以能够发生主要还是基于人类最基础的生理系统。

人类视觉系统是一套十分精密、强大的处理系统,人在观测到事物时,这些视觉刺激从视网膜到外侧膝状核到一级视觉皮层内外的一系列中继。然后大脑会对这些视觉信息进行相应的分析,从而感知视觉元素,如线条、轮廓、方向、颜色、运动、空间定位和持续时间等。

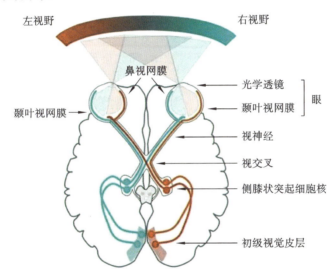

▲ 人类视觉系统感知图

这也是许多艺术家为什么会运用独特的视觉语言来完成自己的艺术表达的原因。如艺术家毕加索将自行车的把手和座椅两个熟悉的概念,组合成一个令人惊讶的第三概念——公牛头。作品就是以其独特的视觉语言引起有相关共识的观众产生共鸣和审美反应。

总而言之,影响自然审美标准的演变的因素从生理构造出发,到文化地区,到观者的理论基础、个人经历都有着不容忽视的影响。自然审美标准的因素的成因是比较复杂的,并且随着时间维度的推移在不断地变化。

(三) 多元化的自然审美标准

以现实的人为出发点,由于生长环境和教育体系的差异,我们当中的很多人都是经验派,依靠社会经验、工作经验、人情经验等来判断自己适合什么妆容、服饰。从心理学方面看,大多数经验派对美的本质理解与情感是息息相关的。美依赖于情感,这种情感不是心灵独立产生出来的,它必须以审美对象的性质为参照,这就是审美情感理论。美是对象物给予人的快乐感,美的本质是一种效应关系,是一种主体对客体的情感。

影响审美标准的变化的因素有年代、地貌、人文、气候等。假如要确切定义的话,应该是随文明的先进程度来改变审美标准。众所周知,文明的发展是随时间推进而进行的,而时间的推进是单向不可逆的,落实到个人的具体情况,个人的生命活动时间是有限的,其能够吸收的文明程度、相关领域也是有限。由此就产生了同一时间下,不同个体有不同审美需求,最后在群体的社会作用下形成了不同的审美标准。评定美的标准参考点,有人认为是信息的先进度,有人认为是信息量的多少,有人认为是创作的工程量,有人认为是信息所带来的体验感,等等。(直到今日,这个无穷尽的多元化社会里,思想和水平各异的艺术作品就刚好能够满足不同文明程度的群体,使得各自都有进步空间,能够得到良好的发展。)近代所发生的一系列历史事件也都已经证明,将审美标准化是不可取的,那如果没有标准,我们应该如何来描述人们审美的"依据"呢?毕竟我们知道人们并不是随机或盲目地判断美与不美的。当提出这个问题时,答案就显而易见了,和随机相对的就是规律。是的,人们判断美是有规律可循的。目前来看,如"稀罕""纯粹""对比"等概念,是比较符合绝大多数人评判美的规律的。之前已经大致地说过了,审美是跟整个文明社会息息相关的,那么肯定个人的审美会对社会产生影响,也就是下面一段要讲的,审美最终会产生一个什么样的结果。

中国人偏爱格物,在欣赏自然中的美景时通常寄情于景,并更加注重所见的景观内在的美和品格,而不仅仅只是局限于外在的颜色、造型、质感、光线等等,所以在中国的古代文化中,我们偏爱梅、兰、竹、菊此类更加具有象征意义的自然植物。在西方古典油画中,玫瑰经常出现在装饰和背景中,只因玫瑰的香气浓郁、外表端庄。因此从对植物的自然审美中也在处处体现着审美标准的差异化。

总而言之,各地自然条件千差万别,经济社会发展程度不同,受历史、地理等因素的影响,各地区的文化带有明显的区域特征。

二、大学生与自然审美

(一)大学生审美的多种角度

当代大学生应当全面、多角度地对自然万物进行审美,结合自己的生活经历及所学专业,学会观察,就如朱光潜先生曾在他的文章《我们对于一棵古松的三种态度》中谈到:"一切事物都有几种看法。你说一件事物是美的或是丑的,这也只是一种看法。换一个看法,你说它是真的或是假的;再换一种看法,你说它是善的或是恶的。同是一件事物,看法有多种,所看出来的现象也就有多种。……假如你是一位木商,我是一位植物学家,另外一位朋友是画家,三人同时来看这棵古松。我们三人可以说同时都'知觉'到这一棵树,可是三人所'知觉'到的却是三种不同的东西。你脱离不了你的木商的心习,你所知觉到的只是一棵做某事用值几多钱的木料。我也脱离不了我的植物学家的心习,我所知觉到的只是一棵叶为针状、果为球状、四季常青的显花植物。我们的画家朋友什么事都不管,只管审美,他所知觉到的只是一棵苍翠劲拔的古树。我们三人的反应态度也不一致。"这段话详细地说明了在面对自然界的美景时,我们观察事物的角度可以是完全不同的,得到的审美方面的体验也是千差万别的,而审美的体验多是基于自己的生活经验、理论知识和文化环境的熏陶。作为大学生,在面对自然界的物像时,更应该以包容的心态、多种的角度去进行审美,对于审美的三个层次可以归纳为:评价层次、概念层次和体验层次,其中最不可取的应当为评价层次。在面对自然界的景观时,仅仅因为个人的好恶就拒绝更深层次的审美是十分不可取的,除此之外,因为对自然景观约定俗成的概念就停止对自然景观的审美也是比较不合理的。看到连绵不绝的山峦,首先想到的是,这就是一座山,就以为自己窥见了全貌,在审美中犯了经验主义的错误。我们应当更加注重体验审美,面对自然美,去全身心地敬畏和体察,调动自己的生理感官和情绪,结合自己的理论知识和生活阅历,更加多角度地去进行审美,这是更适合大学生锻炼自己审美能力的做法。

1. 基于美学角度的审美意向

以纯粹美学的角度去剖析自然美,可以让我们退回到观察自然界事物的本质,基于我们的审美器官,也更容易发现和找到共性,总结出审美的规律。我们所见的自然美,其实可以被我们归纳为简单的线条、形状、色彩、肌理、空间、形态、光影,无论是山川大河,还是眼神中的一汪秋水,都可以被具象地描述和表现。基于这些组成自然美的最基本的元素进行分析,能够发现一些关于自然美的规律和共性。

首先是线条,几何概念中的线条有长度、方向和位置,并没有宽度,而作为形成美的一个元素,却不能像几何概念中的线条一样只有长度、方向和位置,而缺乏宽度,通常情况下它可以是有宽度且有一定的动态和情感概念,且线条具有十分强的概括作用,能够强调出事物的基本轮廓。在被风吹过的沙丘上随机形成了有规律和节奏的线条,流畅优美,会给人带来一定程度上的情感共鸣,让人感受到舒缓和安逸,这就是自然界中的线条之美。中国上下五千年的文明中,人们很早就发现了用线条可以很好地归纳和概括出事物的形体和轮廓。如绘画作品,人们最为看中的便是线条,将光影化繁为简,以线条进行概括,以柔软的毛笔作为媒介画出流动的线条,表现自然景观和人物的神采。

1) 形状

线条的结合给我们带来了形状,形状是二维空间上的元素,是视觉上可以感知的区域,形状表示一种事物的存在或者表现形式。比较起线条,形状更为具象,能够由视觉感知引发心理的联想的作用力也更大。

自然界中的色彩之所以能够形成,和我们的视觉神经有很大的关系,人类可以

▲ 线条之美

▲ 自然界中的形状

辨别的色彩实际上是十分有限的,但就在这有限的可能中,自然界的色彩之丰富依然可以满足我们的审美需求。色彩是一种最为直接的视觉语言,我们能够通过色彩感受到不同的心境,在红、橙、黄、绿、青、蓝、紫中,红、橙、黄作为暖色,能够给我们带来高温、温暖、热情、浪漫等多种热烈的心理感受,而青、蓝、紫作为冷色,常让我们感到冷静、低温、内敛等相对比较沉浸的情绪,而这一切正是由于自然界中的环境给我们带来的约定俗成,对比火焰和海水便能够知道冷暖色调给我们的心理感知,而深色给我们的感觉更加坚硬,浅色给我们的感觉更加柔软,可以去考虑石头和云朵的感觉。除此之外,更加饱和的颜色和更加灰的颜色,给我们带来更近或者更远的感觉也是由于人类的视觉体验。

2) 肌理

自然界中的万物皆存在肌理,肌理是我们感知自然美的一个十分具体的信息。通过肌理,我们能够借由视觉体验产生通感的整体体验,这也是审美当中一个十分重要的环节,我们能够通过肌理感受到味道以及触觉,而自然界中的每一块岩石、每一片树叶、每一条河流,都能够激发我们的审美体验。

• 第三章 美之赏析：自然之美 •

▲ 自然界中的颜色

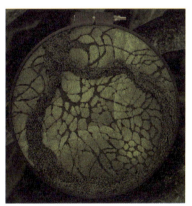

▲ 微观状态下的叶片肌理

3）空间

空间是突破二维的构成美学的元素，从早期人类发现了宜居的山洞开始到现如今的超高层建筑，人类对于空间的审美逐步地形成和变化。空间给我们所带来的审美体验超越了二维限制，更加强调切身的体验和感受，是在自然美中不可缺少的一部分，自然界中的空间形式和大小十分多样，可以大到一花一世界，也可以小到诺亚方舟，不过沧海一粟，每一种空间都能够给我们带来不同的身临其境的感受。艺术家通过观察自然界中的空间，将不同的美呈现在舞台上，Alexander Mcqueen 的 2022 年春夏秀场便模拟了气泡里面的空间形态，给人们带来了十分梦幻和不真实的感受和体验。

4）形态

形态是区分自然万物的基础，每一种不同的物质具备不同的形态，形态在某种程度上包含了线条、肌理的相关信息，并给我们带来更加综合多元的感受。我们通

▲ 自然界中的气泡和 Alexander Mcqueen 秀场设计

过线条、形状、肌理来区分自然界中每种物质的形态,而每种物质的形态所带来的综合感受是十分多元化的。了解事物的形态,能够给我们对于自然的审美提供更多的可能性和角度,观察自然界中不同形态之间的碰撞也能够给我们带来不同的审美体验,比如水就能因为温度的不同产生不同形态的变化,这种变化的丰富多彩是人为景观无法企及的。

▲ 自然界中的形态

5)光影

光影是塑造出自然界中多种景观和颜色的主要因素,光影的变化为自然界中的景观带来了不同的颜色和肌理特征。在同样的自然景物下,由于光照的不同,事物的形态往往会形成美妙的界定和区分,艺术家们通过观察这种自然画面的分割以及不同的色彩变化,进行创作。印象派画家莫奈的画作,一直在描绘相同景物的不同光影变化,这也给我们带来了极为不同的审美体验。

▲ 自然界中的光影呈现

2. 基于科学角度的审美意向

在面对自然界中各种美的意向时,我们不难发现,当你没有一定的文化理论基础时,很难去理解在自然当中出现的美感,而只能人云亦云地陈述别人的观点。任何美都必须建立在一定的科学基础之上,这些往往有助于人们揭示自然界的本质。例如,人类在早期表现自然的时候,画花鸟要掌握广泛的动植物知识。自然界的多种颜色、肌理、材质,也是因为特定的科学原因才能逐渐形成。如果没有理论知识作为向导,我们很容易走入过度主观的审美误区,科学能够帮助人们沟通人的内心世界与外在物质世界之间的关系,近代科学知识更是形象真实。例如,古希腊毕达哥拉斯学派认为平面中最美的图形是圆,立体中最美的图形是球,他们把这种美学观点移植到科学问题的解释上,得到了新的见解。他们断言古代希伯来人那种天似苍穹地如船的地球模型是不对的,大胆提出了自己的科学设想:无论是宇宙天体还是地球的形状,从事物的完善性来看,都应该是球形。相应地,宇宙中的各种物体都应该做匀速圆周运动。毕达哥拉斯学派对科学问题的这种美学解释,后来被麦哲伦和哥伦布的环球航行所证实。由此可见,掌握科学角度对于我们对自然的审美是大有益处的。

3. 基于感受和共情的审美意向

审美活动的发生和我们的经历是息息相关的,就像有的人看到一望无际的大海会感受到宁静一般,而另一群人望着大海美丽的蓝色会陷入对深海的恐慌和不安中。在自然界中所呈现的线条、形状、色彩、肌理、空间、形态和光影,实际上是通过我们的感官作为桥梁,连接了我们的生活经历和审美体验。著名的当代艺术家伊夫·克莱因曾因为一幅画作闻名于世,这幅画上没有内容,只是用颜料涂上了一种蓝色,这种蓝色的 RGB 比值是 0∶47∶167,也就是所谓的"绝对之蓝"。由于它与环境色在视觉对比上有着强烈的冲突,格外能体现出自我存在的意识。克莱因相信,表达一种感觉,不用解释,也无需语言,用最单纯的色彩就能唤起最强烈的心灵感受。这幅作品让欣赏它的人为之沦陷,当你站在蓝色的画布面前时,有的人联想到了天空,有的人联想到了大海,有的人联想到了外太空,有的人联想到了儿时的床单,这反映出我们对于自然的审美,有时候是因为我们的经历所带来的共情能力,这也要求我们应当更多地去观察生活中的细节,将身边稀松平常的自然景观作为自己的审美对象,去体验和经历并最终去理解和发现生活中细小的自然美。

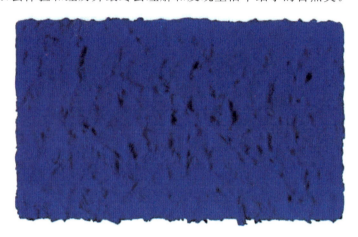

▲ 伊夫·克莱因画布上的蓝

(二)大学生应当构建自己的个体审美

大学生正处在价值观形成的时期,当今社会越来越推崇审美的多样化和多元化,对于自然的审美差异逐渐明显,在当代审美体系和艺术的表现中,越来越推崇艺术家的主观能动性,从而更加丰富了艺术的世界。对于当代大学生而言,个体审美必须建立在几个基础之上,首先应当是对自然大量的观摩和体验,而能够形成复杂体验感的观摩是基于自己所学的知识理论和道德的基础之上,其次应当是价值观上的正向之美,才能够帮助我们更好地去构建自己的个体审美。如果一个大学生的价值观层面已经出现了偏移,即使面对美的事物,他也很难从这种审美体验中获得比较正向的情感,所以我们应先树立好自己正确的价值观,然后增加自己的审美以及鉴赏知识,才能在面对自然中的美景的时候,能够更好地感知和体验线条、形态、颜色、肌理、空间的种种美感。而根据自己的审美经验,从大川大河中寻找属于自己的审美意向和偏好,并在有能力表现的情况下,将它们很好地表达出来,完成整个审美的过程,且能够发现人生的更多种可能性,拓宽自己对自然审美边界的同时,能够在审美宏大的领域中找到只属于自己的主观的个体审美,这对于自己人生的奋斗方向也具有指导性的意义。

美之赏析

▲ 夏荷情

紧跟着春离去的脚步,夏翩然而至。

夏的到来,带来了"接天莲叶无穷碧"的夏荷。荷叶总是会对荷花奉献出自己的努力。在夜晚的幻梦中,荷花悄悄地绽放了,荷叶下的荷梗深扎于淤泥之中,汲取养分输送到荷花的体内。一些天后。荷塘里景色已是"映日荷花别样红",荷叶却依旧含笑不语,将娇艳的荷花护在它浓浓的情意中。

美之感悟

在活生生的现实里有很多美的事物,或者更确切地说,一切美的事物只能包括在活生生的现实里。——〔俄〕别林斯基

清水出芙蓉,天然去雕饰。——〔唐〕李白

自然美只是为其他对象而美,这就是说,为我们,为审美的意识而美。——〔德〕黑格尔

真正的最高的美正是人在现实世界中所遇到的美,而不是艺术所创造的美。——〔俄〕车尔尼雪夫斯基

真正美的东西必须一方面跟自然一致,另一方面跟理想一致。——〔德〕席勒

思考讨论

1. 举例说明自然美的特征。
2. 讨论如何发现自然美。

第四章 美之赏析：社会之美

  美育目标

通过对社会美的教育，理解社会美的存在形态及特征，能够正确掌握社会美与自然美的区别和联系；通过对社会审美实践，从社会美中感受人的自由创造，体会社会美中所体现的明显的价值取向，从而增强社会审美的实践能力和社会美的鉴赏能力。

  美之印象

▲ 胶东五市工人文化宫摄影作品云联展正式开启

社会美是存在于社会中被人发现、创造的，令人愉悦、爱慕的形象，是指存在于现实生活中社会事物的美，与自然美合称"现实美"，包括人的心灵美、行为美、语言美和人创造的美。这里所说的人创造的美，包含人所创造的物质、制度、仪式、规范、科学技术等方面。社会美最核心的部分是行为美，其他社会美的形态也都与人的行为相关。行为美本质上是善，是基于同情心产生的利他行为。"善行"是令人愉悦的利他行为，人们遇见善行会产生愉悦的心理体验，这就是对社会美的审美体验。利他主义行为是社会美的核心，这是各种文明中都推崇的社会美。

第一节 社会美的内容与特征

社会美存在于社会生活的各个领域，它是现实美中最重要的一种，是艺术美反映的主要对象。社会美与其他种类的美一样，都是人类社会实践的产物。作为人类实践活动直接产物的社会美,其领域自然广阔,内容亦丰富多彩。

社会美的核心是人的美,人是社会的精华和创造者。

一、什么是社会美

社会美是指存在于社会生活各个领域的事物之美。社会美来源于人类社会的实践,即人们改造客观世界的一切活动。人类最基本的实践活动,是向自然索取物质资料的生产斗争。在此过程中,人与人之间也结成了一定的社会关系,从事改造社会的活动。在人类改造自然、改造社会的实践活动中,人的本质力量不断得到发挥,从而创造出社会美。

(一) 如何认识社会美

所谓社会美,是指包含社会发展规律,体现人们的理想、愿望,能够使人感觉到自由自觉的创造力量,并能给人以精神愉悦的社会事物或生活现象。

社会美存在于社会生活的各个领域,如经济、政治、科学实践以及人的衣食住行、交际往来等方面。社会生活中的各个领域都存在着美,但并不意味着凡是社会生活现象都是美的。从车尔尼雪夫斯基"美是生活"的视角来理解,只有"理应如此的生活"(包含社会发展规律,符合历史发展趋势)、"我们所理解和希望的生活"(体现人类进步理想和愿望)、"使人怀念的生活"(能够使人感觉到自由自觉的创造力量,并能给人以精神愉悦)现象才是美的。简而言之,只有体现了人的"合规律性""合目的性"的生活才具有审美价值。因此,这就使得社会生活现象必须具备以下三个方面才能成为社会美:①体现人类进步理想和愿望,符合历史发展趋势,显示客观规律的必然性;②充分显示出人的自由自觉的创造本性,体现出人的本质力量,能实现人生的价值;③为人类提供人生意义、人生哲理、人生经验,并能激发人的美感。

在社会生活中,人类为谋求幸福而改造自然、改造社会、改造自身的日常实践活动中,凡通过严峻激烈的斗争形势、惊天动地的实践场景,表现出人类伟大的道德精神和人格力量,展示出人类独特的坚强性格和奋斗意志,映现出人类豪迈的情操志向和理想境界的人、事、物,都具有社会美的性质。诸葛亮、周恩来的鞠躬尽瘁,林觉民、方志敏的舍生取义、克己求仁,李时珍、哥白尼的不畏艰难、献身科学,是社会美的体现;埃及金字塔、柬埔寨吴哥窟、中国万里长城,也是社会美的体现。

社会美是美的一种形态,社会美的中心是人,它直接地、现实地表现了人的本质力量。因此,社会美的实质就在于它是体现了人的自由本性和创造力的积极肯定的生活形象是人类社会创造的一定历史时期的事物的美,以及人类精神、行为的美。社会美产生于人们在长期社会实践活动中形成的相互关系以及由这种关系构成的社会生活。人们在社会生活实践活动中,通过生产斗争、社会斗争和科学实验,创造自己的物质生活和精神生活,社会美就体现在人类创造社会生活的全部历史活动之中。

美本来就是社会实践的产物，社会美是美的本质最直接的展现，它总是表现和反映社会一定的政治、经济、文化和道德，以它所代表或体现着的社会风尚和道德追求，取悦于人、感召于人。需要指出的是，以内容取胜的社会美在发现的过程中，经常被一些表面的、非本质的事物掩盖或冲淡，常常要与以形式美为本质的自然美结合。这一结合使得本来意义上的社会美为自然美所取代了。这时，人所追求的已变成了纯粹的形式，而忘记了它的内容。如果我们进行社会审美时只注意形式，就难以认识、体验、感受其中的美。因此，在审视社会美时，应透过现象看本质，真正把握社会生活中事物的美与丑。

（二）社会美的本质属性

社会美是美的本质最直接的展现，是作为社会实践产物的美最直接的存在形式，其区别于其他领域的美的本质属性有以下三点。

一是以"真"为基础，即社会美必须符合社会发展规律。社会美与社会实践直接联系，只接受社会生活、社会环境等各种条件的影响和制约，同一定时代、一定民族、一定阶级的政治理想、道德观念、生活习俗、文化背景直接联系，因此必须以社会发展规律为基础，体现其"真"。

二是以"善"为核心。这里所说的"善"不仅仅是伦理上的"善"，更主要的是指美学范畴的"善"，是泛指推动社会发展和进步的社会事物。这构成社会美的本质属性，离开了这一本质，便无所谓美了。因此社会美的本质就是善，虽然善并不等于美，但是它确确实实是社会美决定性的因素。人们感受和评价社会事物、社会现象是否美，首先的也是主要的，要看其内容是否富有生命力，是否符合善，是否对社会有益、有利，是否体现历史的发展和进步。

三是具有完美的形象。社会美除上述两个本质属性外，更重要的是社会美的存在形式。社会事物要成为审美对象，必须具有美的形式、美的形象。社会美的形象不同于自然美和艺术美的形象，它是以"真"为基础、以"善"为核心而构成的形式和形象。因此，看一个事物是否具有社会美，其关键在于它是否符合社会发展的规律和方向，是否符合人类的进步、生存和发展的趋势，是否符合先进阶级、人民大众的利益和愿望。凡符合社会发展规律、推动社会发展和进步、具有美的形式和形象的社会事物就具有社会美。

（三）社会美的重要作用

社会美的本质特征，在于它是人的本质力量在社会事物中的直接体现，因此，社会美对社会的重要作用不可忽视。

（1）社会美可以满足人的物质和精神需求。社会美是人类社会实践活动的直接体现，人们在劳动实践中，不但可以获得满足使用需要的产品，而且还可以在精神上产生愉悦感，在心理上得到一种创造的满足感，在情绪上出现激动、欢呼、雀跃的现象。如优异的学习成绩、试验成功、作品发表等，这些都是社会美对人的精神产生的巨大影响,给人带来的精神享受。劳动是人类获得物质资源的手段,当人们获得可预期的劳动成果时,便会获得一种内心的满足和精神上的愉快,体会到生活的乐趣。

(2) 社会美能提高人的文明层次。人类的生产劳动是社会美的重要内容,它不仅创造出了无比丰富的物质生活资料,而且为加强精神文明建设奠定了雄厚的物质基础。火的运用使人类从茹毛饮血的原始生活迈向文明;工具的制造生产,为人类生活开辟了更加广阔的领域;原始农业、畜牧业的发展,为人类生活提供了较为丰富的生活资料。随着社会的发展、生活范围的扩大,人类用自己的劳动创造出了丰富多样的物质财富,人们不仅要求满足一般的衣食住行等方面的物质需要,而且要求满足精神文化方面的需要。人们摒弃了那些低级趣味的娱乐,不断开辟新的、更加有意义的精神生活空间;开始欣赏高雅的音乐,开展健康的运动,以崇尚科学为荣,并身体力行地去营造良好的社会风尚。因此,人类的劳动实践活动创造出的生活资料,既满足着人类对物质财富的需求,也为精神文明建设提供了充分的前提条件。

(3) 社会美可丰富人的社会实践。人类的生产劳动,丰富了社会美的外延,新的劳动产品的产生,不断强烈地激发着人类的创造欲望,鼓舞、激励人们去创造更好、更新、更美的产品,去探求、开发更新和更尖端的领域。人类社会经历了石器、铁器、蒸汽机、石油、电子时代,每一种新型产品的出现,既是人类智慧的结晶,又是对人类才智的启迪。人类走出蒙昧的状态后,创造了文学、哲学、逻辑学、化学、物理学、地质学等。随着科学的进一步发展,人类又开辟出了基因科学、生物科学等,构成了一个纵横交错的网状结构体系,对美的创造无穷无尽。

人是社会美的主体,人类在生产实践中,不仅创造了无限丰富的劳动产品,而且还在不断地寻找美、追求美、发现美、创造美,使自身日益走向健康、完美。人类的进化史足以说明这一事实。人类在改造自然和改造社会的生产活动中,在创造物质生活资料和精神产品的同时,也在不断地改造着自身。从人类起源开始,人类对自身体格的改变,由被动逐渐地变为主动,使得形体日益健美。如今,人们为了追求形体美,便通过舞蹈、健美、游泳等各种活动来弥补自身体格上的某些不足,使身体的各部分比例趋于合理,以增强形体美。这无疑给整个世界带来了无限的风采。同时,美好的生活启迪了人们的思维,赋予了人们丰富的联想,还促使人们不断寻找、追求美好事物,崇尚美好的理想。

二、社会美的表现形态

社会美的表现形态多种多样,可以这样说,现实生活中的美,除了自然美之外,都属于社会美,概括来讲,主要有以下三个方面。

(一) 生产劳动的美

生产劳动是人类最基本的实践活动。人类的生产劳动从本质上来说,是一种按照美的规律从事创造的活动,这是人类最基本的实践活动的美。当我们看到:收割机在麦田中收获、钢花飞溅铁水奔流的场面是美的。生产劳动之所以是美的,就是因为在这种实践活动中,生产劳动直接地显示着人们进行自由创造的本质力量。需要注意的一点是:生产劳动是美的,但并不是所有的生产劳动都是美的。不同性质的劳动,有不同的审美价值,生产劳动的美,必须以自由劳动为前提。因为只有这类性质的劳动,劳动者才是自觉自愿的,情绪是欢快的,再苦再累,汗流浃背,也能感到自由劳动的乐趣。生产劳动总是离不开劳动主体、劳动工具、劳动环境、劳动产品、劳动过程,生产劳动的美就是通过这些表现出来的。在美的创造过程中,达到求精、求实、求美。

▲ 习近平总书记为全国劳模颁奖照片　　来源:全国劳动模范和先进工作者表彰大会

(二) 社会进步的美

除了生产劳动之外,促进社会发展进步的革命斗争和民族斗争也是社会美产生和存在的重要领域。一部人类社会发展史,就是一部真善美不断战胜假恶丑的历史。在阶级社会中,阶级斗争是推动历史进步的重要动力之一。劳动人民为争取自身的合理愿望而进行的斗争是美的。统治阶级处在上升阶段时,它的斗争目标和历史发展是一致的,是符合历史发展的基本规律的,是和人的自由自觉的本质力量的发展相一致的,具有合目的性和合规律性,因而也是美的。随着历史的发展,一个特定的统治阶级,由新生事物代表社会进步的力量,逐步变成旧事物,失去其合理性,成为逆社会趋势而动、阻碍社会发展的力量。这时,它便由美的事物,变成了丑的事物。劳动人民不堪忍受统治阶级的残酷压迫,奋起斗争,打碎一个旧世界,消除历史发展的障碍,使它们自由自觉的创造力量充分展现出来,从而推动历史向前发展。例如,在革命战争年代,中国工农红军进行的两万五千里长征的壮举,反映了革命者在改造旧世界斗争中的英雄气概是壮美的。

当然,在克服和战胜假恶丑的斗争过程中,有困难、有牺牲,同时也有光明和希望。正因为这种斗争是正义的、有价值的,所以也就有了审美意义。英雄与烈士的行为是美的,败类和罪人的行为是丑的。因此,阶级斗争的实践,提高了人的本质力量,使人们的行动越来越自觉地符合社会发展的规律和理想,体现为社会不断进步的美。

为什么人民的革命斗争是美的?因为在斗争中最能显示其创造力量,改变社会关系,推进社会前进;首创精神充分发挥,才能得到充分的显示,在斗争胜利后感到乐观和欣喜。

▲《辉煌中国》纪录片　中国共产党中央委员会宣传部、中央电视台联合制作

(三) 社会风尚的美

社会风尚的美,就是表现在日常生活中的友谊、爱情以及人际关系方面的美。如健康、文明、科学的生活方式;真挚、互帮互助、关心爱护的人际关系;热爱本职、勇于奉献、职业道德高尚、维护公共利益的工作态度,等等。

日常生活美凝结着时代、民族和阶级的审美特点,经常地、持久地、潜移默化地影响着人们的精神境界、审美趣味、审美理想,是生活美育的重要内容。人际关系美建立在人与人的社会交往的实践活动中,在人与人相互作用下产生。人际关系美体现为:诚挚守信,不欺诈、不爽约;互助友爱,不吝啬、不狭隘;礼仪周到,不粗鲁、不媚俗;随和自主,不盲从、不清高。总之,在日常生活中凡是促进人类进步和社会发展的行为,凡是体现人类健康向上的本质力量的行为,凡是能给社会、集体、他人带来利益、温暖和幸福的行为,都是美的。

三、社会美的特征

(一) 社会美侧重于社会内容

任何美都是内容和形式的统一,只是各种美的形态的侧重点不同。自然美侧重于形式,社会美则侧重于内容。社会美渗透着社会关系,体现着不以个人意志为转移的社会发展规律的必然性,另一方面,社会美是通过感性形式即具体行为显现出来的,而具体的行为总是受到思想意识的支配,存在着行为的动机,具有主动性和自觉性。社会美与人类社会的联系非常密切,直接地显示真和善的内容、显示人的本质力量。在社会事物和现象的内容、形式发生矛盾时,其侧重内容美的特征显现得非常鲜明。社会美的内容往往体现为一种精神力量、思想面貌、道德风范,是人类优美心灵的闪光点,因此,内容同它的表现形式相比,往往具有举足轻重的位置。例如抗日战争中那些维护民族大义、视死如归的民族英雄的美,并不取决于他们外在的相貌、身材,而是来自他们内在的光辉精神和优秀品质,以其荡气回肠的精神力量和崇高的思想品质,引发人内心情感的激荡,给人以美感与教益。社会美主要体现为一种内容的美,无论是劳动美、斗争美、心灵美,人们首先看重的往往是它的内在精神力量。

▲ 我爸是个掏粪工!

(二)社会美具有鲜明的功利性

社会美具有十分明显的功利性,凡是符合人类目的的要求,对人有利、有用的就有审美价值,就是好的。人们感受和评价社会事物和社会现象是否美,主要考虑其内容是否有生命力,是否对人有用,是否体现了历史的发展规律。由此可见,社会美的判断标准是以功利性为前提的,主要表现在它的社会有益性和实用性上。社会有益性是指社会美具有树立先进的理想、确立积极的生活态度、培养高尚的道德品质、顿悟人生真理和人生价值、激起生活激情等功能。实用性是指物质生活领域的美,如劳动美、服饰美、饮食美、居室美、环境美等,兼有实用和审美两种功能,其功能首先是实用,审美价值不过是充当实现实用价值的手段而已,审美附属于实用。精神生活中的心灵美、礼仪美,也要讲究其审美效应,讲究礼仪是为了融洽人际关系,便于团结合作,实现某些具体的功利事业,总之,社会美的功利性主要体现为精神的实用功利和物质的实用功利,不论从功利的性质,还是从表现形式进行考察,社会美都强调实用的功效和实际利益,并且表现得强烈而直接。

（三）社会美具有直接的实践性

一切美都离不开社会实践。人通过实践活动,创造出了物质文明和精神文明的美,离开了社会实践,美也就成了无源之水、无本之木,无美可言了。但是,各种形态的美与社会实践的关系,并不是完全一样的,它们存在着间接与直接的关系。例如自然美与社会实践就是间接的关系。因为在人类出现以前,自然界中具有美的形式的事物就已经存在了,这些自然事物的美只是由于人类通过实践活动,改变了自然与人原先对立或无关的关系才显示出来的,因此,显现为间接性的特点。尤其是那些未经人类改造过的自然物所显示的美,更是如此,具体来说,就是大漠长河落日、锦绣山川的自然美,而社会美与社会实践的关系是直接的。社会美直接产生于社会生活并直接接受社会生活、社会环境等各种条件的影响和制约,它不仅显示于静态的实践成果,而且还显示于动态的实践过程,例如,日常生活的美就产生并现实地存在于社会生活之中,人际关系的美直接来源于人们的各种交往活动。

（四）社会美具有强烈的伦理性

人在社会活动中要受到一定的伦理道德观念和社会规范的影响、制约,人的社会活动目的、方式、手段都首先要在伦理道德和社会规范的层面上定向和定位,这就必须赋予社会美以某种伦理色彩。例如,食物可以满足人在饥饿时的需要,一个饥饿的人偷吃了不属于自己的食物,可能得到同情,却不可能受到称赞,因为偷窃违背了社会的公共道德准则和法律规范。中国历史上有君子不食嗟来之食的美谈。一个处于饥饿的人,不但不去偷窃,当别人主动提供食物时,他断然拒绝,这是因为他从施舍者的语气中感到一种对自己人格的蔑视,他的伦理道德观念视人格为贞操。不允许为一餐之饥饱而牺牲人格尊严。英国的劳伦斯认为:使人高贵的是人的品格。

（五）社会美具有明显的差异性

社会美发生在特定的社会条件下,因而具有明显的社会差异性。这种社会差异性,主要表现在时代差异、民族差异和角色差异。例如对于人的形体审美:唐代以丰满富态为美、宋代以苗条瘦削为美,这是社会美的时代差异;欧洲爱尔兰民族男子以着裙服为美,而中国的汉族则把男子着裙装视为怪异,这是社会美的民族差异。所谓角色,有性别、职业、身份等。男性的个性特征和行为风格是阳刚,阳刚被视为美,如果过于阴柔,则被视为不美。这是因为角色差位造成的。

社会美的差异性的具体的内涵和实际程度是在不断变化的,在进行审美判断时,要注意到这点变化。

（六）社会美具有相对的稳定性和确定性

尽管社会美因阶级不同、时代不同、民族不同而有所区别,但相对于自然美而言,它仍然呈现出稳定和明确的特征。因为自然美以自然物为基础,而自然物既受自然内部变化规律的支配,又受人类社会实践的影响。观察自然美往往会受到远近、方位、明暗、四季变化的影响,如云彩:万里晴空飘过一朵流云,显得清新优美;夕阳西下,落日映照着不断翻滚的云彩,呈现出悲壮之感。社会美则不同,社会美具有突出的社会性,而社会具有相对的稳定性,因而社会对真的认识和对善的判断必然有一定的稳定性,而且是非常明确的。

第二节 社会审美

一、社会审美的认知

(一)社会审美的价值

社会美可以直接美化人的心灵、美化人的生活、美化人的环境、美化人和社会。自然美和艺术美对人和人的生活的美化,是间接发挥作用的,要较多地受到种种条件的限制,并且不可能随时随地进行。社会美则不同,它无时不在、无处不在,并且时时处处都在发挥它的审美功能。只要有人的活动,就会有社会美的欣赏和创造问题。只有认识社会美的不可替代的巨大的审美价值,我们才会自觉地去重视和发现社会美,孜孜不倦地去追求和创造社会美,对社会美的审美,才会自觉地、有效地进行。

(二)社会审美的要求

社会审美必须符合三个要求:其一是审美主体,即能够欣赏社会美的人;其二是审美对象,即具有可供欣赏的社会生活中的美的事物;其三是审美主体与审美对象之间所建立的和谐关系。社会审美中的审美主体必须具有健全的审美感官,具有一定的感受与理解美的能力和欣赏美的心境,即要有一颗欣赏美的心。普洛丁说:"眼睛如果还没有变得像太阳,它就看不见太阳。心灵也是如此,本身如果不美,也就看不见美。"面对同样的一件事,有人深刻地感受到了美的意蕴,有人却无动于衷,其原因即在是否有美的心灵,能否"以心发现心"。然而,要塑造自己的美好心灵,以心发现心,就必须投身于社会实践,光靠闭门修养是办不到的。而且,由于社会美与人的社会实践直接联系,也只有投身实践、深入社会,才能发现和欣赏社会美。与世隔绝或闭目塞听的人,是与社会美无缘的。社会审美中的审美对象必须具有能够激起审美主体的审美情感的美的因素,如形象的鲜明性、形式的肯定性、形态的诱惑性、整体的和谐性等。更为重要的是,审美主体和审美对象之间必须建立辩证统一的和谐关系,没有建立这种关系,没有某种相适应性,社会美的欣赏就不可能产生。

（三）社会审美的载体

由于艺术美是现实生活美的集中而又生动的反映，优秀的艺术作品也就成为人们生活的教科书，可以从中认识和感受现实生活的美，从而提高社会美的审美能力。因此，借助艺术作品可以直观地感受现实生活中的美。个人的生活经验是有限的，但借助艺术却能够感受他人的生活经验，极大地充实和丰富自己的生活阅历，从而可以比较美、丑、善、恶，做出正确的评价。不仅如此，它还能引导人透过复杂纷繁的生活现象认识其隐蔽不露的本质，并且升华观赏者的精神世界，培养出审美的人生态度。

（四）社会审美的标准

社会美同自然美和艺术美一样，也包括内容和形式两个方面，在审美过程中，社会美侧重于内容。社会美的审美标准主要包括真、善、美。

（1）真。就社会美的对象而言，真的不一定就是美的，但美的一定是真的。社会美的真，一方面是指对象必须是真实存在的，另一方面是指对象的外在表现必须与内在状态相符合。如：假新闻、假典型、假品牌之所以是丑的，就是因为它不是真实存在的，它具有欺骗性，侵害了人们的感情和理性。假冒伪劣、口是心非、言行不一、矫揉造作之所以不美，是因为其表现状态与内在状态相互分离，甚至对立。

（2）善。社会美必须强调善的标准。善，既指符合人类普遍伦理道德规范和价值观念，也指符合人类社会特定条件下为多数成员所承认的伦理道德标准和价值标准。如：珍惜生命、尊老爱幼、解困济难就是符合善的美好行为；而践踏生命、欺小凌弱、趁火打劫则是丑恶的行为。善是社会美的本质和基础，在社会美中占有重要地位。社会美就是以感性形式表现出来的善，完善才有美，对一个人来说，表里如一才是美。

（3）美。社会美的形式要给人带来审美的愉悦。形式美的规律和法则适用于社会美。如：阅兵场上的方队要整齐统一；人际关系要和谐稳定，工作要有节奏；人的躯体要有匀称感和比例感；服装造型应该对称，而其款式和配件则应体现变化。符合上述社会美的标准：内容是真的、性质是善的、形式是美的，就能够给人们带来不同形态的审美感受。

二、大学生与社会审美

社会是由人组成的，人是社会实践的主体。各种社会活动都是人进行的，各种社会产品都是人创造的，因此，社会美的核心是人的美。人的美包括外在美和内在美两大方面。当代大学生是未来社会的主人，面临五彩缤纷的社会环境，自我意识尚处在开始和形成阶段，缺乏社会阅历，许多时候尚不具备去伪存真的审美慧眼。因此，作为明天社会的栋梁、新世纪中华崛起重任的承担者，有必要不失时机地提高自己的审美能力,培养美的心灵、塑造美的仪表、践行美的行为、注重美的语言、完善美的人格、创造劳动美。

(一)塑造心灵美

社会美来源于人类改造世界的一切活动,包括人类的实践活动、实践成果、实践主体(人)的美。就大学生而言,其日常生活、爱情、友谊,以及同学之间的人际交往、校园文化活动等都属社会美的范畴,其中心灵美是社会美的最高表现形态,它以"善"为突出标志。利用社会美培养美的心灵,即通过对革命先辈、英雄模范、先进人物等典型事迹的学习,感受他们的伟大人格、崇高气节;或通过对平凡岗位上的普通人物事迹的了解,耳闻目染,从身边的事情做起,在日常生活和学习中磨砺自己的品性,规范自己的行为.养成良好的思想品性和利他观念,提升科学文化素质和思想道德素质,从而筑成美的心灵世界。

德国著名诗人海涅这样说:"在一切创造物中间没有比人的心灵美更美、更好的东西了。"就大学生而言,心灵美集中地表现为有理想、有道德、有文化、有纪律这四个方面。美好心灵的重要内容是爱国主义情感。从培养对亲人、对同学、对民族、对家乡、对祖国的认同意识和归属意识入手,通过优秀传统美德的感染、实际体验的积累,激发美好的情感。美好心灵的核心是美好的理想。美的理想不是一些华丽辞藻的堆积,而是在实践中表现出来的一种富有生命力的形象。"铁肩担道义,妙手著文章"的李大钊就提出"人生最高理想,在求达于真理"。他在中学阶段,热烈地追求着推翻清朝政府,挽救民族危亡的新思想、新办法。他在北洋法政学校学习时,他的老师白雅雨因组织滦州起义而壮烈牺牲,这激励着他无所畏惧地投入辛亥革命的政治活动中。辛亥革命失败后,他怀着满腔悲愤和对祖国的眷恋,到日本去寻求富民强国之路。辛亥革命的失败,袁世凯的称帝,使他认识到必须唤醒民众。因此,他在日本没有毕业就回国办了《晨钟报》,致力于"青春中华之创造",号召"有精神、有血气、有气魄、有胆略之青年",应"与四亿同胞发奋为雄",去创造"我理想之中华"。李大钊是中国近代革命史上第一次伟大的思想解放运动——新文化运动的主要发起人之一。十月革命胜利之后,在艰难曲折的道路上探寻救国真理的李大钊终于找到了马克思列宁主义的真理,他以极大的热情来研究、介绍及宣传马列主义。1921年7月,中国共产党宣告成立,李大钊同志为建党所做的贡献,使他成为党的主要创始人之一,这年他刚满32岁。

作为当代的大学生,没有生活在李大钊的年代里,就要注意在日常生活的行为中体现心灵之美,刻苦学习、遵守纪律、积极参加集体活动、养成良好的生活习惯等都是大学生心灵美具体而富有生命力的感性形象。大学生塑造心灵美,就是要按照"四有"的要求,完善自己的内心世界,高扬起人生理想的风帆,以高尚的品行赢得社会和同学的尊敬,用科学文化知识充实自己的头脑,把自觉遵守纪律作为基本的要求,来实现当代大学生的心灵美。

（二）打造仪表美

大学生在注重培养心灵美的同时，也应该重视自身的仪表美的打造。大学生是朝气蓬勃的群体，仪表美是其形象美的不可缺少的有机组成部分，它是通过相貌、体态、风度、姿势等所表现出来的美。

仪表美具体体现在穿着打扮的装饰上，装饰打扮是一种精神追求的物质体现，以端庄、自然、大方为准则，要符合人的自然性格（年龄、气质、体型）和社会性格（身份、职业、德行）。著名女作家肖红在《回忆鲁迅先生》中写过这样一件事情：一次她去看鲁迅时穿了一件红上衣，问鲁迅："我的衣裳漂不漂亮？"鲁迅先生从上往下看了一眼："不大漂亮"。过了一会又接着说："你的裙子配的颜色不对，红上衣要配红裙子，不然就是黑裙子，咖啡色的就不行了；这两种颜色放在一起很浑浊……"鲁迅讲的道理实际上是关于形式美的法则在人体装饰上的应用，可见美学修养对人的重要性。有些大学生一味注重穿戴，不顾自己的实际情况，过分装饰反而适得其反。大学生的衣着不在华丽、奇特，而应是大方、整洁、朴素、得体，与人的内在美天然合拍，无矫揉造作之迹，才是积极向上的当代大学生形象。

至于风度美则因人而异，它体现在内在美的精神个性上，是使人健康向上、于人有益的风采气度，如文质彬彬、博学多才、坦荡磊落、不卑不亢等，虽各不相同，但都符合人的美德，因而都是美的。如果大学生在公共场合不规范自己的言行，显然会有失文雅风度。另外，粗鲁、野蛮、轻浮、油滑、狂妄、自大、媚态、奴颜等，是对人本质的歪曲和丑化，是缺乏风度的表现。这些都是大学生应当引以为戒的。

爱美之心人皆有之。风华正茂的大学生，都十分关心自己的仪表美，这是完全可以理解的。然而，有些同学由于身材长相不尽如人意，或有某些缺点，而心事重重、烦恼沮丧，其实大可不必。世间的一切都是相对的，美貌中更有美貌，遗憾中更有遗憾，谁能把幸福的尺度固定？

才貌双全者固然有之，但为数甚少。有一些人，虽然有一个漂亮的脸蛋，但他们中的某些人却不能正确对待，自鸣得意、不思进取，终日里沉醉于交朋友、讲吃穿，表现出一种特殊的优越感，甚至娇气十足、心高气傲、自以为是、心胸狭窄、懒惰自私等。那些不学无术、灵魂不洁、徒有其表的人，可谓漂亮反被漂亮误了。

（三）践行行为美

一个人的行为符合社会主义的道德规范，达到真、善、美的统一，就是行为美，行为美是心灵美的表现形式。大学生的行为美是指大学生的行为举止符合公认的社会规范、堪称社会的表率，受到社会的称赞而表现出的一种美，它是心灵的外在表现和自然流露。大学生的容貌整洁、行为端庄有礼、自觉遵守纪律都是行为美的具体体现。容貌整洁，就是要保持整洁、庄重、大方得体的发型和仪容；怪异、肮脏、油头粉面、不修边幅是无美可言的。端庄有礼，就是稳健潇洒的举止，得体大方的行为，给人以有礼貌、有修养的形象和始终如一、乐观向上的精神风貌,给人一种美的感受。在许多公共场所,大学生表现出来的彬彬有礼、先人后己、扶老携幼、助人为乐的行为都体现了行为美的内涵。同样,在集体生活中,大学生自觉遵守国家的法律法规,遵守社会公共秩序,遵守学校的规章制度,也体现了一种力量的美、秩序的美。大学生要从学习各项规章制度开始,反复实践、细心体会,真正领悟其要求和意义,使自己的行为体现出一种真正的美。

行为美要求既美且益,凡是有益于人民、有助于历史发展,充分体现进步社会趋向的行为,都可称为行为美。培根说:"相貌的美高于色泽的美,而秀雅合适的动作的美又高于相貌的美,这是美的精华。"培根从比较中强调了行为美的重要性。行为美与一定时代、民族、阶级的伦理标准和审美标准相联系,它包括人的行为举止美、姿态风度美等。行为美来自于心灵的善,是心灵善的外在表现。一个人的行为美,是他自身思想、道德、情操、意志的外在表现。人的行为的美要求人的行为符合社会的道德规范和原则,社会主义时代对大学生的行为美的要求是爱国守法、明礼诚信、团结友善、勤俭自强、敬业奉献、举止大方、仪表端庄、自然豁达等。提倡行为美,是建设精神文明的一个重要方面。

行为美不是生来就有的,要经过长期的培养。因此,作为当代大学生,首先要塑造心灵美,有了心灵美才可能有行为美。其次要使自己的行为美,还要掌握一些生活常识、礼仪要求、行为规范,了解社会在不同时间、地点对人的行为要求。最后培养行为美要从小事做起,从身边的事做起。

美的行为的产生,特别是崇高美的行为的产生,往往需要经过曲折复杂的过程,付出极高的代价乃至生命。古希腊哲学家德谟克利特说:"寻求善的人只有费尽千辛万苦才能找到,而恶则不用找就来了。"这也告诉我们,要做到行为的美需要经过一定的努力。行为美是大学生文明程度的主要检验标准。一个人美不美,主要是看他的种种行为,而不是只看他的表面。人的心灵美、情感美、意志美、性格美等,无一不是通过人的行为来表现的,马克思说:"一步实际行动比一打纲领更重要。"古人云:"桃李不言,下自成蹊。"从行为美的角度来领会这些名言,会给我们有益的启示。

(四)注重语言美

语言美体现着一个人的心灵美。也就是说,通过言谈,不仅可以反映出一个人的语言和文化修养水平,而且可以反映出一个人的精神境界。在人与人的交往中,注意礼貌用语,乃是社会发展的需要,是人类文明的一个标志。俗话说"言为心声",指的就是这个道理。

美的语言,给人以享受。如果在生活中、社会中,每个人都注意语言文明、谈吐文雅、说话规范,就会让人感到心情愉快。正所谓"良言一句三冬暖,恶语伤人六月寒"。一事当前,尊口一开,便知其见识、学识底蕴的深浅。因此,大学生语言美是大学生追求仪表美的同时不能忽视和放松的。著名美学家朱光潜说过:要达到社会交际的目的,运用语言的人第一要有话说(内容),其次要把话说得好,叫人不但听得懂,而且听得顺耳(形式)。这就说明,语言的表达不仅仅是一种交际工具,更是一种艺术美的享受。

大学生使用美的话语,就是在说话时要以理服人、言之有理、言之有据。美的语言要符合道德规范。言谈要文雅、谦逊,尊重他人,做到礼让、和蔼,不讲粗话、脏话,更不能恶语伤人。那些言而无信的空话、假话,哗众取宠的大话、套话,都是不符合语言美的要求的。早在1925年,鲁迅先生在《论"他妈的!"》一文中,就对中华民族的一些人语言使用的坏毛病进行了批评。由此也启发了我们,在日常生活中,一定要注意语言的纯洁性和文明性。美的语言还要讲究艺术性。语言艺术包括用词准确、优美、规范、风趣、生动、富有感情、抑扬顿挫等,同时还要注意语法、修辞、逻辑等,这样的言谈话语,才能使语言具有无穷的美的能力。娓娓动听的言辞、温和悦耳的语调、乐感强劲的节奏、幽默诙谐的语气,往往使听者注目、行者止步,那是一种较高境界的人生享受。美的语言的运用,必须自然、不造作。因为造作就是虚伪,会令人生厌。《红楼梦》中的王熙凤长得很漂亮,见人老是满面春风地笑,能说会道,外号叫"凤辣子",但她口蜜腹剑、两面三刀,她的某些语言貌似彬彬有礼,其实很虚伪,因此并无语言美可言。运用礼貌语言,还必须分清人物、地点、场合,还要了解不同地区的习惯。

大学生要形成一种讲究语言美的良好风气,要以语言美为荣。走上社会后,大学生的活动圈子增大了,与人打交道的次数多了,更要注意语言美。同时还应注意语言的时代特色,逐渐克服语言交往中陈腐落后的东西。语言美对美化人际关系、社会风气有着直接的影响。但是语言美不是仅指说话技巧,也不是堆词砌句的功夫,其根本在于人的思想道德水平。文明礼貌的话语是美的,善言忠言是美的,因为它是人们文明善良的"心声"。要做到语言美就应首先做到心灵美,在做到了心灵美、仪表美、语言美之后,行为美也就水到渠成了。

(五) 完善人格美

人格是一个人精神世界的显示,人的发展,不仅是身体的成长、知识经验的增多、智力和技能的发展,也是需要动机、态度、价值观、气质和性格等心理特征的全面发展。

完善人格是大学生以先天禀赋为基础,通过陶冶道德情操、优化气质性格、培养强健体魄和健康心理,提高认知水平和认知能力等手段来促进个体社会化的过程。完善人格是大学生心理发展的需要。从科学的角度来说,最适合人生存、发展的心理状态应该是平和、均衡、起伏适度的,然而在现实生活中,嫉妒、自私、猜疑、自卑、自大、具有攻击性等心理问题却常常困扰着一些大学生。更有甚者,这些心理疾患还造成了一些人心灵的扭曲和人格的分裂,诸如暴力、色情、颓废、变态等。因此,完善人格对当代大学生就显得尤为重要。

当代社会的一大特征是机会均等,人们通过自己的才智与努力,都可以有获取成功的机会。这样的社会需要具有独立自主、善于选择、懂得合作的人格特征。大学生作为高学历、高素质的人才,肩负着重要的历史使命。因此,大学生完善人格的意义非同一般。

新时代、新征程中成长的大学生,应积极践行社会主义核心价值观,树立正确、高雅的人格审美观,着力培养真、善、美相统一的人格审美观。

首先是"求真",即对真的追求。对于真理所展现出的睿智、机警和深邃应表现出由衷的赞美。当一些学生在疯狂地追逐影视明星的时候,也有很多大学生将牛顿、居里夫人、陈景润、钱学森、杨振宁、丁磊等视为自己学习的榜样。因此,大学生除了利用课堂进行知识的学习外,更应将各个领域"活生生"的例子视为楷模,让真理的光芒照耀自己的心灵,这比书本上的知识更能催人奋发向上。

其次是"向善",即对善的崇尚。美又体现为无剥削、无压迫的人间友爱,即"善"。大学生应大力倡导、积极参与社会公益及慈善活动,只有将关注点从"小我"扩展到他人、集体、社会的"大我",心胸才会变得广阔,人性才会闪烁美的光彩。

另外是"爱美"。当代大学生在理想人格上,也应有自己独特的"美"的追求。周恩来、宋庆龄、居里夫人、比尔·盖茨等人学识广博、为人诚挚、深沉大度,集智慧、勇敢、谦逊于一身,只有这种内在美与外在美和谐统一的理想人格,才能引起人们广泛持久的尊崇。目前社会上流行的各种选星、选秀活动,大学生也可借鉴一二,选出自己心目中的"智慧之星""文学之星""音乐之星""爱心之星""创意之星"等,倘若我们的大学校园里这样满天繁"星",我们的校园不是更美吗?

(六)劳动创造美

劳动创造了美。大学生应该真正懂得:人类社会的一切财富都是由人的劳动创造的。世间美好的事物,无论是自然美、艺术美还是社会美,都是劳动成果的结晶。劳动不仅创造美好的事物,而且劳动者在美的创造中也提高了对美好事物的欣赏能力。劳动不仅创造美的客体,也创造美的主体;不仅创造了人的内在美,也创造了人的外在美。大学生要想拥有真正的美丽,拥有卓越的审美感受能力,就必须投身于以改造人类主观世界和客观世界为目的的各种劳动实践中。

无产阶级革命导师历来重视对受教育者进行的劳动教育。马克思曾经指出:把生产劳动同智育、体育结合起来,是培养自由全面发展人才的唯一方法。列宁说过:如果不把青年一代的教学和生产劳动结合起来,未来社会的理想是不能想象的。毛泽东则明确指出:我们的教育方针,应该使受教育者在德育、智育、体育几方面都得到发展,成为有社会主义觉悟的有文化的劳动者。

我国的教育实践证明,只有全面贯彻德、智、体、美、劳全面发展的方针,才能培养出合格的一代新人。大学生有计划、有组织地参加一定的劳动,对其身心的全面发展是大有益处的。当代大学生是大有希望的一代,有许多长处,有其新的特点。但我们也必须看到:随着独生子女的增多,一些家长对子女又过分溺爱,加上单纯追求升学率的影响,有的大学生在中小学时甚至成了家中的"小皇帝"和"重点保护"对象,连最简单的家务活都不会做,几乎到了"衣来伸手、饭来张口"的地步。他们由轻视劳动而轻视普通劳动者,甚至轻视自己的长辈。有的大学生盲目追求高消费,他们艰苦奋斗的意志薄弱,缺乏毕业后到生产一线去、到最困难的地方去干一番事业的思想准备。

面对这种状况,我们必须树立正确的劳动观念,大力加强劳动锻炼。在以往的劳动中,我们一直把"培养劳动观点"作为劳动目的,很少或没有联系到劳动美、劳动按美的法则创造美这一本质。实践证明:缺少劳动美的劳动是枯燥无味的,很难达到培养劳动观点的目的、树立朴素、节俭美德的目的,很难培养其真心实意地走与工农相结合的道路的生活态度。因此,大学生参加劳动时应将劳动与劳动美结合起来,甚至是融合在一起。

大学生参加劳动锻炼的形式主要有四种:一是实习性劳动,二是工农业生产劳动,三是社会公益性劳动,四是自我服务性劳动。除了自我服务性劳动有一部分是个体劳动外,大部分是集体劳动。集体劳动可以激发大学生的集体荣誉感;欢快和谐的劳动气氛可以使心理得到调节;适当的劳动强度和一定的节奏又锻炼了身体。在劳动产品的生产过程中,动作由笨拙到灵巧,由不协调到协调时,会感到一种怡然的乐趣,切身体会到劳动美。这种劳动美的体验可能产生于自由的创造性劳动的某一瞬间,我们要做善于捕捉这一绝妙瞬间的有心人,及时而恰当地领略劳动美的所在及其社会意义。人的生产劳动是有目的、有意识的,因而人能把人本身和劳动加以区别。劳动可以成为人的认识对象和欣赏对象。正如恩格斯所指出的:"一切动物的一切有计划的行动,都不能在自然界上打下它们的意志的印记,这一点只有人才能做到。"因为在劳动对象中,人感到了自由的创造性劳动的珍贵,引起劳动者无比的喜悦。为此,在生产实习中,在条件允许的情况下,大学生应尽量完成一个完整的产品的生产全过程,能亲眼看到自己的劳动产品得到社会的赞许和人们的尊重,这不仅会使人感到这种劳动产品是美的,而且觉得生产这种劳动产品的劳动者也是美的。

 美之赏析

劳动美

五一国际劳动节是我们每个平凡劳动者的节日,马克思告诉我们:劳动创造财富。习近平总书记指出,梦想属于每一个人。只要有志气有闯劲,普通劳动者也可以在宽广舞台上展示自己的人生价值。纵观人类社会的历史实质,就是一代代劳动者书写的奋斗史,人类社会的文明也是一代代劳动者创造而不断延续的文明。它代表着劳动者通过自己的努力,以顽强的意志、不屈不挠的精神反抗剥削,争取自己的合法权益,并最终取得胜利。它代表着世界文明的进步,意义深远,因此,劳动节才会受到广大劳动者的重视。

高尔基说:"我们世界上最美好的东西,都是由劳动、由人的聪明的手创造出来的"。劳动者创造的物质财富,推进了社会物质文明的发展;劳动者创造的精神财富,推动了世界精神文明的进程。古往今来,无数劳动者演绎了多少可歌可泣的故事,展现了多少艰苦奋斗的历程。历史的主旋律、人类的主色调从来就是劳动者奉献的。每一个时代、每一个民族、每一项事业高奏的无一不是奉献者之歌。勤劳的人最可爱!他们大到一个群体,例如工人、农民、教师;小到一个个体,例如我们的家人,甚至于我们自己。无数劳动者用辛勤和汗水营造了我们共同的美好家园。世界很大,劳动者很美,当你在享受假期悠闲时光的时候,有没有留意到,身边还藏着许多深沉的美丽。

劳动是抽象的,也是具体的。与其说劳动是一个哲学概念,不如说它是一个经济学概念。从经济学上看,劳动是指人类在财富生产过程中所提供的有价值的服务或贡献。所有的劳动共同的特征是劳动者都要付出时间、体力、知识或技能,换言之,劳动是人们为了创造使用价值以满足物质和精神需求而对体力、脑力以及时间的付出。劳动是一个随社会、历史的发展而内涵不断发生变化的概念,处在不同发展阶段的社会,其劳动往往有不同的类型和特征。1949年建国至今,从以"铁人"王进喜为代表的工人农民,到以陈景润为代表的科学家群体,再到当今各行各业的创新型精英,他们出生于不同年代、来自不同领域、从事不同岗位,但有一个共同的特点,都在平凡的岗位上干出了不平凡的事业,创造了令人敬佩的业绩。为我们的生活提供了种种便利,他们平凡而又伟大,他们拥有着"爱岗敬业、争创一流、艰苦奋斗、勇于创新、淡泊名利、甘于奉献"的劳模精神、奉献精神,是这个社会最美的风景。

▲ 工人王进喜(左图)与科学家陈景润(右图)

（一）消防员

上刀山、下火海，这句话用在消防员身上一点都不夸张，这是一个危险与忙碌并存的职业，火灾发生的时候，每个人都想赶紧逃脱浓烟滚滚之地，然而却有一批逆行而上的人，总能出现在人们最需要他们的时候。他们举起灭火设备冲进大火，只为以身涉险换取更多人的生命。在他们的生活里，没有春、夏、秋、冬与黑夜、白天之分，只要警铃一响他们便穿上战衣飞奔向前。在大家欢度假日的背后，是消防员24小时的紧急待命和在危险面前毫无畏惧的牺牲。

▲ 逆行而上的人

（二）环卫工人

"宁愿一人脏，换来万人洁。"环卫工人承担着城市美容的职责，被人们赞誉为

▲ 环卫工人

"城市黄玫瑰""马路天使"和"城市美容师"。他们是一座城市里醒得最早的人,冒严寒、斗酷暑,穿大街、走小巷,日晒雨淋、风雨无阻,每天忙碌在城市的角角落落,默默无闻地辛勤劳动。正是环卫工人的坚守和付出,才有了城市的洁美亮丽和人们最基本的品质生活。

(三)交警

每逢节假日,为确保有个良好的交通环境,切实做好假日期间道路交通安全管理工作,交警们放弃休息时间,他们坚守在保障道路平安的第一线,指挥交通、疏导人流,守护一方群众的出行平安就是对交警最好的节日礼物。无论是狂风暴雨,还是烈日当头,他们总是准时在人流密集的路口疏导交通,他们默默守护着我们的安全,在交通事故发生后,他们也总是第一时间赶到现场,默默地为人民服务。

▲ 交警

(四)医务工作者

随时待命的他们在手术台上救死扶伤,勤勤恳恳、忠于职守、任劳任怨地服务患者,努力做一名让群众满意的白衣战士。一场毫无防备的新型冠状病毒疫情席卷全国,他们放弃与家人节假日团聚的时间,坚守在自己的岗位上,守护着百姓健康,诠释着劳动之美,用实际行动诠释了劳动之美和奉献之美,他们用生命守护着人民的安全。他们就是白衣天使,是最可爱的人。

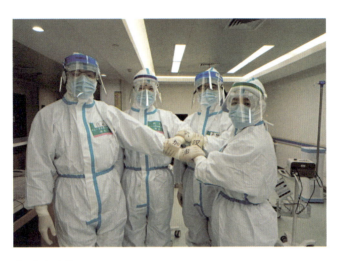

▲ 白衣天使

（五）军人

军人之美，美在整齐划一。统一的着装，严整的军容，站队一条线，被子叠方块，牙缸牙刷排成行，衣服鞋帽一码齐，处处都是"直线加方块"，这就是军营亮丽的风景线，就是军人独特的标志。军人之美，美在血性阳刚。有血性、很阳刚，是军人气质美的根本特征。"站如松，立如钟，行如风。"站立姿势挺拔，走路步伐刚健，说话干净利落，办事雷厉风行，性格坚毅开朗，遇事敢于担当，这就是为人称道的军人气质和风度。军人之美，美在牺牲奉献，这是军人最感人的内在美。当祖国和人民需要的时候上战场，英勇战斗不怕死；到操场，摸爬滚打不怕苦；抢险救灾，奋勇向前不畏险；歹徒逞凶时，见义勇为冲上前；万家团圆时，挺立高原海岛守边防……这就是军人应有的美，美在忠实履行军人使命，勇于牺牲奉献。

▲ 整齐划一的内务

97

劳动者生生不息,奉献精神薪火相传。正如习近平总书记在2015年庆祝五一国际劳动节大会上所指出的"全面建成小康社会,进而建成富强民主文明和谐的社会主义现代化国家。根本上靠劳动,靠劳动者创造。"他们是默默无闻的奉献者、是这个时代最美丽的人!平凡的岗位有着不平凡的坚守,每一个忙碌的身影都值得感激!每一份劳动都该得到应有的尊重!每一位敬业付出的劳动者都值得敬佩!劳动之美,永不消逝;身边之情,温暖常在。向劳动者致敬、为奉献者高歌!

美之感悟

社会美是指社会领域中那些对人生有积极价值,有益于人类,催人奋发向上的积极的健康的生活现象的美。与自然美相比,社会美更直接依赖于社会历史条件,因为社会美的内容直接就是人们在当时当地的社会生活。也就是说,社会美必然具有那个时代的经济、政治、文化和民族的特色。例如:陶渊明直面的田园风光,不同于21世纪市场经济条件下中国农村"专业户"面对的种植园。社会审美要引导学生从心灵美、性格美等社会美的层面去感悟。

心灵美又叫"精神美""内心美""灵魂美",是指人的语言、行为、仪表上表现出思想意识、道德情操、精神意志、智慧才能的社会美。这里的思想意识美表现为人们具有正确的立场、观点、方法、崇高远大的理想、爱国主义思想、集体主义思想等;道德情操美表现为人们彰显情感、操守、格调的美等;精神意志美表现为人们彰显进取精神、创造精神、顽强意志、崇高气节的美;智慧才能美表现为人们彰显高度的文化素养、知识才能、聪明睿智等。

性格美是指人的个性发展健全并具有吸引人的稳定性和连续性气质的美。人的性格是人类社会生活的产物。人的性格美讲究"善"的品德与人的才能意志和行为方式的统一,讲究良好的心理品质与正确的行为方式的统一。

所以,社会美的核心是人的美,重点在于人的内在的心灵美。人体美与心灵美的和谐是当代大学生所应努力实现的理想化的人格美。要争取达到:既有高尚的心灵,又有健美的形体;既有较高的才华能力,又有较高的审美修养;既有丰富的情感世界,又有美好的言行举止。总之,大学生是创造社会美的生力军,在校期间要努力学好科学文化知识,加强道德品质的修养,不断提高自己的审美能力,要从小事做起、从自我做起、从现在做起,用全部的聪明才智,创造美的生活、创造美的社会、创造美的世界。让自己的灵魂在美的创造中得以升华。

思考讨论

1. 古希腊哲学家普罗泰戈拉说:"人是万物的尺度,存在时万物存在,不存在时万物不存在。"

2. 中国古代儒家典籍《礼记·礼运》中说:"夫人者,其天地之德,阴阳之交,鬼神之会,五行之秀气也。"
3. 《论语·微子》中记载孔子说:"鸟兽不可与同群,吾非斯人之徒与而谁与?天下有道,丘不与易也。"
4. 社会美有哪些特征?
5. 人的美包括哪些方面?

第五章 美之赏析:文化之美

 美育目标

理解文化美的内涵,把握文化美的特征及精神体现;学会文化美的赏析,吸取文化之美的精神养料。

 美之印象

▲ "2017魅力中国"底特律中美文化艺术节举行

"2017魅力中国"底特律中美文化艺术节在福特演艺中心(Ford Performing Center)举行,驻芝加哥总领事洪磊,密歇根州众议员 Christine Greig、Stephanie Chang、密歇根州新移民办公室主任 Bing Goei 参加了艺术节,当地华侨、华人及美国朋友近千人参加活动。

本章主题为"文化之美"。在论述中华文化的组成中,强调了中央集权及宗法文化的内容,即推崇儒家思想。道家与佛教思想在文化构成中占比偏少。但在"文化美"这一范畴中,道家崇尚自然的观念在诗词及书画中影响深远,佛教艺术也在中华文化中占有一席之地。这二者是否都不如"中央集权"以及"宗法文化"在文化美中的作用重要?

第一节　文化美的内涵与特征

一、何谓文化美

文化作为一种包罗万象的庞大体系,迄今为止国内外学术界为之所下定义约有400多种。这正从一个方面说明了文化的恢弘璀璨、绚丽多彩和历久而弥新的特性。我们可以把文化区分为物质文化和精神文化,但任何文化都是处于一定人文关系中的人的活动的结果,是人化的产物。文化之美是人所创造的美,不同于天然之美。

文化美学就是以文化作为审美的对象,通过美的欣赏和创造,美化文化,最终达到愉悦人的身心、提升文化质量的目标。传统文化也属于文化审美的范畴之内。文化美学是在一定时代背景下出现的一种美学形态,它的出现是以经济高速发展和历史文化积淀为基础而产生的。文化美学可以帮助人们用良好的心态来面对文化,改善人格,创造美好的人生。

二、文化美的特征

(一)文化美具有民族性、地域性

某一民族在长期共同生产、生活、实践中产生和创造出来的能够体现本民族特点的物质文化和精神文化体现了文化美具有民族性。饮食、衣着、住宅、生产工具属于物质文化的内容;文学、科学、艺术、哲学、宗教和传统等属于精神文化的内容。不同的国家、不同的地区的文化美也具有明显的差异性。如闻名遐迩的陕北民歌,以其质朴的语言,粗犷豪放、苍凉悠远的曲调而广为流传,受到了人们的广泛关注和喜爱。陕北民歌作为一种民族文化,具有独特的文化韵味。它的语言中带有浓厚的地域色彩,把黄土高原上淳朴、自然的民风民情展现得淋漓尽致。歌词大量运用重叠词,而且还广泛使用方言土语,如"头一道圪梁梁二一道道洼,三一道圪梁梁上啦上两句知心话",多彩的语言加上优美的旋律,把一幅幅生活画面展示在听者面前,让人身临其境,回味无穷。

(二)文化美具有时代性

每一代人都生活在一个特定的时代环境中,并进行文化活动。物质生产方式的不同和先前文化积累、外来文化资源的不同,使每一代文化活动深深地打上了时代的烙印,他们的文化保存和文化创造都不能完全脱离既定的历史条件及其所提供的可能空间,这就是文化美所具有的时代性。

(三)文化美具有传承性

文化积淀着民族最深沉的精神追求,包含着民族最根本的精神基因,代表着民族独特的精神标识,是民族生生不息、发展壮大的丰厚滋养。因此,文化审美是一个民族在经过历史的沉淀后,形成的一种相对固定的审美认知、相对模式化的审美认同和岁月积累的审美经验。同时,外来文化的引入会对本地文化的产生形成冲击,文化的形成和发展具有外来文化相互交融和本地文化相互交融的特点。

(四)文化美具有变迁性

文化变迁是一个民族的文化系统不断完善和发展的一个过程,每一次文化变迁都是在原有文化基础上的一次文化变革和创新,但是这不是一种文化的中断,而是文化的延续。在文化延续的过程中,强调了文化之间的差别。实质上来说,文化是在发展的进程中得到了新的发展的可能性。在外来文化系统的冲击下,本地的文化系统也会产生新的变化,客家舞蹈就是在这种环境中产生的。随着社会的发展,出现了新的客家舞蹈文化内容,原有的客家舞蹈文化系统不再保持平衡,进而引发客家舞蹈文化变迁现象。赣南客家舞蹈具有悠久的历史,在其不断发展的过程中,能够积极吸纳其他舞蹈艺术的有益的成分,使得赣南客家舞蹈的内容和形式都在不断地创新。

(五)文化美具有政治性

文化属于政治社会的精神范畴,由于政治文化与社会体系关系密切,一定的社会文化是为一定的政治服务的,政治又通过社会舆论引导文化的方向,通过国家机器规范文化的走向。文化与政治二者是不可分割的。因此,文化在与政治的相互交融中体现着正反两个方面的作用:一方面,为了更好地参与政治生活,人们需要不断地提高自身的文化素养;另一方面,随着世界多极化的发展,西方国家借助文化渗透的方式,大肆推销其价值观念,企图削弱甚至取代别国的民族文化。

(六)文化美具有教育性

文化审美的教育功能是指文化美能够对人们起到思想教育和道德教育的作用。自古以来,教育就与人类的审美追求结下了不解之缘。人的全面和谐的发展,不仅是一个古老的教育理想,也是一个古老的审美主题。如在中国古代,孔子以"礼乐相济"中的"六艺"思想,开创了我国最早的教育体系,以礼、乐、射、书、御、数传授弟子。礼是指国家典制和人伦之礼仪;乐是诗、歌、舞、演、奏的艺术综合体。"礼、乐"在中国古代是治理国家的重要工具,讲究"礼、乐"才能显示出中华民族的风范。今天,随着社会主义市场经济的快速发展,社会各个方面正在发生变化,教育与审美艺术文化之间的连体共存关系也越发明显。教育要实现真、善、美相统一的价值目标,就必须汇聚、承传和发展人类社会的审美艺术文化成果,必须培养青少年的审美观念,审美情趣及对自然美、社会美、艺术美的感受、欣赏和创造能力,从而促使新一代的素质全面和谐地发展。

（七）文化美具有依附性

美的主要表现形式存在于社会各个领域，文化美作为美的实体表现形式，其普遍、直接的存在于日常文化中，大到宗教、伦理、哲学，小到建筑、雕塑、书法、绘画、音乐、戏曲等都是其具体的存在方式。由于到处都包含着文化美的思想，所以它对于美的形成则显得更为具体和形象，任何一种特殊的审美意识都需要依附某一具体文化形态，并符合大众的审美标准，从而展示其独特的美的文化。如中国作为瓷器大国，在世界上都享有盛誉。外国人更使用"china（瓷器）"这一词语来称呼中国，可见中国瓷器技术的成熟。中国瓷器上的装饰从商朝时期的饕餮到战国时期的篆文，再到东汉时期的云纹鱼尾，唐代的宝相花纹等，包含着大量的文字和图画，不仅增加了瓷器厚重的历史感，还能够展现出中国博大精深的传统历史文化，提升瓷器的审美价值，让瓷器更加具有艺术性。所以我国陶瓷艺术在今后的发展中，设计者更应该重视中国的文化元素，将中国的传统文化融入到陶瓷的设计当中，找到传统和现代陶瓷艺术的结合点，创造出属于我国民族特色的现代陶瓷艺术。

三、文化美的精神体现

从文化美的概念来看，其中涵盖了两个基本的概念，即文化与美。文化是指现实中的文化世界，这一领域涵盖的范围比较广泛，艺术、自然、哲学、精神、思想等都被包含在内。而美学则是关于审美的学科体系，美感是客观事物在人们心中引起的愉悦情感。人对文化的审美在于审美意识，审美意识作为一种独立的精神生产，是适应着人类的审美需要发展起来的。二者存在互动的关系，需要指出的是，这一界定也来源于长期的探索。这就要求在对文化美学的研究中，需以文化形成的视角对此予以分析。

由于文化具有明显地域性的特点，如东西文化上的差异，进而使东西文化审美观念也出现差异化。审美观念的差异化，体现在一个人的时间经验、修养水平、审美能力上的差异，生活条件、社会地位、民族状况、道德、宗教、政治观点的差异，对同一事物的审美也存在差异。如非洲的莫西族，也叫盘唇族，这个部族中的女性因在唇上盘有一个陶盘而得名。这种自残做法在他们的部族中是相当平常的事情，莫西族女性从15岁就开始盘唇，这种自残的做法最初是为了让自己变丑，这样就可以防止被其他部落抢走，但是久而久之，盘唇反而成了一种美，部族中人以盘唇为荣，只有部族中显赫之家的女子才能盘唇，不盘唇是嫁不出去的，生理痛苦和心理压力究竟有多大，我们无从体会。

同时，文化审美具有变迁性。俗话说，人都有爱美的天性。这里所说的"天性"，并非是指人生来就懂得爱美，而是人在自然界中长期发展和进行社会实践的产物。在改造社会中，人的感觉、审美感受也随之确定和改变。

不同国家、不同地区的文化都有其独特性，在对文化的传承、信仰，以及文化美的评价标准有着明显差异,因此,这里我们以中华民族的文化美作为主体进行深入分析。

针对中华民族的文化美进行剖析,其精神体现主要从农业文明、王权主义、宗法制度和儒道思想四个方面展开。

(一) 农业文化——务实重民美、勤劳节俭美、知足常乐美

自古以来,中国传统社会就是一个以小农经济为基础的农业社会,虽然周边少数民族游牧经济也是中华文明的一种经济类型,但其只是主体经济的补充形式,在中国社会、政治、经济发展中始终没有成为占支配地位的生产方式和生产关系。重农思想对中国传统社会产生了深远的影响。

中国成熟的农业文明,使奠基于农耕生产之上的自给自足的自然经济成为中国传统文化的物质基础和主导力量,从而形成了一个潜在的农业文化圈,畜牧业和手工业遭"重本抑末"传统鄙薄轻视,不易发展成足以和农业抗衡的经济,只能作为小农经济不足的补充。

农业文明的发达使人们养成"安土重迁"的乡土性格。农业社会和农业民族的特点为安地定居。久而久之,人们对其生活的地方产生深深的依赖和眷恋,如果没有天灾疾病,绝不会轻易迁离家乡。这种"安土重迁"的思想深深根植于中国文化之中。《易经·系辞》曰:"乐天知命,故不忧;安土敦乎仁,故能爱。"而《汉书·元帝纪》中将中华民族的这种乡土特性概括为"安土重迁,黎民之性"。《朱子语类》云:"安土者,随所寓而安也,敦乎仁者,不失其天地生物之心也。"

"安土重迁"民族特性:第一,使华夏民族滋生了厚德载物、中庸尚和的道德观念,务实重民思想以及勤劳节俭、知足常乐、和平主义的生活情趣,在文化功能上起着巨大的凝聚力作用;第二,自给自足的自然经济结构,分散的小农经济,地理、心理以及经济、文化上的闭塞性,也助长了血缘、亲缘、族缘、乡缘、地缘关系的发展,成为宗法观念与关系、家长制和纲常伦理、专制主义的经济基础;第三,促进了中国古代农学著作与思想的发展,使中国古代农业科技领先世界。据北京图书馆《中国古农书联合目录》统计,中国古代的农学著作就有 643 种之多。中国古代农书卷帙浩繁、内容丰富、题材多样,农业思想极富哲理。春秋战国时期,"农家"已是诸子百家中的一个重要学派。同时,中国古代农学的发展与古代天文学、地理学和科技发明也有着密切的关系。

经济不仅是政治的基础,也是一个社会思想文化的基础。故农业文明是中华传统经济形态造就的产物,也是政治形态、社会形态和文化思想形态的基础,对中华传统文化特质的塑造发挥了决定性的影响。

(二) 王权文化——国家法制美、社会礼制美、行为秩序美

在几千年的中国传统文化政治形态中,王权主义始终处于核心的地位,尤其是春秋战国以后,王权至上、中央集权和官僚体制三位一体的王权主义始终支配着中

国社会政治文化的发展,具有重人治、轻法治等诸多特征。

春秋战国时期,王权至上的政治格局已经形成,乾隆时,宣称:"本朝家法,自皇祖皇考以来,一切用人听言大权,从无旁落。"由此可见,一人独治天下,权力不可以下放,是中国皇帝制度的核心原则。

中国传统社会的血缘宗法关系是王权至上的逻辑起点,分散的小农经济则是王权至上的社会经济基础,而与王权至上相辅相成的则是中央集权制。在中国这样一个广土众民和以小农经济为基础的国家,只有地方权力集中于中央,中央权力集中于君王,才能巩固和强化王权统治。奠定几千年中国中央集权制的基础,是秦始皇废分封,建立郡县制。这一制度的关键在于地方郡县官员由中央皇帝任命,地方官员必须听从中央皇帝的指令以实行管理。故郡县制度对中央权力的运作就如手之使臂,臂之使指,不仅体现着中央对地方的直接监控与管辖,而且通过官僚等级制的组织体制,形成了从中央至地方各级组织层层节制的金字塔结构,并由此产生了维护与巩固这一体制的一整套规章制度及思想意识形态。作为中国传统政治形态支柱的思想价值观,有中国传统政治精神支柱的天命论;有以天子为大一统政治核心的国家大一统和思想大一统观念;有致力于巩固统治社会基础的民本论;有倡导德治、推行"内圣外王"的伦理政治文化观;有在传统政治思想及其运作中规范人际关系基本原则的纲常论;以及作为开科取士考选人才和全部政治活动指导思想的经学思想等。

中国古代文化思想上的独尊一家也是王权至上的一个重要表现。其主要表现为限制学术争鸣,钳制自由思想。尽管程度不同、做法不一,历代统治者的基本趋向总是尽量桎梏人们的言行、控制人们的精神,把知识变成政治、把经学变成官方哲学,并将它们变成科举考试的内容,而科举考试是进入官场的唯一途径。

中国传统文化中以王权主义为核心的政治意识形态,不仅对中央集权制度起着巩固和强化作用,而且通过各种渠道,直接地、广泛地影响着人们的思想意识。围绕着王权主义思想,儒家的仁政与礼治学说、道家的无为而治主张、法家的法治理论以及天地君亲师(即敬天、敬地、忠君、事亲、尊师)的社会秩序观念,长时期支配着社会政治发展的方向。此外,专制王权不仅采取各种措施"重农抑商""重本抑末",以维护社会经济基础,而且注重官僚体制及文官制度的建设,以巩固和扩大社会统治基础。从隋唐开始的考选人才的科举制,使一般寒门庶族的子弟均有同等机会考试,打破了官僚贵族世家通过举荐垄断仕途的局面,有利于吸纳社会精英到统治秩序之中。然而王权专制下庞大而严密的官僚体制对社会的统治,也易于因因循守旧而导致官冗政弊、官民矛盾激化。天地君亲师和三纲五常伦理型政治文化使人们形成崇拜权力的意识和仆从的习惯。因此,中国历代即便有主张革新者,也多打着"法先王"的旗号,进行"托古改制",以颂古非今。故中国文化思想有一个明显的特点,即在极大层面上受到君权天授的天命观、君民相维的思想观、上下相依的伦理观、天下一统的政治观等政治哲学与思想体系的深刻影响,依从于专制王权统治的政治需求,成为维护王权主义的精神支柱。

(三)宗法制度——社会道德美、家庭伦理美、血缘亲情美

宗法制度源于由血缘作为纽带连接和沟通社会的原始父系家长制。而中国古代社会的宗法家族制度,不仅是社会组织建设的细胞和基石,也是政治结构的重要支架。

夏代伊始,中国进入了"家天下"的阶级社会,宗君合一的宗法形态就已形成。所谓"宗",《说文解字》释其原始义为"尊祖庙也"。王筠《说文句读》谓:"示者,室中之神也,天地神祇,坛而不屋,人鬼则于庙中祭之。"故宗君合一,就是将敬天、法祖、先王崇拜的神权与君权的合一。而祭祀、崇拜与神化祖先或先王之目的,就在于宣示后王的神性以及血缘的正统,强调后王权威的神圣性。先秦三代,尤其是商周时期,王对宗庙祭祀乃是"国之大节",有严密的礼仪制度。自周代起,宗庙就是王室和国家权力的象征,祭祀祖先活动也成了宗法与政治的合一,宗庙被毁也就意味着王朝的灭亡。

同宗君合一紧密联系的是嫡长子继承制,它是宗法制的核心。在以血缘为纽带的父系原始社会,家庭成员以同男性家长血缘关系的亲疏、尊卑为依据,来调整与确定自己的地位、身份,并以此维持与巩固父系家长的统治特权。商周之际,为确保王位继承的秩序性和稳定性,王位继承渐从"兄终弟及"过渡到"父死子继"的嫡长子继承制。

中国传统文化中的宗法观念与礼教的紧密结合,具有很强的道德吸引力和感召力,深刻影响了社会生活与文化的各个方面。与中华农业文明紧密结合的宗法制度,不仅创造了一种稳定的、有利于文化积累和延续的社会环境,而且也催发了华夏民族从对神的崇拜到对人自身力量的热情关注。它催生了孝顺父母、敬老扶幼、注重家庭的观念和道德修养,形成了讲究群体意识、尚古传统、忠君爱国和社会责任感等优良传统;同时,又滋生了老人政治、宗法小团体、地方宗派、狭隘民族主义以及重血缘、亲族和人情,这些都成为中国古代社会长期延续和社会超强聚合的关键。

(四)儒道思想——爱国观念美、理想人格美、个人修养美

中国传统文化以儒道思想为主体构架。作为思想形态领域内主干的儒道思想,对几千年的中国社会发展产生了广泛而深刻的影响。儒家思想作为一种主导性社会思想资源,其发展有一个历史过程,它是在与各种思想文化的融契、浸润中不断丰富发展起来的,内部也存在不同的流派。从先秦儒学到汉唐经学,从宋明理学到明清实学及考据学,每一个时期的儒学代表人物都有其理论特色。宋明理学是儒学发展的最高理论形态,既兼备前说,又融会佛道;既探究天人宇宙和心性本源哲学,又关注现实社会人生的伦理政治问题。

以老庄为代表的道家思想对中华传统文化也有深刻的影响。道家思想也是一个不断发展变化的体系,从先秦老学到田骈、慎到、宋钘、尹文等学说;从庄周学派到汉初黄老之学、汉末道教;再至魏晋玄学等阶段,其流派众多、思想庞杂。在思想派

别上,道家虽是儒家的主要对立面,但道家思想又是儒学的重要补充者。如儒家学说具有阳刚特征,表现出积极有为、自强不息的人生态度,弘扬以天下为己任的强烈社会责任感,肯定立德、立功、立言为"三不朽"事业,强调以伦理道德教化人民,倡导和实践内圣外王之学等。从先秦孟子提倡的"穷则独善其身,达则兼济天下",到宋代理学家强调"为天地立心,为生民立命,为往圣继绝学,为万世开太平",都是这种阳刚特征的典范。而道家学说却具有阴柔特征,其理想人格与人生态度表现出清心寡欲、返璞归真、超越物外、顺应自然、重生贵生、以柔克刚、急流勇退、无为而无不为,治国之道寻求无为而治,钟情山林田园生活的特点。

先秦老子提倡道法自然、不敢为天下先,庄子提倡无己、无功、无名的逍遥游思想,就是道家阴柔特征的楷模。此外,儒道两家思想还有一个重要的不同特点,即儒家强调个体对于群体和社会的服从,宣扬重义轻利、忠君爱国,主张通过以个体融入群体和社会的方式来保持群体和社会的和谐统一,具有忧国忧民的忧患意识,推崇大同社会公天下的理想;而道家则关注个体的价值和精神自由,讲究保持个体的身心和与自我实现意义,以协调人际关系达到社会秩序的安定,憧憬小国寡民的社会理想蓝图。道家思想在封建专制压抑和束缚人性的状况下,具有超越世俗和调节人身心的功能。历史上许多士人特立独行、放荡不羁、性格耿介、清高孤傲,同道家思想的影响有很大关系。

儒道思想作为主导的社会思想,既有相互对立的一面,又有互相渗透、互相融通、互相吸取的一面。如儒家思想吸收宇宙生成论、宇宙本体论以及清心寡欲的养心学说等道家思想,它们为儒家伦理提供了自然哲学心性之学的基础;道家思想吸取儒家思想主要有关道德的伦理学说,以加强自身人文方面的内涵。在"天人合一"思想观念上,儒道两家也颇有会通之处。而儒道两家思想的融合,不仅最早可追溯到孔子向老子问礼的思想交往上,而且表现在中国古代历史上学术思想发展的高峰—宋明理学中儒道(包括佛学)的融会贯通。因此,在中国文化史上儒道思想相辅相成、互相交替递补的过程,在思想形态上陶冶塑造了中华民族的思维方式。

当代部分大学生流行逃避思想、调侃正义、及时行乐的犬儒主义,缺乏高远的理想信念和超脱物质名利的精神追求,失去了作为主体最根本的主动性、超越性、道德性和自由性。中华优秀传统文化是中华民族几千年历史积淀而成的一种反映民族特质和地域风貌的灿烂文化,它崇尚伦理、道德,注重人文理性,倡导"天人合一"的和谐境界,突出"关心社稷"的爱国情操。因此,中华优秀传统文化在塑造人的主体性、提升人的审美境界、培育高远的道德理想方面有得天独厚的优势。它能使生命获得一种从容、一种豁达、一种通过超越有限而进入的人生自由境界,从而使人能够在精神与物质之间、自我与社会之间、生命与宇宙之间、崇高与低俗之间保持着一种张力的平衡、一种完美的和谐。在博大精深的中国传统美学文化中,儒家美学文化无疑是其中最为突出的佼佼者。儒家美学是一种人生美学,它始终把探寻人生意义、人生理想、人生态度作为旨归,它对提高大学生审美涵养有极大裨益。

第二节 文化审美

一、文化美的审美标准

在五千多年文明发展中孕育的中华优秀传统文化积淀着中华民族最深层次的精神追求,已成为中华民族独特的精神标识,其本身就是一部交融与汇聚的文化之美的画卷。固然,中华优秀传统文化蕴含着诸多美育资源,但在面对新媒体时代人民精神世界丰富、公民文化自信提升、和谐社会建设、人类命运共同体构建等要求时,需要挖掘其蕴含的有新价值的美育资源。

(1) 个人向度:以儒家伦理为核心的修身之美。以儒家伦理为核心的中华优秀传统文化在中华民族几千年的发展历程中形成了鲜明的民族性。"仁、义、礼、智、信"是儒家所倡导的核心价值观。孔子不把人的情感、观念、仪式引向外在的崇拜对象或神秘世界,而是将其消融在以亲子血缘关系为基础的世间关系和现实生活中,由此形成了中华民族向内、修身的特征,也形成了民族审美的特点。中华优秀传统文化中蕴含的诚实守信、孝老爱亲等观念,"鞠躬尽瘁,死而后已"的献身精神,"先天下之忧而忧,后天下之乐而乐"的政治抱负,"富贵不能淫,贫贱不能移,威武不能屈"的浩然正气,以及"位卑未敢忘忧国"的报国情怀等,都能在潜移默化中涵养个人品德、展现民族精神,这也是重要的美育资源。当然,中华优秀传统文化中还有诸如书法、绘画、戏曲等作品展现的忠孝之美,舞蹈、音乐、美术等艺术展现的仁义之美等,其优美的线条、雅致的布局与儒家的修身之美相得益彰,也是重要的美育资源。

(2) 社会向度:以仁爱和合为核心的和谐之美。所谓真正的人不可能是一个"自我中心"的人,更不可能是一个"唯我独尊"的人,人的本质就是社会关系的集合体,任何一个人都不可能独立于社会关系之外。中华优秀传统文化中人与人之间的相处法则包含了仁爱、和合、利他的处事原则,对于处理人与人之间的关系,建设和谐社会具有重要的指导作用。习近平总书记强调,培育和弘扬社会主义核心价值观必须立足中华优秀传统文化。中华优秀传统文化是社会主义核心价值观的源泉,社会主义核心价值观又推动中华优秀传统文化的创新发展,二者有着内在的统一性,为共同构建文明有序的社会秩序树立了精神坐标。中华优秀传统文化蕴含着中华民族勤劳勇敢、勤政为民、自强不息、依法治国、爱好和平等精神资源。在处理官民关系时强调为政者要以德修身,在处理人和生态关系时强调要天人合一。这些中华传统文化中展现的追求和合的精神,以及天地万物各得其所、各适其天的思想,对于人们树立正确的处事原则、确立保护自然的生态观、建设和谐社会有着重要的作用。

(3) 国家向度:以命运与共为核心的大同之美构建人类命运共同体是习近平总书记提出的中国方案,蕴含着传承千年的中国智慧,指明了现代文明的前进方向。中华优秀传统文化中"天人合一"的宇宙观、"和而不同"的文化观、"天下大同"的社会观,指引着中国人民为建立人类命运共同体而不懈努力。建立平等发声、互利共赢、团结协作的国际关系,形成支撑人类社会共同生存、共同发展、共同进步的精神力量和思想动力等要求,使得发挥中华优秀传统文化的美育功能的需求更加迫切。中华民族在长期的历史发展过程中形成了丰厚的审美文化资源,其中民族精神资源最具有代表性。民族精神包括民族文化、民族智慧、民族心理和民族情感,它集中体现了精神文化对人的指引、激励作用,是中华优秀传统文化中大同美的集中表达。习近平总书记指出的"四个伟大精神",即"伟大创造精神、伟大奋斗精神、伟大团结精神、伟大梦想精神"是中华优秀传统文化美育资源极其重要的部分,是对大同之美的另一种诠释。从造纸术引发的媒介变革到火药推进的历史进程,从印刷术加速的世界文化传播到指南针开启的航海新篇,创造精神早已植入中国人的文化基因,在中华民族生生不息的历史长河中绽放着光芒。蜿蜒在华夏大地上的万里长城,哺育了天府之国的水利工程都江堰,红墙黄瓦构造出的建筑精华的故宫,从历史中浩浩荡荡奔向未来的大运河,以及精卫填海、愚公移山等中华传统神话故事,无不蕴含着植根于中国人民骨髓的奋斗精神。在中华民族漫长的发展历史中,统一始终是前进的方向,在中华民族的精神中也始终蕴含着团结的血脉和精神。因此,伟大的创造精神、奋斗精神、团结精神、梦想精神昭示的大同之美势必能指引中国人民和世界人民命运与共。当然,中华优秀传统文化还包含了其他诸多的美育资源,如丰富的哲学思想、人文精神、道德理念等可以引导人们向上、向善,为人类认识和改造世界提供有益启迪;还可以为道德建设提供和谐之美,促进人与人之间和谐相处,调解社会关系,构建和谐社会;更可以为治国理政提供大同之美,不断赋予民族精神新的含义。

二、文化美的审美意义

文化美学是美学发展到一定阶段必然产生的结果,这种美学的产生表现了对人类终极人文关怀的使命,它的出现为大众打开了"此在"的大门,由于这种美学十分"接地气",可以更好地融入人们的文化中,在现实研究中具有极大的意义。

2014年2月,在中共中央政治局第十三次集体学习时,习近平总书记指出,深入挖掘和阐发中华优秀传统文化讲仁爱、重民本、守诚信、崇正义、尚和合、求大同的时代价值,使中华优秀传统文化成为涵养社会主义核心价值观的重要源泉。2017年1月25日,中共中央办公厅和国务院办公厅印发了《关于实施中华优秀传统文化传承发展工程的意见》,第一次把中华优秀传统文化的传承发展提升到了国家工程的高度,也对发挥传统文化的美育功能提出了迫切要求。2018年8月30日,习近平总书记在给中央美术学院老教授回信时指出,做好美育工作,弘扬中华美育精神。

国家如此注重对中国传统文化的挖掘和传承,主要是因为民族精神是民族文化的灵魂与精髓,具有相对的稳定性,并且中华优秀传统文化以其源远流长、博采众长的特点在中国共产党带领中国人民进行革命、建设、改革的历程中,在丰富人民群众的精神生活、建设文化强国的过程中发挥了举足轻重的作用。在新媒体时代,如何发挥优秀传统文化的美育功能,培养时代新人高尚的道德情操、高雅的审美品位,事关民族自信、文化强国建设全局。

（一）理论研究意义

文化美的学习和研究,对其具体的理论研究有着明显的促进作用,对个人而言,更是在强化普及艺术教育的过程中,提升了整体受众人群的专业艺术修养。以赣南客家舞蹈为例,对赣南客家舞蹈及其文化美学层面的研究成果比较丰富。当前研究的重点在于揭示赣南客家舞蹈本身的特色,及其在文化传承中的地位与作用。在《文化美学视野下的赣南客家舞蹈研究》的研究中,分析了赣南客家舞蹈表演的"谐中有庄,诞中见真",以及"丑中见美,美藏于丑"的特质,传达出"美在达观"的文化美学态度,展示真、善、美的本质,说明赣南客家劳动人民的处世态度在任何时候都是乐观旷达的,同时也深刻体现出赣南客家人民乐天豁达、自由洒脱的美好品格。客家舞蹈展现出的内在美,能够满足人们的审美需求,进一步利于客家舞蹈的文化传承与发展。

（二）愉悦身心,陶冶心灵

一个健康的人,应该包括健康的身体和健康的心理两个方面。身体健康的标志,一般是发育正常,没有疾病;而心理健康的标志,则除了智力正常、意志坚强、人格统一（即正确的人生观与人的需要、理想、信念、目标和行动的统一）之外,更鲜明的是稳定的情绪和愉快的心境。文化美的魅力就在于它是人类的精神粮食,为人们的审美活动提供了无限的空间,对愉悦人的身心具有无尽的裨益。

人的心灵由志趣、情感、情操、品格、意志、理想、信仰、道德等因素构成,它是复杂、深沉的,又是单纯、可感的。健康的审美艺术文化,可使人心灵激荡,得到陶冶,从而焕发出美的光彩。自古以来,人们赞美梅的耐寒傲雪、兰的素雅高洁、竹的正直节操、菊的坚贞脱俗等,其实这反映人们对美好人格的追求。艺术美陶冶人的心灵,更多是在艺术欣赏的潜移默化中进行。在欣赏艺术过程中,人们通过感知、联想、想象、理解等审美心理活动,把自己的情感移到审美对象上,设身处地地去体验,达到情感共鸣。除了音乐、舞蹈、绘画、电影、电视等戏剧艺术形式之外,建筑、园林、书法等也各有其美的形态和审美价值。它们都以各自的特征,独特的艺术风格,通过存在形象与生动的自然性的动作,强烈刺激受众的视觉,如受众可以通过欣赏客家舞蹈,细致观察舞者的眼神,欣赏舞者的动作,透视客家舞蹈者的内心世界和情感波折,进而感悟到客家舞蹈作品的深层次的内涵,这也是对现实生活的艺术化与美化,从而使得一个完整的生命得到诠释。

（三）构建当代学生群体的审美涵养

儒家优秀审美文化崇尚伦理道德、注重人文理性、倡导"天人合一"的和谐境界,突出"关心社稷"的爱国情操,通过"仁"之人生境域内修心灵之美,以及用"和"的理念体验"天地与我并生",从而外修人际之美这两个角度构建大学生的审美涵养。

"仁"在儒家思想里是人的一种本质规定性,它是人的自身力量和道德自由。孔子说:"我欲仁,斯仁至矣"(《论语·述而篇》),表明"仁"的境界是可以通过主体的自我控制、自我完善来实现的,充分体现了人的主体性、主动性和积极性,而这对于实现人生的审美追求是非常重要的。引导大学生追求"仁"的境界,可以使其在积极把握自身前途和命运的同时,养成荡然的胸怀,形成与天地宇宙同流的伟大人格境界,也就是后儒提倡的"仁者与天地万物为一体"。这样的人格境界促使大学生将无执的通感与开放的仁爱精神达到充盈状态,在这种状态中,道德愉悦和审美愉悦达到了统一,从而也使人达到了自由。这种充盈之美有助于大学生摒弃趋名逐利的短浅追求,从而使其自身从内在心灵求得生存的勇气、信心和希望。具有仁爱力量的大学生更关爱他人、关注社会,可以更融洽地融入家庭生活和社会生活中,实现孟子所说的"老吾老以及人之老,幼吾幼以及人之幼"的极高道德境界。

儒家关注人生美德的一个鲜明特点就是十分注重从个人与他人、个人与社会的关系中凸显个人生命的意义与价值,对个人的人生行为和生命存在加以确证。有必要引导大学生经过长期修炼把握"仁"之"仁者",把仁变为自身自然而然的行为——克服和控制情欲,处理好己与人、与家庭、与社会的关系,由内及外、由己及人,通过"亲而仁民,仁民而爱物"的美好情愫体验到生命存在的意义,从个人内心的自省和自律,外达于和他人的仁爱相处,在与他人的相互关系中再认识自我和提高自我,以拓宽自己的心量。

"和为贵"是儒家思想里非常重要的一部分,倡导一种与人、与物、与天地的和谐共荣,是一种大美。从人格的建构来讲,"和"指性情的适中,不偏不倚。提倡"独乐乐"不如"众乐乐",它将"和同"与快乐联姻,鄙视独吃独占和自我炫耀,提倡分享、付出与奉献。它是中国人生美学所极力追求的一种审美境域,一种较高的综合素养与精神境界,一种比较达观的生活态度与待人处事方式。现在的一些大学生看不到这种"得"与"失"之间的辩证关系,过分强调个体的权利,这样的心态,即便是"为乐"众多,恐怕也难以获得持久的心灵愉悦。

其次,儒家用"和"的理念消除人与天地与自然的隔阂,提倡"天人合一"的审美理想。这一思想要求人们爱护自然,不肆意破坏自然,顺应自然、善待动物、与大自然融为一体。达到人与自然天地之间的和谐协调,是审美的最高境界。儒家的这种"与天地万物共生"的"和合"美德在环境日益恶化、资源逐渐紧张的今天,对于大学生塑造世界观和宇宙观极为重要。现代工业对自然、对物种、对环境造成了毁灭性的破坏,这些人为造成的恶果都是缺乏与天地共生的"和合"观念造成的。当代大学生是国家未来的建设者,是支撑中华民族伟大复兴的脊梁,他们是否具有"天人合一""天人协调""取物以时""仁爱万物"的观念,直接影响到我国资源节约型、环境友好型社会的建设。

(四)社会实践意义

在大力加强中国革命文化和社会主义先进文化教育的同时,拥有广泛群众基础和社会道德认同的中华优秀传统文化教育是一个特别值得关注且大有作为的领域。我们认为,传统节日文化教育在其中能够发挥独特的作用,收到事半功倍的效果。比如,重阳节(又叫"敬老节")的敬老孝亲教育。许多人对重阳节几乎完全忽视,或对其文化内涵基本没有什么概念。有些人在这一天也只是给老人发个信息、打个电话略致问候,走走形式。其实,在人文意义上,重阳节的主题和文化内涵是感恩敬老,感谢父母对自己的养育之恩,期望父母健康长寿。因此,不仅需要在重阳节这一天打个电话、陪陪老人、孝敬长辈,更主要的是在日常生活中体现对老人的关爱。物质上的满足和身体上的照顾对老人固然重要,精神上的关注和陪伴同样是老人极其需要的。因此,重阳节的教育就是感恩教育和孝道文化教育。从小处讲,强调对老人的尊敬与爱护,作为小辈的年轻人应该学会对长辈的回报与付出;从大处讲,中华传统文化讲究家国同构,国是千万家,在家爱父母,促和谐,放大了就是爱党、爱国家,维护社会稳定。中华优秀传统节日文化内在的价值观念极为丰富。清明节祭祖缅怀、追思先人的背后,蕴含了中华民族不忘根本、孝悌友爱、薪火相传的优良作风;春节时家家户户拜年,说吉祥话送祝福,表达了对亲人朋友的关照之心。遵循创造性转化、创新性发展的原则,与时俱进地发掘传统节日文化的宝贵价值,通过生动活泼、喜闻乐见的宣传教育方式,把传统节日文化中的核心价值根植于国民内心,上行下效、代代相传,形成良好的家风、乡风和社会风气,对提升国民的素养以及民族的整体素质有重大意义。

(五)文化传承与创新意义

毛泽东曾经说过:"中国历史遗留给我们的东西中有很多好东西,这是千真万确的。我们必须把这些遗产变成自己的东西。"时代在发展、社会在进步,人民越来越追求更加美好的精神生活,社会主义文化强国的建立和中华民族伟大复兴的事业越来越需要先进文化的有力支撑。

推动中华优秀传统文化的创造性转化和创新性发展,把中华优秀传统文化教育作为培根铸魂的基础,弘扬中华美育精神,要在传统文化艺术的提炼、转化、融合上下功夫。让收藏在馆所里的文物、陈列在大地上的文化艺术遗产成为一代代青年才俊进步道路上的丰厚资源,让广大青年学生在艺术学习的过程中了解中华文化的变迁,触摸中华文化脉络,汲取中华文化艺术的精髓。在文化精品推广行动计划中,以弘扬主旋律为己任,深入生活、扎根人民,用情、用心、用功抒写人民,以精品奉献人民,为时代画像、为时代讴歌、为时代立传、为时代明德。如北京故宫的文创产品,在诸多新颖的载体上再现传统文化艺术,既能够帮助当代青年才俊认识到传统文化中所具有的积极成分,还希望通过挖掘传统文化中的精华,在继承和发展创新中,激发其新时代的活力,由此而重振民族精神,为民族振兴创造有利的条件。又如客家舞蹈艺术发展过程中也受到了积极影响，在对传统客家舞蹈艺术的保护中，通过挖掘传统的艺术和传承人的方法，突显出客家舞蹈艺术的传统因素。同时对客家舞蹈形式进行创新，采取现代舞台表演科学手段注入的方式，将现代编导思想和编导技法融入舞台艺术的表演中，同时结合了赣南舞蹈艺术地域性的特点，将赣南地区客家对生命的热切追求和情怀完整地表达出来。这一类舞蹈作品的主要代表有《那一别》《长长的红背带》《山歌情》，这些经典的舞蹈作品在不同的地区进行表演，传播了赣南地区的传统文化，弘扬了客家传统族群精神，同时也在国内外掀起了研究客家舞蹈美学精神的热潮。

（六）增加民族文化自信

文化是一个民族的灵魂，是推动一个国家经济社会全面发展的内在精神力量，是一个国家综合国力中极为重要的软实力部分。十九大报告强调："文化兴国运兴，文化强国家强。"道路自信的开创、理论自信的创新、制度上的变革和探索，在很大程度上都跟我们的文化土壤、文化传统和现在的文化状态紧密联系。我们对中国发展模式、对中国特色社会主义道路探索已经深入到最本质的层次，文化自信不但重要，而且必要。优秀传统文化更是中华民族生生不息、繁荣兴盛的不竭精神源泉，是得天独厚的文化优势。

学习文化美需要树立坚持以社会主义核心价值观为引领，弘扬中华优秀传统文化，继承革命文化，发展社会主义先进文化，形成受众自觉增强文化主体意识、强化文化担当的新面貌。通过个体的美育教育，从而帮助未来更多的青年才俊继承和加强对传统文化的热爱与认知，增强整个民族的文化自觉与文化自信。

今天的我们，更应开阔视野，加大"请进来"力度，加快"走出去"步伐。新时代的中国正逐渐走近世界舞台的中央，正积极为全球治理贡献中国智慧和中国方案，需要以文化自信为支撑，进一步树立开放理念和兼容胸怀。在高度自省的同时，学习借鉴外来优秀文明成果，增强全球眼光和战略思维。要有跳出传统发展中华文化的"大手笔"，在更大范围、更广领域为全社会提供多层次、多方面的文化滋养，进一步提升中华人文情怀和文明素质，使我们的行为方式和精神素质不断适应开放包容的世界。

文化自信是更基本、更深沉、更持久的力量。不论行走多远，我们都有责任和义务传承好、发展好我们的文化"家底"，坚守文化本根，坚定文化自信，坚持与时俱进，让文化随时代而行，与时代同频共振。

三、如何进行文化审美

在文化美学研究中，首先要明确审美的主体和对象、审美的目标、文化美表现形式、文化美的地域特点和时代背景、文化美的时代变迁性。

（1）审美的主体不能离开审美对象孤立地存在。人的对象化审美活动建构了现实的审美活动主体与审美客体,当文化成为审美的客体,才能够使具有针对性的审美目标与审美方式产生现实价值。

在文化美学的概念界定中,审美的对象指的是现实文化,这也就是说现实文化的人、事、物都应该具有美的特质,因此才成为了美的被欣赏者。据此,在传统文化传承的大背景下,将具体的文化美现象以其文化的审美性作为审美的对象,设计出具体的审美目标与方式,从而使之能够在传承中创新,并发扬光大。

(2) 文化美的表现形式。民族文化的具体呈现形式多种多样,如饮食、衣着、住宅、生产工具属于物质文化的内容;语言、文字、文学、科学、艺术、哲学、宗教、风俗、节日和传统等属于精神文化的内容。不同具体的文化形式,有其相关的文化类型的审美标准和文化技法,对文化的广度和深度上的研究,都可以汇聚成人们自身的素养,逐渐积淀为民族心理、民族品格,使我们的民族获得持续不断的精神力量。

(3) 文化美的地域特点和时代背景。地理环境的特殊性对一个民族的审美文化影响极深。福建土楼产生于宋元,成熟于明末、清代和民国时期。福建土楼在加拿大魁北克城举行的第 32 届世界遗产大会上,被正式列入《世界遗产名录》。

福建土楼属于集体性建筑,从历史学及建筑学的研究来看,土楼的建筑方式是出于族群安全而采取的一种自卫式的居住样式。在外有倭寇入侵,内有年年内战的情势之下,举族迁移的客家人不远千里来到他乡,选择了这种既有利于家族团结、又能防御战争的建筑方式。同一个祖先的子孙们在一幢土楼里形成一个独立的社会,所以御外凝内大概是土楼最恰当的归纳。

(4) 文化美的时代变迁性。文化变迁是整体与部分之间的关系变化的一种具体呈现。在文化变迁的作用下,各民族的文化才得以继承与发展。因此,可以将文化变迁看作是一个民族内部元素符号变化引起的,也可以看作是多民族进行融合导致文化结构要素变化和重组引起的。如传统民俗客家舞蹈的产生与发展就成为其中的一个有机组成部分,舞蹈艺术在大的方面属于社会文化的范畴,是人们对美的追求表现。一方面,舞蹈艺术由于人们对美的追求而产生和发展;另一方面,舞蹈艺术也会对人们的审美意识产生反作用。不同时代审美观点不同,舞蹈艺术的外在表现形式也会出现一定的差别,舞蹈艺术所承载的审美意蕴据此而不同。

(5) 文化审美的目标。

文化审美的目标主要分为以下几点。

一是为了提高人的身心愉悦感。文化美学发挥基础与支撑性作用的同时,强调物我互感互动的生命运动中的整体直观把握,如文化美学深刻浸润了赣南客家舞蹈,创设了赣南客家舞蹈审美意境。

二是为了美化民族文化。"万物并育而不相害,道并行而不相悖。"开放包容是文化自信的表现,更是文化繁荣的动力。民族文化中作为其中最具有民族性、最富于艺术特征的部分,在保持原有文化底蕴和功能的同时,不断地融合、积淀、丰富、发展,使其拥有了蕴含丰厚、多姿多彩的文化形态。以中秋节为例,人们在传承节日文化的同时,巧妙利用新载体、探索新途径,不断创造出答题送中秋好礼、趣味动漫祝团圆、归家话题互动等一系列新形式,使中秋节具有了新的时代内涵和生命活力。承前启后、继往开来,中华优秀传统文化"走"起来、"活"起来、"动"起来,传播力、影响力逐渐扩大。

三是为了增强民族的文化自信。民族文化中蕴涵的优秀精神品质可以在经过动态解读之后,与现代思想相结合,在形成民族精神的过程中起到非常深刻也非常直接的作用。不论是中华民族历史上形成的哲学、政治、道德观念,还是它所创造的音乐、绘画、书法、舞蹈等艺术作品,或者是它在建筑艺术、园林艺术、风俗习惯中所凝结的审美意识等,都包含着我们民族特有的审美观念、审美表现意识,还包涵着理解自然、理解人生,明智地处理人与自然、人与社会之间关系的许多有益的启示。这些启示在现代化程度比较发达的今天,不仅没有失去意义,反而彰显出它的不朽价值。

四、文化美精品赏析

在日益趋向全球化的今天,"文化"一词也变得空前时髦起来,各种与文化相结合的研究正在迅速发展壮大,文化在我们生活中变的越来越重要,它产生的影响越来越被我们重视。

(一)建筑之美——故宫

建筑作为人类历史文化的纪念碑,它通过所用的材料及造型风格等,不仅体现出一定社会时代的技术水平和政治经济状况,还体现了一定时代的心理情绪、精神风貌和精神理想。北京故宫更是我国宫殿建筑历史上的完美典范。

▲ 故宫

1. 名称考义

故宫是中国明清两代的皇家宫殿。明朝第三位皇帝朱棣在夺取帝位后,决定迁都北京,开始建造故宫,并于明永乐十八年(1420 年)落成。依照中国古代星象学说,紫微垣(即北极星)位于中天,乃天帝所居,天人对应,是以故宫又称紫禁城。

2. 建筑布局

故宫的整个建筑被两道坚固的防线围在中间,外围是一条宽52米的护城河环绕,接着四面是高10米的城墙。

▲ 故宫的城墙与护城河

城墙上开有4门,南有午门,北有神武门,东有东华门,西有西华门;城墙四角,还耸立着4座角楼,角楼有3层屋檐,72个屋脊。屋脊玲珑剔透、造型别致,为中国古建筑中的杰作。故宫大体可以分为两大部分,即南为外朝,北为内廷。

"外朝内廷"的布局使所有建筑排列在中轴线上,东西对称,秩序井然。故宫是世界上现存建筑面积最大,保存最完整的古代宫殿建筑群,是我国重点文物保护单位,也是中国首批列为世界文化遗产的单位。故宫的建筑群集合了中国传统的建筑理念和哲学思想,以规划严谨的布局、主次分明的宫殿群、灵活多变的建筑组合,完整地体现了东方文明的精髓和成就。

3. 建筑中的礼制文化和阶级理论

从周代开始,辨尊卑、辨贵贱成了建筑被突出强调的社会功能。故宫在规划上有一个很重要的指导思想,因为它是宫殿,不是普通人用的,不仅要办公、居住,更重要的是它是礼制的反映,它要反映权威,所以在设计上充分体现了规范等级制度,反映了皇权至上的理论思想,是皇权语言最集中的体现。故宫继承了传统的宫城、内城、外城的三重城制度,居都城中央、前朝后寝、左祖右社、五门三朝都体现了儒家的思想和封建礼制,太和殿作为整个宫殿区、整个北京城的构图核心,它的具体体量使它显得非常凝重稳定,象征着皇权的稳固。3万多平方米的太和殿广场,其基调是在庄重之间蕴含着灵活,也蕴含着泱泱大国的气概。

▲ 故宫"外朝内廷"布局图

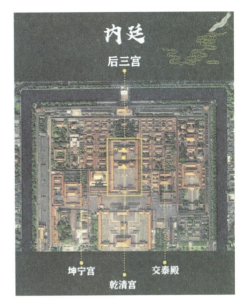
▲ 内廷布局图

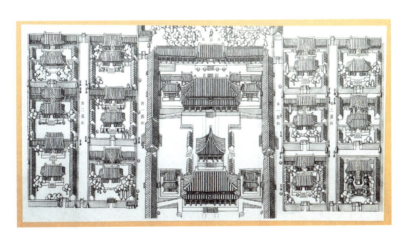
▲ 东西六宫布局图

礼制也同样制约和影响单体的建筑。建筑物的规模、形式,甚至色彩和装饰都有差别。"阴阳相和"既是礼所要求,又是风水学说这一中国术数文化的基本内容。九作为最大的奇数,因此故宫中很多设计都与九有关,如太和门上的九排九路门钉,宫殿屋檐上的九个走兽等。然而对于太和殿来说,连最大数九都不能显出它的尊贵,因此在太和殿的屋顶上有十个走兽,多出来的一个叫行什,在全国所有建筑物中仅此一例。这也显示出太和殿在所有建筑中地位之显赫。阴阳五行学说在故宫建筑艺术上同样发挥得淋漓尽致。"五行"主要有"水、火、木、金、土",是人们在日常生活中经常接触的,还可扩展归纳为五大类,如方向中有东、南、西、北、中,五个方向;

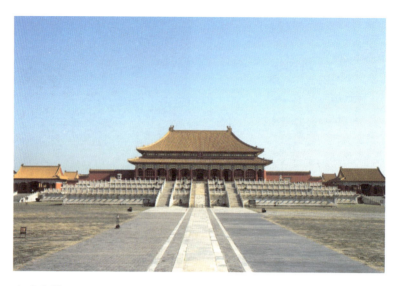

▲ 太和殿

色彩中有青、黄、赤、白、黑，五色，宫殿用金、黄、赤色调，而民居却只能用黑、灰、白为墙面及屋顶色调。

▲ 九排九路门钉

▲ 太和殿的十个走兽

　　由于五色中的青色为木叶萌芽之色，象征温和之春，方位为东，所以故宫东部的某些宫殿，如文华殿原来为太子讲学之所，所以用绿色琉璃瓦顶，明朝嘉靖年间因用途改变，才改用黄顶。清代乾隆年间所建造的南三所，系皇子的宫殿，由于幼年属于"五行"中的"木"，生化过程属于"生"，方位在东方，故用绿色瓦顶。而太后、太妃的生化过程属于"收"，从"五行"来说属于"金"，方位为西，所以从汉代开始，把皇太后宫室多放在西侧，历代宫殿的建筑均沿袭这个布局。故宫中的寿安宫、寿康宫、慈宁宫,都布置在西部,也是根据这个理论建造的。

在五行学说中赤色象征喜庆,所以故宫的宫墙、檐墙也都用红色。宫殿的门、窗、柱、框也一律用红色,而且是银朱红色。坤宁宫的室内红色更加鲜明,可见故宫建筑色彩的运用受五行学说影响之深。除此之外在建筑上能够使用朱红色的只有亲王府邸和寺庙了,而平民建筑的门柱多油黑色,只是在过年时候贴红对联,结婚时用红喜字、红信笺、红服饰而已。

▲ 坤宁宫

五行中的黄色处于中央戊己位置,而五行中的"土"为万物之本,金黄颜色象征富贵,所以帝后服饰也多用黄色。清代"黄马褂"作为最高奖赏被赐给功臣。绝大多数宫殿的瓦顶也皆以黄色釉瓦葺之,也是这个道理。

▲ 清代"黄马褂"

故宫也体现出了严格的阶级理论。在故宫中,前三殿、后三宫等主要建筑都在主轴线上,又把宫城的主体——前三殿置于核心部位,这种层层"居中为尊"的"择中"布局,体现着礼制规范要求。上为太和、中和、保和三殿建筑,太和殿建筑自身也用了最高的建筑等级,采用了三重须弥座台基,面阔 11 间,进深 5 间,重檐庑殿顶,殿内面积达 2377 平方米,从建筑形制到建筑规模,在古代建筑中首屈一指。乾清宫和坤宁宫也处于中轴线上,采用的也是重檐庑殿顶。按礼制,后寝比前朝要低一等级,所以这里的台基只有一层。位于中轴线上从南到北的四个门,午门、太和门、乾清门、神武门也各不相同。午门是整个宫城的大门,神武门是宫城的后门,屋顶采用的都是最高级样式的重檐庑殿顶,然而神武门的大殿只有五开间加周围廊。没有左右向前伸展的两翼。所以在形制上比九开间的午门低。太和门和乾清门在形制上更低。太和门采用的是重檐歇山式屋顶,比重檐庑殿顶低一级;而乾清门只能采用单檐歇山式屋顶。此外各门、各殿的面阔大小、台基高低甚至于铜狮子的形态在礼制上都有严格的规定。

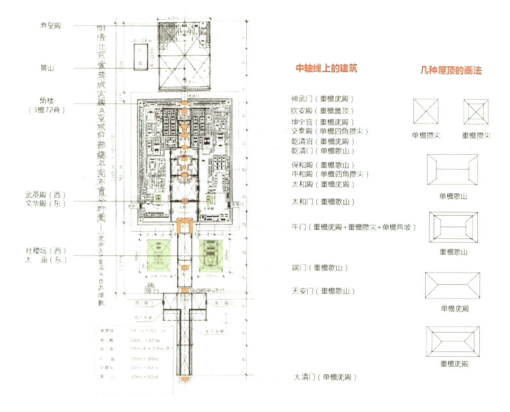

▲ 明清北京紫禁城宫殿及皇城前部总平面布置分析图

4. 建筑中的哲学思想

"天人合一"是中国古代最突出的哲学思想,认为天道和人道是一致的,自然和人际是相通的。对于中国传统文化而言,人就是自然,人和自然本身就是一体的,从而把这种人工文化看作人的有机延伸,又将自然看作是建筑的文化母体。故宫背倚景山,南面环水,东西南北四周散布日月天地坛。日月天地坛根据"乾南坤北,日升月降"这一思想而命名。兴建故宫时,为了造成背山面水的吉利环境,用挖掘护城河的泥土在宫城的北面堆筑了一座景山,又从护城河中引出水流,自故宫的西北角流入宫中,并让它从几座重要的建筑前面流经。由上可以看出,故宫这一世界八大奇迹之一体现了中国古人思想中与自然和谐共生的愿望。这种愿望"既不是以世界为有限的圆满为现实而崇拜模仿,又不是向无尽的世界做无尽的追求,烦闷苦恼、彷徨不安。它所表现的精神是一种'深沉静默地与这无限的自然、无限的太空浑然融化,体合为一'。它所启示的境界是静的,因为顺着自然法则运行的宇宙是虽动而静的,与自然精神合一的人生也是虽动而静的。"中国古代的建筑包含了深沉的宇宙观,我们在欣赏古典建筑时,可以感到古人对大自然和人生的理解是高深而微妙的。

故宫是我国传统文化中最有代表性的象征物之一,其中包含了几千年中国的器用典章、国家制度、意识形态、科学技术等积累的结晶,在研究故宫建筑的同时,我们能很好地了解我们民族的精神、我们民族的灵魂——中国传统文化。五千年的文化积淀是我们民族的瑰宝,是难以被取代的。我们现在要加强对文化遗产的保护、对传统文化的传承,取其中的精华,让它能永远地保存下去。

(二) 礼仪之美

礼仪是人类为维系社会正常生活而要求人们共同遵守的最起码的道德规范,它在人们长期共同生活和相互交往中逐渐形成,并且以风俗、习惯等方式固定下来。对一个人来说,礼仪是一个人的思想道德水平、文化修养、交际能力的外在表现;对一个社会来说,礼仪是一个国家社会文明程度、道德风尚和生活习惯的反映。

中国素有"礼仪之邦"之称,"礼"在传统社会中无时不在,出行有礼、坐卧有礼、宴饮有礼、婚丧有礼、寿诞有礼、祭祀有礼、征战有礼,等等。这里的"礼"包含了礼制精神原则与礼仪行为两大部分,现代文明社会的"礼"很多都是从传统社会中传承发展而来。

1. 行走之礼

在行走过程中同样注意人际关系的处理,因此有行走的礼节。如趋礼,地位低的人在地位高的人面前走过时,一定要低头弯腰,以小步快走的方式对尊者表示礼敬。传统行走礼仪中,走路不可走在路中间,应该靠边行走;站立同样也不可站在门中间。这样既表示对尊者的礼敬,又可避让行人。

2. 见面之礼

人们日常见面既要态度热情,也要彬彬有礼。在生活中与不同身份的人相见,都有一定的规矩。

拱手礼:用于一般性的打招呼。行礼时,双腿站直,上身直立或微俯,左手在前、右手握拳在后,双手合抱于胸前,有节奏地晃动两三下,并微笑着说出自己的问候。

揖让之礼:如果到人家做客,在进门与落座时,主客相互客气地行礼谦让,这时

▲ 拱手礼

行的是揖让之礼。向人致谢、祝贺、道歉及托人办事，及身份高的人对身份低人的回礼等也常行揖让之礼。行揖让之礼应两手抱拳，拱起再按下去，同时低头，上身略向前屈。

▲ 揖让之礼

3. 入座之礼

传统社会礼仪秩序井然，坐席亦有主次尊卑之分，尊者上坐，卑者末坐。坐错席位，视为失礼行为。室内座次以东向为尊，即贵客坐西席上，主人一般在东席上作陪。年长者可安排在南向的位置，即北席。陪酒的晚辈一般在北向的位置，即南席。入座的规矩为饮食时人体尽量靠近食案，非饮食时，身体尽量靠后，所谓"虚坐尽后"。有贵客光临，应该立刻起身致意。

4. 宴饮礼仪

宴饮礼仪在中国社会中占有极重要的位置，先秦时期，人们以"以飨燕之礼亲四

▲ 入座之礼

方宾客",现代聚餐会饮也常常是一幕幕礼仪话剧。迎宾的宴饮称为"接风""洗尘",送客的宴席称为"饯行"。宴饮礼仪中无论迎送都离不开酒品,"无酒不成礼仪"。宴席上饮酒有许多礼节,客人需待主人举杯劝饮之后,方可饮用,"与人同饮,莫先起觞"。客人如果要表达对主人盛情款待的谢意,也可在宴饮的中间举杯向主人敬酒。在进食过程中,同样有主人先执筷劝食,客人方可动筷的礼节。"与人共食,慎莫先尝"。古代还有一些进食规则,如"当食不叹""共食不饱、共饭不泽手""毋投骨于狗"等,主客相互敬重,营造和谐进食、文明进食的良好氛围。

中国人的礼制精神是亲亲爱人,礼仪原则是自卑尊人。在与人交往时要放低姿态,谦恭待人、尊重他人,以赢得他人的尊重。敬人如果没有发自内心的恭敬,礼节就成为虚套。

(三)器物之美——青铜鼎

众所周知,古希腊、古罗马等国是通过清算氏族制、瓦解原始公社、发展家庭私有制等途径进入文明社会,中国则是在保持和加强公社组织形式的条件下,以血缘关系为纽带,保留了氏族制的脐带并将其发展为宗法制度,从而进入文明社会的。这种宗法制度是以原始时代的父系家长制为核心、血缘组织作基础演变而成的,用以维护贵族统治的一种制度。应该说在中国奴隶社会,特别在其初期,宗法制度曾起过一定的积极作用,而与宗法制度相匹配的青铜礼器则是这种制度的物化形式。每一件青铜礼器,不论是鼎还是其他器物,都是象征着贵族地位的徽章与道具。

1. 鼎文化的重要地位

鼎是中华文化的重要标志,既可作为文明的见证,也可作为文化的载体。被视为传国重器、国家和权力的象征,"鼎"字也被赋予"显赫""尊贵""盛大"等引申意义,如一言九鼎、大名鼎鼎、鼎盛时期、鼎力相助,等等。鼎作为一种重要礼器,象征着团结、统一和权威,是代表和平、发展、昌盛的祥物。为庆贺联合国50华诞,中国向联合国赠送了一尊青铜巨鼎——世纪宝鼎;西藏和平解放50周年庆典之际,中央政府向西藏自治区赠送了"民族团结宝鼎"。"民族团结宝鼎"矗立于拉萨人民会堂广场,象征民族团结和西藏各项事业鼎盛发展。种种举动意义深远,文化内涵丰厚。

▲ 世纪宝鼎

▲ 民族团结宝鼎

2. 鼎的构造形态

一般来说鼎从构造上可以分为三足圆鼎和四足方鼎两大类。鼎足一般有锥足、扁足、柱足和鸟兽足,使鼎看上去沉稳结实,威严庄重。圆鼎本身的造型就体现出了"圆满"的象征,底部的三足一般由兽蹄形演化而来,即鸟兽足。方鼎的造型受当时天圆地方的观念影响,象征着"四方大地",表现出帝王君权不可动摇的气势。所以方鼎多为贵族使用。作为和权力挂钩的青铜器,鼎的使用在古代是有明确划分的。相传在周朝,还因此产生了一种叫做列鼎的鼎——这种鼎大小分明,使用也有特别规定,不同的数目代表了不同的身份等级:"天子九鼎,诸侯七鼎,卿大夫五鼎,元士三鼎"。同时又有一套公侯七鼎、伯五燕、子男三燕或一鼎的制度,这样两套严格对应的用鼎创度,显示贵族等级的森严。随着这种等级、身份、地位标志的逐渐演化,鼎逐渐成为了王权的象征、国家的重宝,统治者往往以举国之力,来铸造大鼎。

▲ 三足圆鼎

▲ 方鼎

3. 鼎文化的历史渊源

鼎作为我国文化的载体,有着丰富的文化内涵,它见证了我国文明的发展。根据禹铸九鼎的传说可以推想,我国远在4000多年前就有了青铜的冶炼和铸造技术,从地下发掘的商代大铜鼎,确凿证明商代时我国已进入高度发达的青铜时代。中国国家博物馆收藏的后母戊鼎(又称"司母戊"大方鼎)就是商代晚期的青铜鼎,长方、四足,高133厘米,重832.84千克,是现存最大的商代青铜器。鼎腹内有"司母戊"三字,是商王为祭祀他的母亲而铸造的,其四周铸造有精美的饕餮纹和平盘龙纹。饕餮是古代人民想象出来的一种具有神秘色彩的神兽,饕餮纹则是由眼、角、耳所构成的纹饰。盘龙纹将动物的角、爪,人的眼、耳和龙三者巧妙的融合,寓意为国家的统一,人与自然界的万物和谐、融洽。眼可以表示为关注天下苍生的疾苦,黎明百姓的哀乐;耳则可表示为听取百姓的声音,君王圣明,纹样整体表现出一种神秘、庄重、威严的气势,具有警示、趋吉避害的作用。所以鼎作为国家政权的标志,不仅象征着统一与和平,也象征着百姓安居,国家昌盛,是古代吉祥之物。

▲ 后母戊鼎

▲ 鼎纹

鼎作为礼器使用,源于夏禹铸九鼎。根据传说,大禹建立夏朝之后,用来自各方国家进贡的金属原料铸九鼎,用以象征九州。鼎是记录功绩的礼器,周代的国君或王公大臣在重大庆典或接受赏赐时都要铸鼎,用来旌表功绩。国家强大繁荣的盛况,也包括当时的典章制度和册封、祭祀、征伐等史实,这些都通过鼎上的铭文传达给后世,鼎也因此更加身价不凡,成为比其他青铜器更为重要的历史文物。铭文又称金文、钟鼎文,它是远古历史最早、最完备、最有说服力的记述,是最具魅力的符号语言。目前最长的铭文是西周晚期的毛公鼎,铭文共500字左右。从内容上看,周王借助于铭文宣传其善德天命、文治武功以及对臣下的恩宠和封赏。

4. 鼎的发展时期

夏代至商代早期:这个时期的青铜器因为铜的炼制技术有限,且材料稀缺,青铜爵作为一种常见的饮酒器,流行于夏商时期。迄今为止,我国发现最早的青铜爵——乳钉纹平底爵,现藏于洛阳博物馆,其形制细腰、长流、尖尾,平底,三棱足。青铜爵是最具代表性的酒礼器,可以说是中国酒文化的代表。尤其是在商代,它是最典型、最常见和最基本的酒礼器,考古学家邹衡曾指出,在商代礼仪制度中,以酒器觚、爵的数目来区分贵族的身份。《礼记·王制》中说:"王者之制禄爵,公、侯、伯、子、男,凡五等。"

▲ 毛公鼎

▲ 乳钉纹平底爵

商代中期至西周前期:这是一个非常重视礼仪和文化传承的时期,而这个时期的青铜工艺也发展得很快,铸造工艺越加复杂,纹饰也丰富多样。青铜器大多以造型规整,纹饰华丽的形象示人,作为礼器,鼎上的纹饰多为兽面纹、夔龙纹、鸟兽纹、鱼水纹、云雷纹、火烧纹,等等,其中兽面纹多为传说中的神兽,如饕餮、夔龙、虬等,这些神兽都由自然界中鸟兽演化而来,这些纹饰在增加了鼎庄严厚重的气势的同时,体现了政治的权威以及自然和神的威慑力,是皇权和神权相结合的象征。现在大家所熟悉的后母戊鼎、兽面纹方鼎、克鼎和子龙鼎都出自此时。

▲ 鼎上的纹饰

西周后期至春秋时期:这个时期的青铜工艺已非常熟练,其代表作为莲鹤方壶。在通高约 125 厘米、重约 64.3 公斤的器身上下,装饰了各种纹样以及附加的配件,设计极其复杂。最上面的壶盖由 10 组双层并列的青铜莲花瓣构成,每一片莲瓣还是镂空的形式;壶身上的纹饰制作为浅浮雕工艺,并且还装饰了阴线镂刻的龙、凤、虎等纹饰。在莲鹤方壶的整个装饰工艺中,采用了圆雕、浅浮雕、细刻、焊接等多种技法。莲鹤方壶精湛的工艺,既反映了春秋大变革时期的时代风貌,又展现了春秋时期郑国工业科技水平,特别是青铜器铸造水平在当时独领风骚。这时候的古人已经能够熟练地掌握和青铜器有关的失蜡法、分铸法以及错金银技术,所以这个时候的青铜器也都变得更为精致、繁复,造型也不再受到诸多限制。

然而,当青铜器物只能作为表现高度工艺技术水平的艺术作品时,实际上便已到了它的终结之处。秦始皇"收天下之兵,聚之咸阳,销锋镝,铸以为金人十二"表明中国青铜时代的结束。现今的鼎的王权象征意义已经消失,但是随着佛教在中国的盛行,鼎逐渐延续下来。现在的鼎放置在寺庙里,不仅仅是装饰物,也作为焚香的容器。鼎在记载盛况这一礼俗上仍然沿袭。尽管以后仍有青铜器的铸造(如铜镜、带钩等),但它不再是一切器皿的主角了。青铜器的铸造、组合、纹饰、铭文及使用制度,已失去商周宗法制度精神的载体作用,成为一种新的艺术风尚和时代精神的体现。

▲ 莲鹤方壶

自从发现了青铜材质,人类文化从原始社会跃入了一个新的文明阶段,青铜遂成为一个时代鲜明的标志。五千年的中华文明史,有一半是由煜煜生辉的青铜器铸造出来的。反观世界,各文明古国都经历过青铜时代,唯有古代中国赋予青铜器以重要的社会意义、深厚的精神内涵,以及高度完美的艺术形式。中国古代青铜艺术的成就,主要体现在夏、商、周三个朝代,前后延续了2000多年。近代以来,青铜器的大量出土,使长久处于朦胧的中国古代史面貌逐渐清晰起来。

(四)文化之美——儒家文化

儒家文化最初的美是从味觉而来,由"味"引起的美感,是以感觉为基础,其依据为《说文解字》中的"美,甘也,从羊从大"。后来徐铉的注解"羊大则美"符合"美"是肥羊肉的甘味所引起人们的生理感受这一原初本意,这种美感不仅使人最本能的自然欲求得到满足,还能够引起人们强烈的生命感知和生命意识。逐渐地,人们还发现"味"具有超功利的特性,"味"不仅可以用来把握形而下的具体物质世界,还可以用来把握形而上的世界的本质和规律,这预示了"味"范畴的美将向着更纯粹的精神领域衍化,这是从感官到意识再到心理体验的升华。

1. 儒家文化中的美学思想

孔子是中华传统文化的集大成者、历史文化巨人。他兴办私学、传承古学、开创

▲ 孔子像

儒学,对中华文化的发展做出了巨大的贡献。其著作《论语》也成为儒家文化的经典之作。《论语》一书以语录和对话文体的形式记录了孔子和他的弟子的言行,集中反映了孔子的政治主张、伦理思想、道德观念及教育原则。《论语》的语言简洁精练、含义深刻,其中有许多言论至今仍被世人视为真理。儒家创始人孔子的政治思想核心是"仁""礼"。他所开创的儒家学说,不仅成为中国历代王朝的思想支柱,而且对广大平民的思想与生活也产生了极深的影响。"四海之内皆兄弟"的理想社会是伦理的社会,是爱的社会,也是美的社会。在以"仁"为基础的美学思想里,诗与艺术归根到底都是为社会政治服务的,美的艺术必须以礼义为法度,如果违背了社会道德,则会被归为批判和排斥之列。

(1) 仁。

仁爱之道是中华民族的传统思想,这一点同样在儒家文化中有所记载。《论语》中的"里仁篇"等则对这一观点作出了全面的诠释,如"里仁为美,择不处仁,焉得知",用现代人的话来说就是,跟着有仁德的人住在一起,才有好的收获。简单来说,仁爱并不是一个人的状态、一个人自身的内涵,而是一定有有仁德的人在你的身边;这种仁爱并不是孤立的,它是存在于人与人、人与社会的关系之中的。"仁"不仅仅是一种态度,同时也是人们内在道德品质的一种升华。子曰:"唯仁者能好人,能恶人。"这句话的意思是:孔子说,只有仁者,才能真正地喜好人和真正地厌恶人。由此我们可以看到,人的内在美在很大程度上决定了一个人为人处世的态度。

(2) 礼。

孔子以"克己复礼"为己任,他所要"复"的"礼"即为周礼。子曰:"周监于二代,郁郁乎文哉!吾从周。"从表面上看,孔子的"礼"是要求人们以周礼为其行为准则,但实际上,孔子的"礼"绝不是一成不变的周礼的"礼",孔子的"礼"是与"仁"紧密结合的,礼重在制度,礼以仁为内容,仁以礼为形式,礼是仁的外在化、物态化、形式化。仁为体、礼为用,二者不分割。孔子追求"仁",重视"礼",注意言语行为的表现形式,让生活中充满美。通过礼,中国古代圣贤表达以人为本的人文主义思想,尊重人的价值,维护人的尊严,培养人的情操,发挥人的潜能,去实现自我,去成就"人",从而奉献社会,实现天人合一。礼的出现,就是为了规范人的行为,维护社会的秩序。礼是精神特性的表现,是求真向善的努力,是美的生活。

孔子虽然离去了两千多年,但他创立的学说作为中国文化的主流,仍然对中国乃至世界其他国家的文化都产生了极为深远的影响。祭孔是华夏民族为了尊崇与怀念至圣先师孔子而在孔庙举行的隆重祀典,两千多年来从未间断。如今,孔子学院遍布世界各地,致力于满足世界各国(地区)人民对汉语学习的需要,增进世界各国（地区）人民对中国语言文化的了解，加强中国与世界各国（地区）教育文化交流合作，发展中国与外国的友好关系，弘扬儒家文化，促进世界多元文化发展，构建和谐世界。

2. 儒家文化美学思想的具体运用

当前，我国社会经济生活的绝大部分文化现象都是受儒家文化思想影响而产生的，建筑景观设计就是展现这些文化现象的典型代表。随着社会经济的快速发展，我国的经济发展模式开始向资源节约型、环境友好型方向转变，建筑景观设计领域也开始追求环境的融合与自然的和谐，这与儒家"天人合一"的文化思想不谋而合。

（1）中和。

贝聿铭设计的苏州博物馆新馆，借鉴了苏州民居粉墙黛瓦的基本元素。苏州博物馆新馆在色彩上做到了统一；在材料上没有使用传统的灰瓦，而是选用了一种叫做"中国黑"的花岗岩，淋湿后色彩由黑灰色变为黑色，与粉墙形成了鲜明的对比，充满了江南雨后的清新感；结构上以传统木质形态包裹现代钢结构，既解决了稳定性问题又协调美观。在房顶采光上既采用了传统建筑房顶的纵横交错的斜坡特征，又避开了传统采光的不足，采用现代玻璃结构，整体上不仅简约，而且也做到了"不高，不大，不突出"，和谐又不失其特征，这些恰恰是儒家美学中所说的"中和"，和而不流，适度不过。"中和"思想不仅仅体现在建筑中，也表现在古代器物的设计上。古代器物在形态、结构、色彩等方面都有严格的要求，强调整体造型的和谐、结构的适度夸张、形态特征的四平八稳。例如，明式家具的质朴自然、榫卯结构的恰到好处、椅背与人体弧度的协调统一。中华民族传统的艺术特色正广泛运用于当今的室内家具设计作品中。

▲ 苏州博物馆新馆

（2）美善。

"美善相合"在设计艺术中的表现主要体现在设计对象对人的内在修养和品德性情的陶冶作用。设计艺术既满足美的要求，又满足思想的要求，这种关系在美学表现上是"虚"与"实"的关系。艺术家创造的形象是"实",引起我们想象的是"虚",由形象产生的意象境界就是虚实的结合。中国古典园林的设计都服从于创造艺术意境的要求,例如月影、花影、树影……种种虚景在构成园林意境中发挥着重要的作用。在自然景物的欣赏中寄托自己的情怀,从它们与人类精神的关联之中去寻求美的意义。亭台楼阁的审美价值都是为了"望",都是为了得到和丰富对于空间的美的感受。游人可以既欣赏亭台楼阁,又眺望远处的湖光山色,随着境界层层深入,实现了"大中见小,小中见大,虚中有实,实中有虚"的特点。

▲ 中国古典园林

（3）天人。

中国自古就注重事物间的联系,视天地万物为由某种特定机制互相联结而成的统一整体,例如将建筑与自然山水的美汇合起来,使人间的环境与自然界有更进一步的联系,从而追求人为场所的自然化,尽可能与自然合为一体,形成更为自由、更为开阔的整体的美。如果将对审美主体的关注进一步深入人的整个生命进程中,就会发现中国传统设计艺术审美是把人的生命过程看作与天地本体和社会本体融合的过程,在这里,设计艺术、生命、社会、宇宙是统一的,宇宙—自然—社会—设计艺术是不可分割的共同体,或者说是某种事物在不同领域的表现,这也是中国传统哲学"整体性思维"的体现。

美之赏析

从中国文化对生活细节的渗透入手,从中国的传说以及中国传统的诗画入手,对中国文化中真善美体现的巨大能量做出了独特的阐述。

中国人所说的真,不是事物表面呈现出来的真,也不是西方那种"真性情,真血性",而是指在真实的背后,对真实起到重要作用的更高的存在。中国人是懂得、承认并且认识这个背后的存在的,所以就有"认真"和"较真"这一说。从真的字形里,

▲ 中国文化的真善美

可以看出这是一棵从根基里长出来的树,"真"在这里的意思,既是一种梦想,又是一种结果;既是一种可能,又是一种现实。求真的理念使中国人对一切虚情假意表示出愤恨。认真而不认假,信实而不信空。

与美和真一样,在中国人眼里,善也是一种标准,它指的是一种通过高情感凝结而成的高度和谐。"和谐"这个词和"秩序"不同,它的基础是美学而不是法律,是自愿而不是强迫,是个人意志加入善的海洋而不是群体意志对于个人自由的限制。

 美之感悟

中国传统文化源远流长,博大精深。不管是浩如烟海,举世无双的文化经典;还是瑰丽无比,独具特点的民族艺术;或者是名流千古,光芒四射的各代名人。中国传统文化,以她博大的胸怀,孕育着万事万物;以她崇高的精神,顶起了世间百态;以她最顽强的生命力,冲破岁月的流逝;以她永远不朽的生机和活力,焕发着青春、震撼着世界。

"爱众"之心,感悟教育"大爱"。轻轻地翻开《弟子规》的第一页,《弟子规》总序就展现在我的眼前:"泛爱众,而亲仁。有余力,则学文"。意为:和大众相处时,要平等、博爱。如果有多余的时间和精力,就应该去学习有用的学问。

"孝方贤",感悟父母"大爱"。"亲爱我,孝何难;亲憎我,孝方贤"。意为:父母亲喜欢我,要孝顺一点都不难;父母亲不喜欢我,我仍然孝顺那才是真贤能。

"余力学文"感悟国学"大爱"。"教也者,上所施,下所效也"。

 思考讨论

1. 举例说明中国传统文化美的主要表现。
2. 比较中西方文化美的区别和联系。

第六章　美之赏析：艺术之美

 美育目标

理解艺术的产生、发展、特征和类型等基本概念；理解人与艺术的关系；理解艺术品、艺术创作的特征及功能；了解东西方艺术中不同的文化传承。

 美之印象

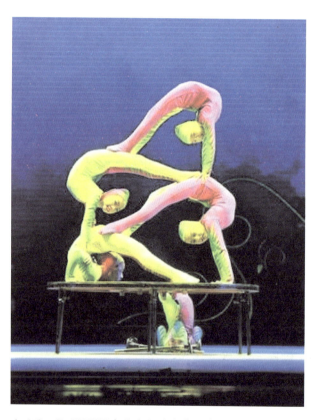

▲《风·炫 SHOW》杂技专场演出带你感受视觉震撼

2017年6月11日晚，银川市艺术剧院杂技团《风·炫 SHOW》专场演出在阿拉善金色胡杨音乐厅精彩上演。

第一节 艺术美及其本质

一、什么是艺术美

本节将从以下几个方面来论述艺术美。什么是艺术？它是如何产生的？美从何而来？艺术美要如何感知？在人类历史进程中，无数哲人追寻它们的解答，提出了自己的观点和意见，答案至今尚无唯一定论，但存在基本共识。

1. 艺术是如何产生的？

一般而言，除了以艺术为生的艺术工作者群体外，艺术并不是人们日常生活的必需品。但如果艺术真的不是必需品，那为什么在人类文明中，还保留着无数灿烂辉煌的艺术作品？为什么一些艺术品甚至被奉为"国宝"？为什么有人愿意用生命去守护艺术？从整个人类历史的发展进程中看，艺术一直都伴随着不同文明、不同文化而存在，并且被赋予了不同的内涵。不同文化背景的人都会有一个基本共识，那就是艺术即使不是生存必需品，也是不可或缺的人类文明组成部分。

英文中"Art"一词源于拉丁文"Ars"，而此词又可追溯到希腊文中的"Techne"，也就是如今英文中"Technique（技艺）"的近形词源。在现代汉语中，当我们看到"艺术"这个词时，通常会直接联想到绘画、音乐和文学等艺术形式，而如果从词源考察"艺术"一词，就会发现最初古代汉语中的"艺"和"术"并没有这样的含义。"艺"的最初含义是种植，繁体字写作"藝"，其构字为上中下三个部分。在三千年前的商代甲骨文中，"艺"字初型中并没有上边的草字头和下边的"云"字，只有中间的"埶"，其象形含义为一人手执植物栽种，即种植、培植之意。

▲ "艺"字的甲骨文与金文

现代汉语中的"园艺"一词仍然保留了这种含义。种植是人对植物自然生长的主动干预，是人类有意识的劳动行为。"艺"字带有一定的文化特性。中国古代将礼、乐、射、御、书、数合称为"六艺"，之后汉语又发展出"艺事"一词表示技艺。"术"

字的含义中包括了人为实现自身目的而采用的创造性的手段和工具的活动。后来"艺""术"连缀成词"艺术"或"术艺",泛指各类技术、技能,也指学术道艺。区别在于"艺"指"书、射、御","术"指"医、方(方术)、卜、筮"。可见,不论汉语还是外语,"艺术"最早的含义中都包括了技术与技能的概念,这无不反映出艺术与人类劳动的密切联系。

人类在与自然不断斗争与适应的漫长进化中,不仅学会了使用现成的自然工具(如石头、木棍等),而且还学会了如何制造工具(如石器的打制、弓箭的制造、人工取火等)。当人类发明了农业和畜牧业时,就获得了更大的生存自由。早在文字诞生以前,人类就知道用兽皮,动物的牙齿,牛、羊的角,禽鸟的羽毛来装饰自己,在陶器上刻制各种图案、花纹,在岩壁上雕刻各种绘画;在世界各地的史前文明遗迹中,还留存着至今都令我们为之震撼的图形、线条、色彩及器物;人类在生产劳动之余还创造了歌唱与舞蹈……这一切类似"艺术"的行为完全是人类自由的意志表达,是人类独有的生产和创造活动。

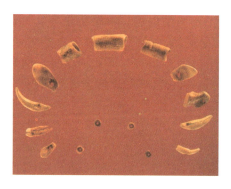

▲ 山顶洞人时期的兽骨饰品

▲ 仰韶文化时期的鱼鸟纹彩陶壶

▲ 大汶口文化时期的花瓣纹彩陶壶

西方对艺术的理解与解释,从 18 世纪开始便加入了美学的概念,以"美的艺术"取代用"技艺"定义艺术的旧概念,重新定义了艺术概念。新的概念认为唯有美术

（即美的艺术）才是真正的艺术，而工艺与科学则为非艺术。新的概念影响甚广，直到今天，当我们谈及艺术时，也更习惯于将其理解为绘画、雕塑、诗歌、音乐、舞蹈等所谓的"纯艺术"。但是，如果我们追问建筑是不是艺术、设计是不是艺术、传统工艺是不是艺术、影视创作是不是艺术等问题的时候，就会发现，执着于用艺术门类的划分来定义什么是艺术什么不是艺术，是有局限性的。

时至今日，艺术的观念更加多样，创作形式也更加纷繁复杂，其与非艺术的边界也日益模糊。有些新的艺术门类在出现，有些艺术则在消亡，人们对于艺术的理解与解读，随着时代、观念的变化一直处于动态的变化中。复杂而多元的艺术现象始终存在，为便于理解，在约定俗成的观念下可以将艺术概括性地分为"纯艺术"与"实用艺术"，其划分的依据主要在于创作者进行创作时的目的是纯粹的、非功利的审美表达，还是基于某些实用性目的进行的艺术化创造实践。基于此，我们可以把绘画（国画、油画、版画等）、雕塑、音乐（器乐、声乐）、舞蹈（艺术舞蹈）、艺术摄影、文学（小说、诗歌）、艺术影视等归为"纯艺术"，其他的艺术形式、艺术类型归为"实用艺术"，大量的实用艺术已经渗透在我们的日常生活中，随处可见。

以马克思对于艺术的理解来认知艺术更容易探求到艺术的本质属性。"艺术作为掌握世界的独特方式"是马克思关于艺术的论述中对艺术本质的一个重要的判断。马克思将艺术、理论、宗教和实践列为四种掌握世界的不同方式。不同于其他三种掌握世界的方式，艺术的掌握是凭借情感、形象、形式和直观，而非依靠概念和逻辑。艺术是一种掌握世界的特殊方式，这一论断是马克思对艺术在人类世界中存在的意义的准确概括。马克思从人的本质和价值的基础上思考艺术和美的关系，他认为人不像动物那样完全依靠本能来生存，人还可以进行"自由自觉"的活动，因为人是"有意识的存在物"，而审美与艺术活动正是人的自由自觉的生命活动的最集中体现。马克思在《1844年经济学哲学手稿》中指出："宗教、家庭、国家、法、道德、科学、艺术等等，都不过是生产的一种特殊方式，并且受生产的普遍规律的支配。"他明确提出了艺术是人类精神生产的形式之一，这一思想立足于唯物史观，帮助我们正确理解艺术的产生，并进一步让我们认识到艺术的发展规律。

2. 如何理解艺术美

了解了艺术的基本意义后，再理解一下"美"这个汉字，将更有助于我们理解艺术美。日常生活中我们也经常会使用"美"这个字，比如"美食""美梦""美满""心灵美"等等。在现代汉语的语义中，"美"包含了常见的七重语义：一指美好的事物，如美酒、美丽的花、美的乐声等等；二指愉悦、陶醉的感觉，指人的感觉，自身的一种状态；三指良好，与坏相对，用于对人和事物的评价，有赞美之意；四指完美，与欠缺相对，指自身充足、完美无缺的状态；五指善良，与邪恶相对，主要指美德，形容人的品德与人格；六指艺术，艺术之美是艺术家创造的艺术品的美，不同于日常之物；七指审美，不同于认识和道德，是不涉及功利的愉快的活动。由此可见，在汉语中，艺术与美在一定程度上是相通的，艺术作品是具有美感的，艺术创作是美的创造，艺术欣赏是审美行为。

审美意义上的美存在于自然、社会与人类生活的各个领域中,其典型形态表现在艺术领域。我们通常说的艺术美,就是艺术作品呈现出来的美,这种美是人们审美意识最集中、最充分的体现。艺术美对于培养人们对美的感受、欣赏和领悟能力,都起到极为重要的作用。艺术美与自然美、社会美、人生美是密切关联的,因为艺术美是从自然美与人生美中升华而来,它是艺术家对自然美与人生美的加工,也是对人们心灵美、情感美的加工。艺术美不仅是对自然美、社会美和人生美的凝炼与概括,同时也是对它们正确的审美评价。

人们可以通过以艺术为对象的审美行为来理解艺术美,这种审美行为既包括艺术创作,又包括艺术鉴赏。马克思曾提出:"艺术对象创造出懂得艺术和具有审美能力的大众——任何其他产品也都是这样。因此,生产不仅为主体生产对象,而且也为对象生产主体。"艺术之所以能培养出欣赏美的大众,正是由于艺术本身具有美的属性。

二、艺术美的本质

理解艺术美的本质,可以从艺术美的来源以及如何进行艺术审美两方面着手。如前文所述,"艺术"一词本义指技能、技艺,最初并未特别强调与"美"的关联,但随着美学(感性学)研究在西方哲学界的兴起,关于艺术与美的思考越来越受到重视。在艺术的概念进入了"美的艺术时代"后,艺术美也成为主要的审美内容和美学研究内容。随着时代的发展,人们对于艺术的理解更加多维,艺术的范畴、艺术与非艺术的界限也逐渐模糊。不可否认,艺术作为人类独有的认知世界与理解自身的一种方式,既具有美的典型形态,又寄托着丰富的情感。

人类自出现以来,一直通过与外界的接触来感受自然现象、感受具体空间、感受生存环境与条件。在漫长的进化和发展中,人类也对人与自然、人与人、人与社会中的各种关系作出或美或丑、或庄重或谐趣、或多情或漠然等各种各样的感性评价。这些对人类生命活动有意义的感性经验和其具象化的表达,凝结在了一件件艺术作品中,成为了人类发现美、创造美的见证。基于此,我们将从以下几个方面来探讨艺术美的本质。

1. 艺术美是美感的典型表现

所谓"美感",从字面上可以理解为对"美"的感觉、感知、感受,具有身体性和心灵性,还包含着自然性与文化性。美感也称审美感觉,是区别于一般感觉的特殊感觉。人类通过一般感觉与审美感觉来感受和认知世界,并对外界作出反应。而一般感觉又包括日常感觉、认知感觉、道德感觉,日常感觉来自于我们日复一日的普通生活,具有平常性、同质化、单一性;认知感觉、道德感觉和审美感觉则与人类自身的认知能力、意志能力及情感能力一一对应,也与真、善、美的品格相对应。历代的思想家通过研究不同的感觉逐渐形成了逻辑学、伦理学、美学(感性学)。这些感觉在人类精神和心理活动中,是会相互渗透和影响的,事实上艺术作品在表达美的同时,也会反映日常生活中的真与善。但首先,艺术作品表达的仍然是美感。

一般而言,美感可以从以下几个角度去理解。

(1) 最宽泛、最通俗的理解。

美感就是一种美好而让人愉悦的感觉,是欣赏美的结果。

(2) 从心理学意义理解美感。

狭义上是指对美的感知或情感,广义上是指审美心理结构。除了对美的感觉,还包括知觉、想象、理解、意志等要素。

(3) 从哲学认识论理解美感。

美感蕴含对审美对象的真理性认识。美感的感性认识真实、清晰而又明确,是长期审美活动基础上形成的审美意识、审美理想、审美文化。

在研究美学的诸多流派和不同的美学理论的讨论中,美与美感的关系也不尽相同。比较有代表性的观点有以下几个。

(1) 唯物主义美学观。

美感是物质性的,因为世界是物质的世界,人是物质的人。物质世界是美感的来源,人的生理特征决定了美感是对物质性的美的感觉和反映。

(2) 唯心主义美学观。

美感的本源是精神性的,美与美感都来源于精神世界,美感的根本不在于引起美感的对象,而是美感自身。

(3) 马克思主义美学观。

物质性的实践活动是世界的开端,也是美感和美的共同根源。实践是人类改造自然的同时改造自身的客观历史进程,在此基础上,美与美感共同生成。人在实践中,完成自然的人化,也使自身的身体感官成为人性的身体感官,从而感觉到美。

综上所述,艺术美通过承载美感的典型对象——艺术作品表现出来,而美感也是艺术美的本质内容,缺乏美感也就不能称其为艺术。

2. 艺术美的创作源泉来自生活

艺术美是生活的能动反映,是艺术家创造性劳动的产物,比生活更集中、更具有典型性。马克思在其"艺术生产论"中表达了这样的观点:人类的艺术创作与实践劳动密不可分,是一种立足于现实的"精神生产"。可以说,艺术创作是生产的一种特殊形态,艺术之美也必然会反映在人类生活的方方面面。

赏析案例:

《货郎图》——南宋画家李嵩创作的团扇绢本水墨淡设色画,该作品表现了南宋时钱塘一带的风土人情。画家以细腻雅致的线条,传神地勾勒出朴实的劳动人民的形象,展示出南宋时期百姓的精神风貌和生活细节,在中国古代美术发展史上有着重要的意义。

《拾穗者》——19世纪法国杰出现实主义画家让·弗朗索瓦·米勒(Jean-Francois Millet)于1857年创作的一幅布面油画,米勒的作品以描绘农民的劳动和生活为主,具有浓郁的农村生活气息。《拾穗者》是米勒最著名的画作之一。作品描绘

▲《货郎图》（南宋　李嵩）

了三名农妇在一片金黄色的麦田中捡拾收割过后的麦穗的场景，看似平实的画面中却充满了画家对劳苦大众的深厚感情以及对劳动人民的尊重。

▲《拾穗者》（法　米勒）

敦煌石窟壁画——敦煌石窟壁画是珍贵的历史文化遗产，留有十六国、北魏、西魏、北周等十个朝代的洞窟壁画，其容量和内容之丰富，是当今世界上任何宗教石窟、寺院或宫殿都不能媲美的。敦煌石窟壁画通常以佛教题材为主，画作多宏大富丽庄严，但历代画师也绘制了非常丰富的生活图景，内容丰富有趣，线条灵动，设色生动。

俄国19世纪革命民主主义者尼古拉·加夫里诺维奇·车尔尼雪夫斯基在《艺术与现实的审美关系》一书中提出了"美是生活"的观点。他认为美不是主观自生的，美存在于现实中。"美是生活"这一观点的重要性在于它将美学建立在了唯物主义哲学的理论基础上。车尔尼雪夫斯基对"美是生活"这一命题作了详尽的阐述："任何事物，我们在那里面看得见依照我们的理解应当如此的生活，那就是美的；任何东

• 第六章 美之赏析：艺术之美 •

▲ 耕获图（敦煌榆林窟第 25 窟）

▲ 老人入墓图（敦煌榆林窟 25 窟）

▲ 婚嫁图（敦煌榆林窟 25 窟）

西，凡是显示出生活或使我们想起生活的，那就是美的。"尽管他的论述存在一定的认知与历史局限性，但却阐释了艺术美的源头与人们日常生活的密切关联，对理解艺术美的本质具有一定的参考意义。

"人民生活是一切文学艺术的取之不尽、用之不竭的唯一的源泉……一切革命的文学家艺术家只有联系群众，表现群众，把自己当做群众的忠实的代言人，他们的工作才有意义。只有代表群众才能教育群众，只有做群众的学生才能做群众的先生。"毛泽东这一论述的提出基于当时有一大批怀揣共产主义救国梦想的文艺工作者，奔赴延安用艺术创作支持革命，但在具体的作品创作中，却出现了脱离当地群众理解与接纳的一系列问题的历史背景。这批文艺工作者因不熟悉工农兵生活、不懂当地方言，与群众的欣赏习惯有隔阂，所以创作的文艺作品不能完全满足广大群众的需要。延安文艺座谈会正是为了革命战争中艺术与现实的问题而召开的。毛泽东的讲话充分阐述了文艺源与流的关系、普及与提高的关系、文艺与政治的关系、文艺批评的政治标准与艺术标准的关系,其实也是在表述对于艺术本质的理解。

在中国式现代化建设的时代背景下,习近平也不止一次对文艺创作提出了立足于人民大众的要求,他在文艺工作座谈会上提出:"艺术可以放飞想象的翅膀,但一定要脚踩坚实的大地。文艺创作方法有一百条、一千条,但最根本、最关键、最牢靠的办法是扎根人民、扎根生活。"他在和文艺工作者的交流中也提到:"人民是创作的源头活水,只有扎根人民,创作才能获得取之不尽、用之不竭的源泉。文化文艺工作者要跳出'身边的小小的悲欢',走进实践深处,观照人民生活,表达人民心声,用心用情用功抒写人民、描绘人民、歌唱人民。"

综上所述,人们的生活感受、劳动技艺、情感交流以天然的、水到渠成的方式滋养了艺术家们的创作灵感,因此艺术美的本质可以说源于生活的凝聚与升华。

3. 艺术美反映人类对自然的理解

在艺术作品创作中,自然事物是一大主题,这在中国画中尤为明显,同时也反映出艺术美中包含的人们对自然美的感受。中国人在长期的历史进程中形成了丰富多样而又不断发展变化的艺术观念,这些观念依附于中国古典思想文化的三大支柱——"儒""释""道"而存在,它们彼此不同而又相互联系。中国古代关于艺术的论述,也有这些思想的烙印。

在中国古典思想中,道家文化最注重人与自然的关系,认为一切艺术都需要遵从自然。这种文化深深渗透进中国的古典美学思想并反映在艺术作品中。中国的传统绘画强调"以自然为师",唐代画家张璪在《画论》中就提出"外师造化,中得心源"。唐代张彦远在《历代名画记》中说:"夫阴阳陶蒸,万象错布,玄化亡言,神工独运。草木敷荣,不待丹碌之采;云雪飘飏,不待铅粉而白;山不待空青而翠,凤不待五色而綷。是故运墨而五色具,谓之得意。"这样的论述形象表达了以道家思想为基础的中国传统书画艺术对自然的理解与表达。道家艺术观念将自然视为最高,"天地有大美而不言"(庄子《外篇·知北游》),美存在于自然之中,人在自然中了解美、寻求美。"无为而无不为"(老子《道德经》)是道的特性,也是自然美的特性。这种"无为"的特性,意味着无功利、无目的,这恰恰点出了美的基本性质,道家的这种思想与现代审美思想中的无功利性不谋而合,影响深远。

中国山水画不像照片一样写实,且意韵深远,这是因为画中的山水,并非真正的"山水",而是画家通过以山水为形表达纯粹之美,饱含了画家的思想与智慧。

赏析案例:

张大千青绿山水作品——张大千是中国画坛杰出的国画大师,其画风工写结合,重彩、水墨融为一体,尤其是泼墨与泼彩独具特色,开创了新的艺术风格。他的青绿山水作品多以中国的名山为主题,布局宏大,墨彩飞扬,饱含对祖国山河的热爱之情。

李可染山水作品——李可染是中国近代杰出画家,早年师从齐白石等多位名家,对中国山水画的内涵挖掘和当代化进程贡献卓越,其代表作多以革命历史及伟人诗词为创作源泉,具有鲜明的时代特色,以积墨加积色的方式,塑造画面雄浑之势,构图饱满,设色浓郁,充满激情,风格独树一帜。

▲ 杜甫诗意图青绿山水(张大千)

▲ 井冈山(李可染)

在西方艺术观念中,曾经占据主流地位的模仿说(再现说)就是从艺术作品中反映客观世界,从而理解艺术和艺术美的。模仿说认为作品是对世界的摹仿或再现。古希腊哲学家德谟克利特认为:"在许多重要的事情上,我们是模仿禽兽,作禽兽的小学生的。"古希腊哲学家亚里士多德首先肯定了现实世界的真实性,并以此肯定了艺术创作"模仿"现实的真实性,这种真实性也包括对自然的真实写照。

而人与自然的关系,我们可以通过"人化的自然"与"自然的人化"的两个概念来加深理解。马克思在《1844年经济学哲学手稿》中提出了"人化的自然"这一重要观点,来阐述他对于人类以实践改造自然的这一论述。马克思认为人类通过漫长历史的社会生产实践,从根本上改变了人与自然的关系,自然为人所控制、征服、改造、利用,人的目的在自然中得到实现。这种与自然的相处方式显然不同于其他生物与自然的关联,其具有更多的自觉和自我意识。而我国当代美学大家李泽厚在此思想基础上,以"自然的人化"为核心构筑了一个以"实践"为特色的美学体系。"自然的人化"的思想虽然着眼于人类的生产实践本身,但它也在深层次上揭示了美和审美的秘密,在人类劳动实践实现"自然的人化"的过程中,我们的感觉、认知、思想都成为了"人"的,而非其他自然界的动植物的感觉、认知和思想,审美也因此而出现。自然美只有通过人类才能实现,而人类的艺术创作这一审美行为也是以人的视角在理解和再现客观自然,由此可以认为,艺术美的本质之一是人对自然的理解与反映。

第二节 艺术美的特征及功能

一、艺术美的特征

艺术美存在于艺术品中,并被人们感知,在对"美"的语义解释中有一个语义,即"美"是指代艺术而非其他。由此可见,艺术美是独特的,且艺术美是与艺术作品共存的。因此在探讨艺术美的特征时,不能将其与艺术的特征割裂开。艺术美的特征主要体现在以下几个方面。

1. 可感知的形象性

形象性是艺术的基本特征。艺术的审美特性不是依靠概念和说理,而是依赖形象的塑造和形式的构造。艺术家在艺术作品中塑造出千姿百态的形象,这种形象及其表现形式,构成了艺术作品中呈现出来的基本面貌。这里,"形式"是接受者最直接接触到的层面,即"表层",包括特定的色彩、体积、构图、旋律、词语、镜头、摄影、舞台、动作等。而"形象"则是经由这些表层形式形成的完整鲜活的艺术形象,使人们在进行艺术审美体验时,留下深刻印象。艺术形象是人们在艺术活动中通过审美构筑的、用来掌握世界的感性形式,一切文学艺术作品都围绕一定的艺术形象而展开,而艺术欣赏者也是从一个个艺术形象中进入艺术的审美世界的。以脸谱为例,脸谱将人们印象中的人物高度凝练成艺术化的形象,具有明显的辨识度,从而形成强烈的视觉印象,令人难忘。

▲ 京剧脸谱(从左至右依次为关羽、曹操、张飞)

艺术形象并不仅仅指作品中的人物形象,还指艺术创作对象的物态化呈现以及被人们感知的内容。此外,艺术中的抽象不完全等同于哲学意义上的抽象,它通常被指代为一种风格样式,与它对应的概念是具象而非形象。例如,蒙德里安的绘画和亨利·摩尔的雕刻,虽然属于抽象风格,但仍然是形象性表达,属于艺术形象。

艺术美的形象性主要体现在以下几个方面。

(1)艺术的形象性表现为客观与主观的统一。

艺术形象是艺术家按照他们对社会生活独特的审美认知创造出来的,既有客观的现实生活的根源,又有主观的意识作用,是主观与客观的统一。例如,在影视作品中的角色塑造,正面人物与反面人物通常在外貌上也会有所区别。

(2) 艺术的形象性表现为内容与形式的统一。

任何艺术形象既离不开内容,又离不开形式。在艺术欣赏中,首先直接作用于欣赏者感官的是艺术形式,而艺术形式能否感动人和影响人,取决于这种形式呈现出的形象与思想。

(3) 艺术的形象性表现为个性与共性的统一。

艺术形象不是生活简单的复制品,凡是成功的艺术形象,都是既具有鲜明而独特的个性,又具有丰富而广泛的社会概括性的典型形象。

2. 充满想象的创造性

艺术的创造特征主要指艺术的首创性、独创性。从心理学角度来说,人对常见的事物会出现"熟视无睹"的状态,因为常见等同于日常,而人们的日常生活主要由普通感觉主导,是与审美感有区别的,因此缺乏创造性的人造物,会陷入庸常的状态,从而无法让人感受到美。创造性是艺术美的重要属性,艺术美需要通过艺术创作来实现。艺术美的创造性主要体现在以下两个方面。

(1) 创造的核心是追求"新",即不断描绘新人、新事、新生活,不断创造新形象、新形式、新风格、新意境。这种"新",意味着创作手法与创作内容的与时俱进,能时刻关注当下。

(2) 艺术家的创造性表现在能够不断地超越,超越前人和同时代的人,超越自己。这种超越,并非无中生有,而是基于前人的创作积累与审美经验,并与当下相结合。

艺术美的创造性来自于人类的想象力。艺术的产生需要艺术创作者充分发挥想象力和创造力。马克思称赞想象力是对人类进步贡献极大的才能,在古代社会人类凭借想象力就能"创造出神话、故事和传说等等口头文学"。人类的想象力极大地推动了社会的进步。"任何神话都是借助想象以征服自然力,支配自然力,把自然力加以形象化而创造出来的。"

想象力是艺术创作、鉴赏和评价必备的前提。不同于依赖概念与逻辑的理论掌握,艺术活动是充满丰富想象力的、具备情感色彩的积极创造,包含着人类巨大的能动作用。

3. 丰富多元的情感性

艺术之美是通过人的审美行为得以实现和被感知的。审美从根本上来说是一种情感和精神的愉悦。人们在艺术中表达情感、体验情感,创造超越于日常的更丰富、更细腻的情感。虽然各类艺术的表现形式与内容不同,但情感的传达是所有艺术作品的共性。在中国传统书画作品创作中,人们常常会说"寄情山水间",这正表现出艺术创作对创作内容所赋予的情感。没有情感的创作,不具备打动人的能力,也不能称其为艺术品。

对艺术美的审美过程包括艺术创作、艺术作品和艺术欣赏。艺术情感就像是一条无形的纽带,将三者紧紧地联系在一起,共鸣于艺术的审美形象中。当艺术欣赏者与某一艺术作品相遇时能够体验到其中的或强烈或复杂的情感,那么其精神世界就会受到陶冶和净化。艺术创作是个人抒发情感的重要手段,对艺术美的审美体验可以加速人与人之间的情感沟通,甚至能产生超越个人情感,上升至家国情怀的崇高之感。欣赏者通过对作品的审美与创作者产生情感共鸣,同时,这一过程也将创作者的精神内涵通过作品传递出来,从而达到潜移默化的教育与影响作用。

案例赏析:

法国著名雕塑家罗丹的雕塑作品《吻》与《欧米哀尔》。

▲ 吻(法 罗丹)　　　　　　　　　　▲ 欧米哀尔(法 罗丹)

这两件作品虽然表达手法不同,但都震撼视觉与心灵。《吻》取材于但丁的《神曲》,塑造了一对不顾一切世俗诽谤的情侣热烈幽会的瞬间,他们的相爱真挚又具有悲剧色彩。罗丹以古典庄重的写实手法来雕刻,雕像呈现出细腻优雅的肌体细节和自然鲜活的姿态。《欧米哀尔》呈现的是欧米哀尔望着她皱老的身躯,悲叹着自己的丑陋。罗丹将她的身躯塑造得近乎夸张的粗糙、枯干,展现出她无尽的绝望与哀愁。罗丹主张在自然中一般人所谓的"丑",却能在艺术中变成非常美、非常有性格的作品,才能算是美的。他以"极丑"的状态呈现出对这位老妇极致的同情。这两件作品无论在表达方式和作品呈现上都大相径庭,却因蕴含着艺术家的强烈情感,而呈现出令人动容的艺术表现力和感染力。

案例赏析:

中国当代油画家罗中立的人物油画《父亲》。

这件作品是饱含艺术家深情的经典作品,这幅大幅画布油画,以浓厚的油彩,精微而细腻的笔触,塑造了一位感情真挚、纯朴憨厚的普通农民形象。画中人物开裂的嘴唇、满脸的皱纹、大粒且欲滴的汗珠、手指甲边缘黑色的污垢……无数细节无声地诉说着这位"父亲"的苦难与悲喜。作品给人以强烈的艺术冲击,勤劳朴素、坚韧隐忍的中国农民形象跃然纸上,也深深地印在了无数观者的心里。

以上作品赏析让我们认识到艺术作品是人类情感的结晶,这种情感凝集于典型的艺术形象中,也成为艺术美的深刻内涵。艺术家创作时,必然要把他对于各种生活现象的审美判断和相关联的情感反应提炼并熔铸于艺术作品或艺术形象之中,这些艺术形象比普通的现实生活更典型、更集中、更理想,饱含着人类共有的审美取向和艺术家独特的喜怒哀乐,带有浓厚的情感色彩。

4. 多元而纯粹的形式感

艺术的审美性依赖形象的塑造和形式的构造,艺术家使用在艺术史发展的特定阶段形成的、带有自己风格的形式语言,塑造出形形色色的艺术作品,展现了各种艺术形象。

▲ 父亲(罗中立)

英国形式主义美学家、当代西方形式主义艺术的理论代言人克莱夫·贝尔将"有意味的形式"定义为艺术的本体,他认为"在各个不同的艺术作品中,线条、色彩等以某种特殊方式组成某种形式或形式间的关系,激起我们的审美感情,这种线、色的关系和组合,这些审美的感人的形式,我称之为有意味的形式。"19世纪的唯美主义者认为艺术的本质不在于模仿外在社会现实或者表现艺术家的内在情感,而在于艺术作品自身的形式,只有艺术作品无可剥离的形式才是艺术真正拥有的。尽管这样的表述并不能概括出艺术美的全部本质,但却鲜明地指出了艺术的形式感也是艺术美的重要方面。

形式是艺术作品的具体组织方式,它构成了艺术作品呈现出来的基本面貌。其内容包括色彩、体积、构图、旋律、节奏、语言、镜头、姿态等,艺术美以千变万化的形式存在并让人们感知。这些"形式"不同于自然界中人们感觉到的"自然美",它们来源于人类有意识的创造活动,人们也在不断的创意和艺术实践中,提炼出了形式美法则,这些形式美法则不仅指导着"纯艺术"范畴的创作,也是"实用艺术"领域中的艺术化表达的重要依据。

艺术的形式美法则是人类在创造美的形式、美的过程中对美的形式规律的经验总结和抽象概括,主要包括对称均衡、单纯齐一、调和对比、比例、节奏韵律和变化统一。研究、探索形式美的法则,能够培养人们对形式美的敏感度,指导人们更好地去创造美的事物。形式感与再现性和表现性艺术不同,它可以不根据具体的题材描述具体的形象,而是遵循形式美法则和审美经验创造具有艺术美的抽象形式。

事实上,在越来越多的实用艺术,特别是设计艺术中,纯粹的形式感成为表达艺术美的一种重要方式。在现代设计艺术学专业教学中,掌握形式美法则,已经成为进行艺术设计素养的必然要求。

5. 艺术的文化性与时代性

马克思历史唯物主义艺术观对于艺术的基本论断中,将艺术作为社会意识形态的一种形式,认为其由经济基础产生决定性影响,而这种影响又要通过上层建筑中政治、法律制度的层面和其他社会意识形态等因素相互复杂的中介作用来实现。由此可见,艺术作品会反映社会意识形态,主要表现在文化性和时代性等社会属性上,中国的艺术家们通过艺术化表达来构建中国话语和中国叙事体系,为国家立心、为民族立魂,反映出中国式现代化进程中的精神标识和文化精髓。

人是一种具有社会属性的"动物",这种属性会对置身其中的人产生一定约束力,具有稳定性和凝聚力。同样社会背景下的人受到同一传统和氛围的影响,会形成相似的心灵结构,产生共同的心理感受,这种共同的心理感受被称作共通感,也是艺术美表达的主要内容,同时还是艺术审美中实现人与人交流的重要途径。

例如,几乎每个中国人都能感受到千百年前中华诗词的韵律以及语言文字所传达的美感,这无疑显示出几千年未间断地传承中华文化而产生的共通感对中国人精神世界的影响。同时,如果依照时代变迁来看,即使在中华文化的大主题下,不同时代的艺术审美又各有侧重,这便是艺术美中所表现出的时代性。例如同样是描绘女性人物,魏晋时期的美感在于"吴带当风"、裙裾飞扬、如仙如幻的《洛神赋图》中;而唐代的美感则表现在设色艳丽又不失端庄、面容高雅衣着雍容的《簪花仕女图》以及盛唐时期的敦煌壁画中;而在明清时期的工笔人物画中,女性之美又表达得收敛保守、甚至还有一些羸弱之感……这些作品展示出不同时代的艺术美风貌,并参与构成内容丰富、特色鲜明的中华文化。上述所有艺术作品中的审美趣味,又与西方艺术作品中对于女性之美的审美大不相同。这里没有高下之分,因为古今中外都有经典艺术作品与形象,他们阐释着各有千秋的艺术美,塑造了多元化的艺术世界。

▲ 洛神赋图(局部)(东晋　顾恺之)

▲ 簪花仕女图(唐　周昉)

不同的艺术作品基于不同的时代与文化背景而产生,当我们感受艺术美时,不可避免地会受到已有认知的影响。有时候面对一件艺术作品,欣赏者似乎对于其中的美并不能很透彻地理解,这是因为他们对艺术作品的创作背景与创作者的想法意图缺乏了解,并不能完全体会到其中的美。因此,感受艺术之美,还需要我们以更为开放的眼光和格局去了解、认知不同的文化背景与作品所反映的不同时代的特征,并在一定的理解基础上进行比单纯视觉、听觉欣赏更深层的审美与思考,更真切地体会艺术作品的创作灵感来源,从而完成自我认知的升华与审美经验的提升。

本章中罗列的艺术美的特征,综合了不同时期的美学家、艺术家、哲学家们的思想,对艺术创作及艺术作品的特征进行梳理与概括,能够反映大部分现实中我们可观、可感的艺术作品中具有的共性的审美特点。但囿于篇幅限制,诸多论述还未充分展开,也会存在一定局限性。关于艺术美的思考与论述,会随着时代的变迁、人类社会的发展、人与自然相处模式的变化而不断加入新的内容,对艺术美特征的界定也必然是动态的、与时俱进的。

二、艺术美的功能

艺术是人类发展历程中不可或缺的重要组成部分。人类在有文字记录的史前时期,就已经进行了丰富的创作,虽然在当时,这些"创作"未必是以纯粹的审美表达为目的,但在今天看来,这些创作仍然具有很高的艺术性。例如,在中国原始时期的彩陶文化中,人们已然创作出造型各异的陶器形制与精美纹样。而在约4600年前,苏美尔人已开始进行复杂的图案创作。牛头竖琴是苏巴德王后陵墓中出土的一件陪葬品,其中由木头与贝壳镶嵌而成的四幅画上记载了当时的神话人物。这些史前文物是古人将精神、信仰、文化、劳动综合起来而进行的创造性活动,在后世人们的审美中,这些都是极具美感的艺术品。

▲ 仰韶文化中的人面鱼纹彩陶盆

▲ 苏美尔文化中的牛头竖琴

艺术创作是人类有目的的一种生产方式,艺术作品作为其生产结果,也自然承担起艺术特有的功能。针对艺术功能性含义的探讨,在不同的历史背景、不同研究个体的思维差异下,形成了众说纷纭的思想,有的甚至是截然相反的思想。例如,墨子认为音乐不是用来治理天下大事的,所以危难之际,国君及大夫无需再聆听音乐(《墨子》第六章《辞过》)。而差不多同时期的荀子则在《乐论》中写道"夫乐者,乐也,人情之所必不免也,故人不能无乐……"与墨子不同的是,荀子认为音乐能够促进社会的和谐。而孔子则明确提出"《诗》可以兴,可以观,可以群,可以怨。迩之事父,远之事君,多识于鸟兽草木之名……"孔子认为艺术有它的积极作用,也有消极作用,而人们应该让艺术充分发挥其积极作用,让人认识社会与历史,同时增强对自然的认识。孔子的观点是古人对艺术功能较为明晰的归纳。

古希腊哲学家柏拉图在《理想国》中曾表达出对艺术深度的忧虑和质疑,认为艺术是虚假的,不能为现世提供真理。但他的学生亚里士多德却在他的学说的基础上,延伸出了关于艺术虽然是模仿却具有一定真实成分的思想,并认为艺术是一种有价值的、应该被严肃对待的人类行为。

古罗马时期著名的诗人、文艺理论家贺拉斯试图将艺术中的理性与情感统一起来,提出了著名的"寓教于乐"观念,在一定程度上也是对艺术美功能的发掘。而在充满宗教气息的中世纪,神学家们借助艺术显现"真理"的"功能"进行传教。文艺复兴时期,人性取代神性得到张扬,人间之美、理想生活之美都得到了空前的肯定,艺术在蓬勃发展的同时,其功能性也受到重视。

西方世界的艺术家、哲学家和美学学者对艺术的功能提出了诸多的思想及理论,包括且不限于启迪功能、认识功能、交际功能、娱乐功能、启蒙功能、教育功能等。马克思则以提纲挈领的高度,将对艺术的功能的探讨从"掌握世界"的方式上加以展开。

艺术作为人类审美意识的最高表现形式,其功能性也体现在艺术的审美特性上。优秀的艺术作品通过审美体验给人们带来身心的触动和震撼,并加深对世界、对人类自身的认知。本节中对艺术美功能的归纳,将以艺术作品的审美为前提,将艺术美的功能归纳为艺术美的认识功能、艺术美的教育功能、艺术美的娱乐功能、艺术美的体验功能和艺术美的治疗功能。

1. 艺术美的认知功能

艺术美的认知功能,主要是指人们通过艺术活动能够深刻且独特地对人、社会、自然、环境与历史进行认知。

在西方,马克思高度赞许艺术美的认知功能,他在《〈政治经济学批判〉导言》中就曾称赞希腊艺术"是一种规范和高不可及的范本",因为它让世人得以认识到"历史上的人类童年时代"。在中国,鲁迅曾说过"美术可以表见文化。凡有美术,皆足以征表一时及一族之思惟,故亦即国魂之现象;若精神递变,美术辄从之以转移。此诸品物,长留人世,故虽武功文教,与时间同其灰灭,而赖美术为之保存,俾在方来,有所考见。他若盛典侐事,胜地名人,亦往往以美术之力,得以永住。"这段话的意思是，我们能够通过美术及其遗存回溯认知文化与历史，艺术作品、美术作品能够复现历史，得以永存。

▲ 古希腊时期帕特农神庙遗址

从原始时期的洞窟壁画开始，任何艺术的创造和留存，都能够帮助人们认识和了解到那个时期的经济文化、人文科技、环境交流等多方面的信息。艺术美的认知功能除了让我们了解过往的历史，同样也能够让我们想象未来。艺术美不仅能展现现实中既有的存在，还能够扩宽视野和获得更加广泛的认知。

艺术美的认知功能孕育出超越我们日常经验和惯有思维中的无限的可能性，诚如哲学家卡西尔所言："我们的审美知觉比起我们的普通感官知觉更为多样化并且属于一个更为复杂的层次。"

2. 艺术美的教育功能

艺术凝聚着人们对于真善美的思考与表达，具有天然的教育功能。艺术美的教育功能主要是指在接受者具备审美能力的前提下，通过对艺术作品的欣赏，领略其中所展示的真实、崇高、美好等，从而潜移默化地接近、认同这种真善美所汇成的价值与力量，进而得到人生观、世界观、人生态度和人文精神的提升和跃迁。

在对艺术的审美过程中，人们内心所产生的波动和展开的心理活动都是基于自身对艺术的主观反馈，也就是有着自发和自愿的性质。因此，这种主观能动的反应会让人在接触艺术时留下深刻、难以磨灭、激烈的情感，这种激发情感的作用是艺术美的教育功能中最为核心的因素。因为艺术作品所承载和凝聚的范围、强度和戏剧性，如人生、社会、历史等不是一个单独的个体生命所能够实际经历的。当我们面对原始典籍的文字记录时，也许感到枯燥和单调，但是当一幅幅绘画、一件件雕塑、一幕幕戏剧在眼前呈现时，它们对人们的影响也会更加直白且震撼。正如车尔尼雪夫斯基所阐述的那样，文艺是"人的生活的教科书"。通过艺术的手法对现实和理想进行表达，通常更加具有感召力、爆发力、创想力和影响力。现实与艺术的叠加能够更加透彻、直观地激荡我们的内心，引起深思。

艺术美的教育功能催生出美学研究领域下的一个分支——美育。美育理论体系的开创者席勒,用书信体写成的重要美学著作——《美育书简》从变革社会、实现人性复归这样更广阔的范围来论述美育。在我国,著名的教育家蔡元培先生是我国近代最早提倡美育的学者,他特别重视美感的教育,把美育作为启蒙思想、陶冶情感、健全人格的重要手段。他的美育思想吸收借鉴了中国传统的美学思想,并结合中国特殊的国情,与西方先进的美学思想融合创新,形成了独具中国特色的美育理论。其深刻的内涵不仅对当时社会产生了重要影响,而且对当代社会的教育和社会发展也有着重要的启发作用。

在古今中外所有倡导美育的思想者眼中,艺术美都是重中之重,其教育功能也是不可忽视的。

3. 艺术美的娱乐功能

艺术与娱乐的联系密切,从某种意义上说,艺术是为娱乐而存在的。当然每个个体的艺术审美感知力不同,所以"娱乐"的具体表现形式和感受也是因人而异。古希腊哲学家亚里士多德就认为,音乐能够起到教育、净化和精神享受的功能,因为当人们辛苦劳作之后,在音乐的感染下,心境能够随着音乐的变化和起伏感到一种轻松舒畅的快感。

哲学家卡西尔则把艺术美的娱乐功能进行了强调——"没有一个人会否认,艺术品给了我们最高的愉悦,或许是人类本性所能有的最持久、最强烈的愉悦。"

当人们进行艺术活动时,会专注于美的创造和美的娱乐享受之中,人们在享受艺术审美的娱乐功能时,会因为审美娱乐的需求不同,出现尽情于艺术美所带来的沉浸式宣泄的状态之中,甚至短暂脱离现实,达到"忘我"之境地。我国著名美学家、教育家朱光潜就有关于艺术的宣泄说——"'宣泄'的要义在于通过音乐或其他艺术,使某种过分强烈的情绪因宣泄而达到平静,因此,有利于恢复和保持心理的健康。"人们在审美体验的时间里将自己置身于浩瀚的情感之中,释放身心负担。艺术美的娱乐功能能够唤醒人们的感觉,让人从庸常平淡甚至无聊的日常感觉中摆脱出来,进入审美感觉的状态,体会不同寻常的美好。

4. 艺术美的体验功能

人们常说"一千个读者就有一千个哈姆雷特",这是对于千差万别的艺术体验结果的一种形象化表述。在艺术审美行为中,人们的体验永远与艺术活动联系在一起。无论是艺术创作者,还是艺术的欣赏者,都能在艺术的审美过程中,激发出自身或可言说或难以名状的体验,这种体验包含了审美参与者的强烈、丰富、细腻的情感。

作为艺术创作的主体——艺术家来说,创造艺术美的过程,也是一种体验。每当他们想要表达所体验的情感时,可能不是立刻就表述清楚的,但是他们想表达的深刻情感体验的意图很迫切,在不断的艺术创作实践中,这种情感最终得以释放,并从"压抑"走向解脱自如的状态。

从艺术美的接受者角度而言,理想的艺术美体验状态犹如克罗齐的一句名言"要了解但丁,就要把自己提高到但丁的水平",这意味着艺术接受者越有能力和艺术创作者产生共鸣,就越能够进入到艺术家的艺术语言之中。当然,大多数情况下,艺术的接受者虽然具有审美、情感共鸣和体验能力,但也未必具有相对应的表达能力,因此更多的是体验到不可名状的情感共鸣。不同的审美水平,会使接受者们对于同一艺术创作的感受体验各不相同。

优秀的艺术家传达的不是自己的琐碎感受,而是具有普遍时代意义的强烈情绪,例如,董希文的油画、德拉克洛瓦的画作、贝多芬的交响曲、莎士比亚的戏剧等等,因此接受者体验的和经历的就不仅仅是与个人相关,而是与整个人类、世界甚至某些永恒之物联系在一起,这样的艺术审美体验将是深刻而难忘的。

▲ 开国大典(董希文)

▲ 自由引导人民(法 德拉克洛瓦)

5. 艺术美的治疗功能

艺术美的治疗功能是通过艺术的审美体验(包含创作与欣赏)达到舒缓内心压力、排解精神焦虑的效果。艺术美的治疗功能主要是将人们的精神问题通过艺术创作的手段转移成能够具有承载性和叙述性的艺术化输出(艺术作品),从而让被治疗者达到某种身心平静以及个人与社会之间健康均衡的和谐状态,或者通过达到"物我两忘"的艺术审美体验,来感受艺术作品中的真善美和这一过程中的无功利性的愉悦,从而实现精神压力的释放。

▲ 辋川图(局部)(元代王蒙临摹)

案例赏析:

北宋文学家秦少游在《书辋川图后》中这样叙述他的一次以艺术体验实现精神疗愈的经历。

元祐丁卯,余为汝南郡学官,夏得肠癖之疾,卧直舍中。所善高符仲携摩诘《辋川图》示余曰:"阅此可以愈疾。"余本江海人,得图喜甚,即使二儿从旁引之,阅于枕上,恍然若与摩诘入辋川,度华子冈,经孟城坳,憩辋口庄,泊文杏馆,上斤竹岭,并木兰柴,绝茱萸沜,蹑槐陌,窥鹿柴,返于南北垞,航欹湖,戏柳浪,濯栾家濑,酌金屑泉,过白石滩,停竹里馆,转辛夷坞,抵漆园。幅巾杖履,棋奕茗饮,或赋诗自娱,忘其身之钝系于汝南也。数日疾良愈。

意思是少游患病,好友高符仲带来了一幅王摩诘的《辋川图》(是唐代王维所作的单幅壁画,原作已无存,现只有历代临摹本存世),并对少游说,"赏读此图,疾病便可痊愈"。少游于是让儿子把图展开,顿感自己宛若置身图之景中,和摩诘一起游历辋川,心旷神怡,忘其所以,数日后疾患便痊愈。

"画乃心印",艺术创作同理,都是艺术家内心意志与精神的图像化、物化的体现。美国抽象表现主义大师杰克逊·波洛克的滴撒绘画,日本前卫艺术家草间弥生的波点画,是比较典型的代表,他们通过艺术创作来释放和转移内心无法承受的压抑和精神问题。艺术美的治疗功能,也可以理解为通过艺术的审美体验(创造与欣赏)来获得一种替代性的"宣泄"和满足,用以释放因精神困扰给自身带来的压力。在艺术的世界中,这些"被治疗者"获得了不同于现实世界的畅快与满足,从而实现自我认可,并恢复到重新振作的状态。

由此可见,艺术美及艺术的活动能够在现实理性的世界中为人们建造一座身心诊疗室和情感庇护所,但这并非是逃避现实,而是通过艺术的治疗功能,通过艺术的审美行为,在现实与幻想中找到一种合适的方式,从而保持人身心的健康状态。

▲ 蓝极（美国 杰克逊·波洛克）

▲ 日本艺术家草间弥生作品

第三节 艺术审美

一、艺术审美标准

所谓艺术审美标准，是指审美活动中，审美主体鉴别审美对象的美丑和衡量审美对象的价值高低的尺度和标准。在丰富多彩的审美实践活动，人们需要对其进行评价、判断、选择，但每个人都是具有独立思维的个体，并且因为不同时代、不同阶层、不同民族，或者同一时代的年龄、性别、心境、世界观的不同，人们对事物的美丑或价值标准都会有自己的判断。尽管审美体验因人而异，但事实上，每一个历史阶段都存在着相对能够得到大众、社会普遍接受认可的艺术审美标准，以及客观科学的艺术审美标准。

在讨论艺术审美标准之前，首先要理解审美实践活动的组成。形成一个具体的审美实践活动需要厘清两方面的审美关系：一是审美客体，即美的、被审美的事物本身;二是审美主体,即进行审美的人。审美客体必须是美的,而且这种美是能够让人感受到的,这样的人和物方可形成审美关系,有了审美关系,再从以下几方面来讨论审美标准。

1. 艺术审美标准存在主观差异

具体的审美现象是非常复杂的。哲学家康德和艺术批评家格林伯格都认为美是客观的,美的内涵是纯净的、有秩序的、高尚的。而在二十世纪八九十年代出现的后现代主义思潮中,又有人将庸俗、破烂、脏污等也归于审美的范畴。总之,基于审美认知的喜欢,通常包含着非常主观的指向。

以绘画为例,有人喜欢古典秀美的人物画,有人喜欢炽热粗犷的抽象画,有人喜欢青绿山水的中国画,有人喜欢清透雅致的水彩画……人们根据日常的生活经验所培养出的思想与情感,会使我们在艺术审美实践中,获得主观差异化的审美感受,可以说不同的世界观、不同的文化水平、不同的兴趣决定了人们体验不同的美感。形成一定的主观性艺术审美标准需要具备以下几个方面。

(1)艺术审美主体要有较健全的审美感官。

审美感官主要是指"有音乐感的耳朵、能感受形式美的眼睛"。在感、知觉上有辨别障碍的主体会在审美活动中受到极大的影响。

(2)艺术审美主体要有必要的审美修养。

首先,审美修养是由所接受教育的和环境的影响进而获得社会中美的意识的积淀而形成的。其次,审美主体对于审美对象的相关知识要有一定的了解,如欣赏艺术品时,对作者、历史背景、社会风俗等有所了解,可加深审美体验。再次,主体的生活阅历、体验、认识也同样重要,越是生活阅历深厚的人,在进行艺术审美时就会更加的生动和深刻,能够产生更多的联想和感悟。

(3)艺术审美主体要有适宜的审美心境。

心境是指在较长时间内影响人的整个行动的一种比较持久的情绪状态。当一个人的心境处于积极乐观、明媚愉快的状态时,更容易接纳外界信息,会对艺术品或其细节有更多肯定的关注,同时也能够产生更多愉悦的审美体验和审美情绪。相反,若一个人正处于惊恐不安、困顿迷茫和烦乱不宁的状态时,也就无法安心欣赏艺术和美的形象。马克思曾经指出,"忧心忡忡的穷人甚至对最美丽的风景都没有什么感觉,贩卖矿物的商人只看到矿物的商业价值,而看不到矿物的美和特性"。

(4)艺术审美主体受一定审美观点的影响。

人一旦获得和形成一定的审美观点之后,这些观点便会制约和规范其审美活动的方向。个体审美能力和审美趣味的形成离不开一定的社会条件并受其制约,因此,人的审美能力、审美趣味以及主观的审美标准,总会表现出一定的时代性、民族性和阶级性。

由于以上的条件都具有非常灵活的主观性和特殊性,所以每一次艺术审美实践活动都会因人因时因地而不尽相同,也因此呈现出主观性差异。

2. 艺术审美标准的客观内容

如若艺术审美标准只有"情人眼里出西施"这样个人主观性的审美,那么审美活动中该如何与他人分享、交流和融合彼此的审美体验?事实上在审美活动中,我们不仅存在着较为主观的审美标准,也同样有着大众、社会普遍接受的客观科学的艺术审美标准。如果个人主观审美标准是符合客观科学的审美标准的,它就会得到人们的普遍赞同,反之就会被看成是审美偏见,难以得到社会认同。

客观、科学的艺术审美标准是由美的客观性所决定的。只有具有美的本质和规律的客观的审美对象(确实包含有美的品格、美的价值),才有可能被人们判定为真正的美。客观的科学的艺术审美标准能够被社会所接受,一方面是因为审美对象具有能够唤起美感的属性和条件、能够得到一定社会范围内的审美认可;另一方面是因为社会中极大部分人所体验到的共通性的美感内容,促使大家得出大体一致的结论。

追求真、善、美是人类的一切实践活动所具有的共通性的价值观。艺术审美行为也是人类的一种实践活动,审美对象也必将包含着真、善、美三个因素,通过这三个因素,可以剖析审美对象及艺术审美的客观标准。

其一,"真"的内容是客观世界及其固有的规律,正确地反映客观世界及其规律性的认识被我们称为真理。但艺术上的"真"和科学上的"真"是有较大区别的,艺术的"真",更多在于对真理的正确认知和掌握,这是艺术实践活动中发现美、认识美、感受美的前提。艺术的"真"通过艺术品或审美对象使人们获得真实的美感和情感。当人们欣赏一件艺术作品时,只需要判断其是否通过内容、形象、寓意在某种程度上揭示社会现实或者某种社会现象的本质,而不需要像科学研究对"真"的追求那样,要求明晰把握物质内在原理、规律、本质。艺术的真实性是判别作品美丑及其成就高低的重要标准之一。

其二,"善"是人类在社会实践中追寻的目标,善也会存在于审美对象上。善的价值包括能够满足人们物质需要的直接功利性价值,以及满足人们心理或精神需求的社会性功利价值。如果一件艺术品可以让人抛开世俗的功利价值而获得精神上的丰盈和满足,那么这样的艺术品或客观对象就具有"善"的审美价值。

其三,"美"是艺术审美对象的重要属性。艺术的形式和内容,要体现和谐统一的美,能够使人感受到形象的完整和谐与生命的律动。艺术美是人类合乎目的的一种创造性的产物或是成果,一方面,艺术品或审美对象不能盲目过度追求形式而忽视其内容;另一方面,艺术品和审美对象也不能只关注内容的注入和表达,而忽视与外在形象的统一。在艺术设计领域,有些审美对象在有视觉观赏价值的同时,还具有一定的功能实用性,这便更能丰富艺术作品中美的体验层次,即除了视觉美感还有其他感知被满足后的美好感。

综上所述,凡是在人类文明历史中能够获得普遍的、公认的美的事物,都具有真、善、美的品格。当人们在欣赏某个艺术品或艺术创作时,如果其能够让人感受到符合客观规律性的"真",能够使人感受到它有益于人身心和社会价值的"善",能够使人感到愉悦满足进而达到能够观照自身本质力量的"美",那么这件艺术品就符合了艺术审美的客观标准。

关于艺术审美标准的主观差异和客观内容,一方面是不同的审美主体由其差异性形成复杂多变的审美判断;另一方面是人类通过大量的审美实践活动概括总结出包含真、善、美的客观、科学的审美标准。这样复合意义的审美标准能够显示出人类想象力与创造力的丰富,也对人们在艺术这一丰富而浩瀚的领域中进行审美体验给出指导依据。

二、大学生与艺术审美

艺术审美能够陶冶人们的身心和激发理想。以大学生为重点培养群体进行艺术审美教育,既可以提高人才综合素质,促进大学生养成健全健康的人格,树立积极正确的艺术审美观念,又可以为社会主义精神文明和物质文明建设发挥积极作用。在艺术实践中提高个人修养与道德情操,孕育发现美、欣赏美、创造美、传递美的精神与能力,是大学生艺术审美教育重要的培养目标。当前,社会经济高速发展,各类信息随着网络的发达呈现爆发性增长,其对艺术领域的发展变化也是激烈的,大学生作为社会新生力量置身其中,会受到各种思潮的冲击,其中也包括不同的审美观与价值观的冲击。

1. 大学生艺术审美现状

(1) 艺术审美生活化。

审美体验实践是个体获得美及美的感受、体验最直接有效的方式。当代大学生所面对的生活环境和社会环境都使他们能更多、更广、更快地接触不同的艺术门类和形式。同时通过互联网,当代大学生还可以非常直接地接收和表达信息与观点,由此也影响他们更加倾向或喜欢直观的、新鲜的、易懂的、贴近生活的图文信息。例如,比起去展览馆他们更倾向线上画廊或者画展推送,比起去听音乐会他们更愿意自己聆听各大软件中自己喜爱的歌曲……互联网对生活的影响,使得当代大学生将原本与生活较为有距离感的艺术实践和审美活动变得更加生活化、大众化。但他们注重对通俗易懂的艺术形式的追求,也会导致他们对于艺术这一本该内容深刻、内涵丰富的领域感受不够。

(2) 艺术审美多元化。

在信息技术日益成熟、网络媒体日渐繁荣、应用程序层出不穷的当下,大学生们可通过丰富的渠道获取艺术以及进行艺术审美实践活动,同时也开启了多元化的审美新趋势。大学生精力旺盛、思想活跃,更加愿意接受新信息、新的艺术和审美观念。例如,后现代主义、当代艺术、亚文化艺术都得到了当代大部分大学生的接受和认可,甚至推崇。在艺术审美多元化的发展趋势中,艺术品的形式、内容、技巧、传播方式、风格都展示出了千姿百态的新面貌。这也考验着当代大学生是否能在艺术审美活动中树立正确积极的审美观念和审美价值观,是否能在优秀的艺术作品之中,不断丰盈自我的精神世界,养成健全健康的人格。

(3) 艺术审美感官化。

在审美的过程中,优秀的艺术作品不仅有感官层次上的直观强烈的美,也有能给精神和心灵上带来深远的、潜移默化的、震撼的美。

当代大学生受生活条件、社会环境、人际关系和就业压力等外界因素的影响,致使他们更加倾向于能够直接带来感官愉悦和刺激的艺术审美活动,如看电影、听歌、简单的绘画创作等等,因为通俗化的艺术形式和生活化的艺术内涵更加简单易懂,能够在短时间内获得审美愉悦。而让大学生专门走进艺术展览馆、音乐会大厅,花几个小时去欣赏优秀经典艺术作品,可能并不能缓解和释放日常的情绪或压力。但如果只追求能带来感官愉悦和刺激的审美体验,会导致艺术审美、审美观念和趣味的通俗化甚至低级化。在我们进行艺术审美时,我们不应只停留在感官上的享受,而更应多接触、关注优秀艺术品的精神内涵,净化心灵,鼓舞精神,尽可能地给自己的身心带来观照和滋养。

(4) 艺术审美趋向个性化。

当代大学生在艺术审美上的另一大趋势就是更加倾向于个性化、独树一帜的艺术形式,这样的艺术审美多以自我为中心,求新求异并希望自己是独一无二的。在艺术审美和艺术创作上,一方面会出现更多原创和小众的作品,由此丰富了艺术的形式和内涵,彰显了当代大学生的艺术创新力;但另一方面也会引发因盲目追求标新立异而忽视主流价值观认同的情况,有些甚至认为只要是他人不理解或看不懂的艺术形式和表达就是"美"的,在艺术审美和艺术追求上步入误区。

因此大学生们需要通过学习、吸收和继承经典艺术作品的优秀之处,树立正确的艺术审美观念,才能将自我强烈的艺术审美意识运用在艺术的创作实践和艺术审美之中,并促进艺术审美及艺术创作的发展。

2. 艺术审美对大学生全面素质培养的作用

孔子作为中国历史上较早重视和提倡美育的思想家和教育家,在几千年前就认为,审美和艺术能够提升人们的主观修养,因此十分强调美育的重要性。而在当今中国,教育的根本任务是立德树人,培养德智体美劳全面发展的高素质人才,自然也离不开艺术素质的培养。

不同于素质教育,也不同于道德教育,艺术审美教育(美育的重要内容)具有自身非功利性的独特品质。美育与德育、智育、体育和劳育构成了高等教育的有机整体,美与德、智、体、劳之间互相渗透、互相制约、互相促进。艺术审美教育着重于提高大学生的审美能力,提高大学生的思想道德素养,塑造大学生健全健康的人格,提升大学生的创造力。因此,西方有学者提出"作为整体教育的组成部分,一切艺术的作用都是不可取代的"的论述。艺术作为一种创造性的活动,与人的存在是息息相关的。

(1) 提高大学生的审美能力。

审美能力指人对美的感受、鉴赏、评价和创造的能力。审美能力的重要性在于,它不仅是整个艺术审美能力的萌芽与发展的基础,更是使积累的丰富的内在感情通向更高审美境界的桥梁。一般大学生的审美能力还处于较基础的欣赏阶段,多以感官上的审美感受为主,这对于提升大学生的审美能力来说还不够,还需要进一步培养大学生的艺术创作能力,使大学生们通过艺术化实践及艺术创作实现自我教育和滋养。古希腊哲学家柏拉图曾说:"节奏和音调以最强烈的力量浸入心灵深处,如果教育的方式合适,它们就会以美来滋润心灵。"受到良好审美教育的人,可以敏感地看出艺术作品中反映出来的丑与美,将其中美吸收到心灵里作为滋养,从而使自己变得高尚、优美。

(2) 提高大学生的思想道德素养。

大学是人生重要的转折点,对人的思想道德素养起着重要作用,甚至有决定性意义。在大学,除了知识技能的学习,还要广泛践行社会主义核心价值观,树立正确的三观和明确的自主意识,清晰地认识自己的人生规划和目标,投身国家建设、实现民族复兴。这种认知需要大学生具有自信自立、胸怀天下的视野;坚持守正创新、吃苦耐劳的精神信念,拥有无私奉献、高尚宽广和情感品格,以及执着拼搏的信念。艺术审美及审美教育可以通过鲜明的艺术形象、深远的艺术追求、充满魅力的艺术表现形式,以"润物无声"的方式影响大学生的人生观、价值观、世界观,在大学生的思想道德素养的培育和提高上起到重要的作用。

我国伟大的教育家梁启超先生就曾经说"情感教育的最大利器就是艺术"。美的、优秀的艺术作品可以给人启发、予人滋养,起到积极正向的鼓励作用。鲁迅先生也曾说过:"美术可以辅翼道德。美术之目的,虽与道德不尽符,然其力足以渊邃人之性情,崇高人之好尚,亦可辅道德以为治"。

(3) 塑造大学生健全健康的人格。

当代大学生作为实现伟大中国梦的主力军,他们的人格状态是社会道德水平、时代精神面貌的重要体现,塑造大学生健康健全的人格既是大学生自身发展的必要要求,又是社会进步发展,国家文明富强的迫切要求。大学生在进行艺术审美教育、艺术审美活动时,会被有力地唤起自身的审美情感,由此会产生强大的精神力量,这种情感与力量能够使大学生们不断对客观世界进行思辨、评价和判断,从而进一步改进、修正或完善自己的人生观、价值观、世界观,达到人与自然、人与社会的和谐统一,最终形成健康健全的人格。我国杰出的思想家、教育家蔡元培先生在其文章《美术与科学的关系》中写道:

"常常看见专治科学、不兼涉美术的人,难免有萧索无聊的状态。无聊不过于生存上强迫的职务以外,俗的是借低劣的娱乐作消遣,高的是渐渐的成了厌世的神经病。因为专治科学,太偏于概念,太偏于分析,太偏于机械的作用了。譬如人是何等灵变的东西,照单纯的科学家眼光,解剖起来,不过几根骨头,几堆筋肉。化分起来,不过几种原质。要是科学进步,一定可以制造生人,与现在制造机械一样。兼且凡事都逃不了因果律,即如我们今日在这里会谈,照极端的因果律讲起来,都可以说是前定的。我为什么此时到湖南,为什么今日到这个第一师范学校,为什么我一定讲这些呢,为什么来听的一定是诸位,这都有各种原因凑合成功,竟没有一点自由的。就是一人的生死,国家的存亡,世界的成毁,都是机械作用,并没有自由的意志可以改变他的。抱了这种机械的人生观与世界观,不但对于自己竟无生趣,对于社会毫无爱情,就是对于所治的科学,也不过'依样画葫芦',决没有创造的精神。防这种流弊,就要求知识以外,兼养感情,就是治科学以外,兼治美术。有了美术的兴趣,不但觉得人生很有意义,很有价值,就是治科学的时候,也一定添了勇敢活泼的精神。"

这段文字以生动易懂的文笔,论述了艺术审美教育对于健康健全人格养成的重要性,时至今日仍然具有深远的意义。

(4) 提升大学生的创造力。

古今中外许多教育家、科学家、艺术家都认可艺术审美教育是全面开发人的智力,提升创造力的重要手段。著名天文学家哥白尼从小就阅读了大量关于文学、绘画、雕塑、数学和音乐的书籍,后来曾专门到意大利求学。那时的哥白尼不仅描绘四季变化的风景,也去刻画无垠的星空。据说,正是在无数次地揣摩如何用画笔来表现出宇宙星空的和谐优美时,他才渐渐产生一个大胆的想法:地球也像其他行星一样,环绕着太阳在不停转动。

创造力是人类所具有的独特思维能力,只是需要一定的引导和培养让其产生更大的力量。在我们的教育之中,不仅要充实学生的理论知识,同样要注重学生的实践、创造能力,从而达到知行合一的终极效果。创造力的培养能促进学生不断提升自身的逻辑思维和形象思维。逻辑思维固然是人类思维方式的主要层次追求,但非独道而行,须依托于形象思维,二者相互支持和发展。艺术审美能力的培养能够激发学生在形象思维方面的创造力,并将影响逻辑思维的发展。

艺术审美教育通过提高学生的审美理解力,使其更好地把握艺术与美的意义,丰富自己的生活,培养高尚的品质,促进心智的发展,增进身心健康。艺术审美能够激发人的强烈情感,启迪智慧,增长知识,对大学生全面素质的培养具有不可估量的作用。

第四节 艺术美欣赏

本节将对主要的艺术类型如何进行审美欣赏进行科普式讲解,分析不同类型的艺术美的欣赏与感受,为使用本书的读者提供一定的参考。

一、音乐美

音乐作为当代人们日常生活中经常接触的艺术形式,潜移默化地滋养着人们的心灵。《礼记·乐记》有云:"凡音之起,由人心生也。人心之动,物使之然也。感于物而动,故形于声。声相应,故生变;变成方,谓之音;比音而乐之,及干戚、羽旄,谓之乐。"音乐是一种时间艺术,也是听觉艺术,它不具备色彩、形状、体积等可视、可触的特征,而是通过将乐音有机地组织起来,形成人们可听到、可理解的"语言"。当然,音乐与语言仍有区别,音乐不像语言有确切的语义,但比语言具有更丰富的情感表现力。可以说,音乐是一种通过组织乐音诉诸听觉,创造艺术形象,表达人们思想情感,表现生活感受的表现性艺术。我们可以从音乐的起源开始,逐步了解音乐美的欣赏要点。

1. 音乐的起源

(1) 中国音乐的起源。

音乐作为人类历史上最古老的艺术种类之一,其起源众说纷纭,主流说法有模仿说、巫术说、劳动起源说、异性求爱说等。众多学者认为早在文字出现的远古时期便有了音乐。我国音乐起源至少可追溯到8000年前。20世纪80年代中期,河南省舞阳县贾湖新石器时代遗址中先后发掘出了多支骨笛,其形制规范统一,长约20厘米,直径约1厘米,大多有七个孔,音阶结构至少为五声音阶。原始时期的乐器比较简单,材料多为土、石、骨等,作用多与生产相关,以骨哨、骨笛、埙、鼓、磬、钟等吹奏乐器或打击乐器为主。

▲ 贾湖骨笛(1987年出土)

夏商周至春秋战国时期,随着冶炼及铸造业的大力发展,出现了大量青铜乐器,宫廷雅乐、民间歌曲也流传千古。如我国第一部诗歌总集《诗经》中,便整理了"风""雅""颂"三部分诗歌,其中"风"包含了160篇十五国民歌。

至秦汉时期,中华大地上出现了相和歌、鼓吹乐和百戏等音乐内容,推动了音乐艺术的发展。诸如《广陵散》《胡笳十八拍》等古琴曲从汉代流传至今。魏晋南北朝时期的清商音乐由汉魏相合诸曲与南方民间音乐结合形成,吴调、西曲等民歌盛行。唐代大曲将综合乐器、舞蹈、歌唱等多段结构相结合,形成独具特色的大型乐舞,民间主要以曲子和变文为主。

宋代曲子已发展成为一种艺术歌曲,说唱音乐也走向成熟。元代杂剧最负盛名。明清时期戏曲中产生了海盐腔、余姚腔、弋阳腔、昆山腔四大声腔,并有了大规模乐种出现。

中国近代(公元1840年至1949年)出现了很多脍炙人口的乐曲,如聂耳的《义勇军进行曲》、冼海星的《黄河大合唱》、马思聪的小提琴曲《思乡曲》以及民间歌剧《白毛女》等,丰富了我国的音乐作品。

自中华人民共和国成立以来,音乐艺术迎来了重要的发展,优秀音乐家与优秀

▲（自左至右）音乐家聂耳、冼星海、马思聪

作品层出不穷，如王莘的《歌唱祖国》、秦咏诚的《我为祖国献石油》、郑秋风的《我爱你中国》、台湾地区的《龙的传人》《我的中国心》等备受喜爱的作品。这些作品融合我国的传统文化，并以多种音乐形式表达人民情感，深受人民喜爱。

（2）西方音乐的起源。

西方音乐的源头可追溯至古希腊时期。古希腊将音乐定义为 mousike，其源自于希腊神话中缪斯一词。今天在希腊和意大利的古代剧院遗址中，还是能够感受到音乐曾经在当地是多么繁盛。进入中世纪以来，在西方世界中，宗教音乐占据主导地位，古罗马天主教教皇格里高利一世收编了《交替圣歌集》圣咏用于教会礼拜仪式。

文艺复兴时期是欧洲文化与思想发展的重要时期，音乐形式更丰富；巴洛克时期区别于文艺复兴时期的庄严，歌剧成为音乐艺术中最具代表性的形式之一，如1600 年的《尤丽迪茜》是第一部完整保留的歌剧。除此之外，还有巴赫的《马太受难曲》、亨德尔的《弥赛亚》《水上音乐》等音乐作品成为经久不衰的佳作。

古典主义时期是西方音乐发展的一个高峰阶段，涌现了许多著名音乐家和作品，如海顿、莫扎特、贝多芬等音乐巨匠创作的作品，极大地丰富了人们的精神世界。浪漫主义时期音乐界人才辈出，诸如韦伯、舒伯特、舒曼、肖邦、李斯特、马勒等都是享誉全球的音乐大师。19 世纪末 20 世纪初最有影响力的印象主义代表当属德彪西和拉威尔。20 世纪科技在音乐领域也得到了发展，出现了各种电子音乐、序列音乐、偶然音乐等，使得音乐形式不断引发新思考。

在日益全球化的今天，各国音乐不断交流和融合，音乐也随着当今的科学技术、经济、文化的发展而愈发蓬勃。

2. 音乐的分类

按照约定俗成的概念，音乐可分为声乐和器乐两大类。声乐可以按音色分为男声（男高音、男中音、男低音）、女声（女高音、女中音、女低音）、童声，也可以按照演奏（唱）形式分为独奏（唱）、合奏（唱）、齐奏（唱）、重奏（唱）等。器乐可分为弦乐（如二胡、板胡、高胡等）、管乐（如笙、箫、唢呐、管等）、打击乐（如鼓、锣、板等）、弹拨乐（如琵琶、阮、扬琴等）。民间音乐有民歌、说唱、丝竹、吹打等。

3. 音乐美的要素

(1) 旋律美。

旋律是由时值、音高和音量三方面要素构成的曲调,是音乐的灵魂。通过高低起伏、有机组织的乐音,勾勒出音乐艺术的真情实感,是音乐形象塑造的重要表现手段之一。

(2) 节奏、节拍美。

节奏是用强弱、长短不一的音调组织起来的,交替出现在音乐中,是音乐的骨骼,能够给曲调鲜明的风格,并且有助于人们对音乐的记忆。节拍是通过强弱对比、进行时的长短以及规律性的反复变化,使音乐更加形象,让听众感受到美。

(3) 和声美。

和声是指两个或两个以上的音,按照一定的规律有机组织、同时发声,使音乐层次更加丰富、更具特色,具有很强的渲染作用。

(4) 速度美。

速度能够展现出音乐的快慢,影响着音乐情感的塑造。快速的音乐能够表达紧张、激烈、快乐、兴奋的情绪,慢速的音乐则能够营造悲伤、柔美、安静、庄重的氛围。

(5) 力度美。

力度是指音乐中音响的强弱程度。它影响着音乐形象的塑造,其表现丰富,如力度越强,则音乐带来的紧张感越强;反之则越弱。它能够很好地营造音乐氛围、增强层次性。

(6) 调式美。

若干个音乐按照一定的关系组合,并以其中的一个音为中心,这个音组织就称为"调式"。调式的种类丰富多彩,不同国家和地区有不同的音乐调式,如我国的五声民族调式从连续五度相升来阐明结构规律。

(7) 曲式结构美。

有人说"建筑是凝固的音乐,音乐是流动的建筑"。曲式是音乐的结构形式,具备一定的形式结构特色,并具有艺术情感与内涵。比较常见的有一部曲式、二部曲式、回旋曲式、奏鸣曲式、变奏曲式等。

(8) 音色美。

音色是指能够通过听觉辨认的声音的特色,它取决于发声物体的材质与形状。不同乐器、不同人声、不同音区所展现的音色各具特色,表现出的风格或明媚、或愉快、或低沉、或惆怅,往往有助于情感的渲染。音色也具有很强的民族色彩。

(9) 织体美。

织体是指组成音乐的旋律、节奏、和声等方式,可分为单声部和多声部两类。单声部曲调以单声部织体作为陈述形式,而多声部曲调则以复杂的织体进行组织。这些乐符、节拍及和弦纵横交织、疏朗有致,形成了复调体、合声体及复调合声混合体,营造出丰富的音乐表达,展现出千变万化的美感。

4. 音乐美的审美要点

音乐审美可从聆听、想象、情感、形象与意境再创造四个方面进行赏析。首先，音乐作为诉诸听觉的艺术，聆听有助于把握旋律中的情感特征，通过聆听音乐的节奏、曲式、调式等构成，感受作品中或微妙或丰富的变化。其次，音乐所塑造的形象相对来说较为抽象，会随着每位听众的感知力不同而有所差异。音乐给人广阔的想象力空间，通过想象力能够创造性地将思维与音乐情景进行结合。再次，传达情感是音乐艺术的特征之一，饱含情感的音乐作品，能够让人受到感染，并带给听众不同的情感体验。最后，音乐虽然不像绘画作品那样直观可视，但所传达出的意境与形象，因听众欣赏水平不同而略显差异，因此在欣赏音乐的过程中，人们会根据自己的生活经验，将其形象与意境进行再创造。

5. 名作赏析

（1）中国篇。

① 中国古筝曲——《渔舟唱晚》。

《渔舟唱晚》古筝曲是娄树华的作品。该曲名取自唐代王勃《滕王阁序》中"渔舟唱晚，穷响彭蠡之滨"。描绘的是夕阳西下，渔人载歌而归，劳动丰收的欢快归家景象。全曲分为三个部分：第一部分描绘湖滨景色，旋律舒缓、悠扬；第二部分表达渔人满载而归时的愉快心情，运用了变奏手法，不断递进速度、力度，旋律欢快，展现水流波动，使全曲达到高潮；第三部分展现回到渔船岸边的情景，采用第一部分素材，旋律逐步回归平缓，前后呼应。

② 中国民歌——《茉莉花》。

《茉莉花》起源于南京六合民间传唱百年的《鲜花调》，由军旅作曲家何仿采自于六合的民歌汇编整理而成。

该曲采用五声音阶曲调和级进的旋律，反复匀称的结构，属于单乐段分节歌，具有鲜明的民族特色。旋律委婉、流畅、柔美具备江南风格。歌曲抒写了茉莉花的娇美、芬芳，展现了少女们被茉莉花吸引，爱花、惜花、怜花的多重情感，浓厚含蓄。

③ 民族管弦乐合奏——《春江花月夜》。

《春江花月夜》是一首著名的民族管弦乐作品，作者柳尧章根据琵琶曲《夕阳箫鼓》改编而成。乐曲分为十段，标题分别是：江楼钟鼓、月上东山、风回曲水、花影层叠、水深云际、渔歌唱晚、回澜拍岸、桡鸣远濑、欸乃归舟、尾声。乐曲柔美、典雅，旋律婉转，结构严密，节奏舒展，用含蓄的手法表现了深远的意境，时而幽静，时而热烈，具有较强的艺术感染力。

（2）外国篇。

① 钢琴曲——《月光奏鸣曲》。

《升c小调第十四钢琴奏鸣曲》，又名《月光奏鸣曲》，由德国作曲家贝多芬于1801年创作。分为三个乐章：第一乐章是慢板，抒情、柔和，流露出淡淡哀伤；第二乐章是小快板，轻快、优美；第三乐章是激动的急板，疾风暴雨般的旋律中蕴涵着复杂的钢琴技巧，表现出激动的情绪和高昂斗志。该曲表现出了坚强的意志和力量，给人以精神的鼓舞。

② 意大利民歌——《我的太阳》。

《我的太阳》是19世纪意大利著名作曲家卡普阿写的一首独唱曲目,赞扬太阳,表达真挚爱情,具备浓郁的那波里民歌风格。该曲受到《罗密欧与朱丽叶》中诗句启发,旋律华丽,情感热烈,深情意切,具有很强的艺术感染力。第一段曲调柔和婉转,赞美了明媚的阳光和天空。第二段旋律高亢明亮,情感热烈真挚,诉说着爱慕之情,给人以深切的艺术感受。

▲ 帕瓦罗蒂演唱《我的太阳》

二、舞蹈美

舞蹈以人体美为基础,通过有韵律的肢体不断变化,塑造舞蹈艺术形象,表达思想情感。

1. 舞蹈的起源

舞蹈是最古老的艺术之一。早在远古时期,人们运用动作、姿态、神态等肢体语言来传达信息。关于舞蹈的起源还有很多其他说法,如劳动说、巫术说、图腾说、模仿说、游戏说、宗教说等。舞蹈作为人类生活的一种现象,形成的因素是复杂的、多样的,并非某一个理论能够全面概括的。我国很多学者主张舞蹈"劳动说",认为劳动创造了人类社会,为使技能得到传播,因此产生了舞蹈。

原始社会时期由于生产劳动、生活的群居性,原始舞蹈也总是呈现集体性。部落采取图腾作为标识,每逢祷告或庆贺时,便对着图腾舞蹈,因此被称之为图腾舞蹈。如北美洲印第安人的野牛舞、澳洲土著人的图腾蛇舞等。

进入奴隶制社会后,图腾舞蹈开始转变为巫术舞蹈。虽然二者都与原始宗教信仰相关,但与集体性的图腾舞蹈不同的是,巫术舞蹈是巫师个人的表演。这表明舞蹈从集体形式向个人专业演出迈进了一步。春秋战国时期的巫术舞蹈规模、形式更加的宏伟与丰富。

到了封建社会时期,宫廷舞蹈得到了发展,其与祭祖或宴饮助兴相关。汉魏和隋唐时代是宫廷舞蹈发展的两个高峰。宫廷内设有乐府、太常寺、梨园等机构用以专门管理收集乐舞、培训宫廷乐舞演员和乐员。印度、日本、朝鲜等东方国家,有供皇室欣赏的乐舞和舞伎。在欧洲,自西罗马灭亡后,教权的统治打破了古希腊、古罗马宫廷乐舞盛行的局面,娱乐性舞蹈被中世纪教会禁止,但世俗民间舞蹈仍可继续发展,直至文艺复兴后,宫廷舞蹈才得以恢复。

西方社交舞蹈起源于17世纪以社交为目的的娱乐性宫廷舞蹈,其吸收了民间多种舞蹈形式,并加以改良和传授,以适应宫廷中的社交礼仪。

20世纪初,现代舞在西方兴起,这种舞蹈形式最初是受浪漫主义思潮影响产生的,后来又在现代主义的思想影响下产生出许多舞蹈派别。

纵观历史长河,民间舞蹈种类繁多且具备一定的乡土特色,始终在民间广泛流传。

2. 舞蹈的分类

总体上可以将舞蹈分为两大类:一是生活舞蹈;二是艺术舞蹈。生活舞蹈是人们生活中与社交、娱乐、健身等相关的舞蹈形式,多为简单随意的,具有普及性与广泛性。生活舞蹈包括习俗舞蹈、宗教祭祀、社交舞蹈、自娱舞蹈、教育舞蹈、体育舞蹈等。

艺术舞蹈是指专业或业余的舞蹈家,通过对社会生活的观察、体验、概括进行艺术再现,从而创作出主题鲜明、情感丰富的艺术形象。根据舞蹈的风格可分为民族舞、古典舞、芭蕾舞、现代舞、当代舞等。根据舞蹈的表现形式又可分为独舞、双人舞、三人舞、群舞、歌舞、组舞等。艺术舞蹈可谓形式多样,情感丰富,每种舞蹈都具备艺术特色。例如,起源于意大利的芭蕾舞,有一套完整严谨的程式和规范,融入音乐、面部表情、舞蹈动作等多种元素,使得其广为流传。大型芭蕾舞剧《天鹅湖》《罗密欧与朱丽叶》《睡美人》等就是其中的典型代表。

3. 舞蹈美的特性

(1) 动作性。

舞蹈的基本要素是动作姿态、面部表情与节奏。舞蹈通过具备技巧的人体动作的变化与体态的展现,传达思想情感。舞蹈的动作大致可以分为两类:一类是对生活的再现,用动作进行艺术的加工处理;另一类是对自然界的模范与艺术再创作。舞蹈动作能够展现出人体的体态美,同时也具有明确的象征意义和内涵。

(2) 节奏性。

舞蹈离不开节奏,节奏能够带给舞蹈活力。舞蹈的节奏指的是通过动作力度的强弱、速度快慢以及幅度的大小等,来赋予动作不同的含义与情感。舞蹈的节奏能够在抑扬顿挫中表达思想与情绪,有助于塑造舞蹈形象。在节奏的交错中,让观者感受到舞蹈形象的变化。

(3) 造型性。

舞蹈造型有两个方面,一是人体动作姿势造型;二是舞蹈队伍的排列组合造型。舞蹈造型是人体在运动过程中展现出的姿态表情所构成的动与静的状态。

▲ 舞蹈《千手观音》

（4）抒情性。

舞蹈通常采用人体姿态来描绘生活、传达情感与内在精神世界，其展现的抒情特征，也是舞蹈具备感染力的原因所在。舞蹈的抒情性往往是音乐、姿态、节奏、力度等综合的运用，将情感进行解析后进行直观、丰富、深厚的展现。舞蹈的抒情特征体现了舞蹈的品质，同时也使舞蹈艺术具有强烈的感染力。

（5）综合性。

构成一支舞蹈的因素有很多，除了具备节奏、动作、表情以外，往往还会融合文学、戏剧、灯光、美术、音乐等综合性的因素，使其更加丰富多彩。舞蹈不单单是人体的艺术，它也是音乐的视觉语言。舞蹈发展至今，已融入较多富有创造力的元素，如灯光、布景、音乐、科技等，其魅力得到了进一步的提升。

4. 名作欣赏

（1）中国部分。

① 傣族孔雀舞——《雀之灵》。

《雀之灵》是舞蹈家杨丽萍的经典自创傣族舞蹈作品。采用手臂转动的肢体语言，表达与传递着孔雀的灵动；腰肢柔软细腻，舞出了孔雀的婀娜；裙摆飞扬、变化多彩，展现出孔雀的华丽。该作品表现出的强烈的生命意识非常吸引人。舞者通过作品表达出对人生的感悟、思索和追求，让人们体会到艺术是活的，它不仅仅具有外在的美，也有属于自己的生命和存在的意义。

② 中国古典舞——《扇舞丹青》。

《扇舞丹青》借用折扇，演绎了中华民族书法艺术的神韵之美，仿佛是描画丹青，跃然纸上，塑造出古典、端庄、充满恬静雅致的意境。该舞蹈臂力运用自如，依托折扇的舞动，正握、反握、扇边上握，既随意又恰到好处，展现了蕴藏在中国传统书画中的独特神韵。舞蹈通过人体形态，展现刚柔并济的动作，使观众能够感受到"天人合一"的精神内涵。

▲ 民族舞《雀之灵》（杨丽萍）

▲ 古典舞《扇舞丹青》（王亚琳）

（2）外国部分。

① 芭蕾舞——《吉赛尔》。

《吉赛尔》是浪漫主义芭蕾舞剧的经典代表作品之一。该舞剧改变了女演员的服饰，以白纱裙代替原本笨重的旧服饰，而脚尖鞋则表现出轻盈飞跃的动态，充满浪漫主义色彩。舞剧表达的是传奇且世俗的爱情故事。第一幕充满田园风光，刻画了吉赛尔和阿尔伯特相识、痴情与背叛的故事。第二幕具备想象力，以超自然的想象展开各种舞蹈，特别是女子群舞更成为经典之作。

② 现代舞——《阿帕拉契亚的春天》。

《阿帕拉契亚的春天》是现代舞蹈史上一部非凡的舞剧，其音乐由科普兰创作。舞剧描述19世纪前半叶美国西部宾夕法尼亚州在移民时期拓荒的背景，一对新婚夫妇带着喜悦的心情庆贺着自己的农舍在山麓间建成，表现出他们对生活的热爱和对

▲ 芭蕾舞剧《吉赛尔》

未来的憧憬。音乐中流动着赞美之情,为舞蹈创造出某种欢欣鼓舞、温暖人心和富有诗意的听觉氛围。

▲《阿帕拉契亚的春天》的作曲者科普兰

三、绘画美

绘画是采用点、线、面、色彩、构图等视觉语言,在二维平面上组织成静态图像,用以表达思想情感、再现生活感受的艺术形式。

1. 绘画的起源

世界各地美术的起源几乎都可追溯至远古时期,且大都是从在岩洞窟壁上作画开始。如法国拉斯科洞窟岩画与西班牙的阿尔塔米拉洞窟岩画均流传至今。阿尔塔米拉洞窟内的《受伤的野牛》,极具生命的张力,以线条和体块来展现野牛的结构特征,以色彩明暗的变化来显现野牛的姿态神情,画面细腻灵动。

文艺复兴时期许多艺术家崭露头脚,最具代表的有达·芬奇、米开朗基罗和拉斐尔。达·芬奇的《蒙娜丽莎》、米开朗基罗的《最后的审判》、拉斐尔的《西斯廷圣

• 第六章 美之赏析：艺术之美 •

▲ 受伤的野牛

母》等画作技法精妙，反映出文艺复兴时期的严肃、含蓄、平衡的艺术审美理念。17世纪至18世纪的西方绘画内容更为丰富，如宗教画、神话画、肖像画、风景画等均达到较高水平。当时的西方绘画风格主要为巴洛克艺术与洛可可艺术。巴洛克风格浮夸、豪华，而以法国为代表的洛可可风格则追求华丽与精巧。

到了19世纪，西方绘画艺术风格有了丰富的发展，有新古典主义、浪漫主义、写实主义、印象主义、后印象主义等。以雅克·路易斯·大卫为代表的新古典主义画派追求古典宁静、理性与自然浪漫主义，更加注重形式对比，以情感色彩为依托，强调个性的表达。以库尔贝、米勒、杜米埃等画家为代表的写实主义则反对追求理想的浪漫主义，真实地表现生活。印象主义画派用独特的视角观察世界，表现生活、自然与社会等，该时期著名的画家有克劳德·莫奈、爱德华·马奈、卡米耶·毕沙罗等。后印象主义画派则走向了主观表现，并被称为"现代艺术的先驱"。迈入20世纪，现代主义兴起，受现代主义思潮的影响，绘画风格也出现具有前卫特色的现代派，如立体主义、野兽主义、抽象主义、达达主义、超现实主义、抽象表现主义、波普艺术等。

中国美术的发展最初与巫术相关，如甘肃青海大通马家窑文化出土的舞蹈纹彩陶盆，采用抽象的线条组合，体现出一定的装饰性与神秘性。中国古代早期绘画大都选择刻在青铜器或绘制在陶器上，直至汉代纸张发明后，才逐渐演变出中国画。战国楚墓中出土的《人物龙凤帛画》和《人物御龙帛画》已初步展现出较高的艺术水平与民族风格。

秦汉时期不同文化的交流与发展，也推动了绘画艺术的繁荣。汉代多以壁画、画像石、画像砖、帛画呈现，画面宏大、色彩臻丽，多采用流云、神兽、动物、人物等形象，展现出一定的神话和宗教色彩。到了魏晋南北朝时期，佛教艺术传入我国，绘画题材也有相应的转变，如东晋顾恺之、戴逵、曹仲达等，留下许多人物画与动物画的

▲ 人物龙凤帛画

▲ 人物御龙帛画

杰作,此时的山水画还未发展成熟。隋唐时期,国家统一,经济繁荣,加强了对外交流,因此人物画有了长足发展,如阎立本的《步辇图》等;唐代山水画富丽精细、画工精湛,同时水墨画也开始萌芽。

▲ 步辇图(唐 阎立本)

到了宋代,山水画与花鸟画最负盛名。绘画开始流行于民间,并得到了高度的发展,如顾闳中、周文矩、张择端、范宽、郭熙等艺术大家以及宋徽宗赵佶的绘画作品艺术造诣极高,拥有很强的影响力和传承性。元代以山水画、花鸟画、人物画、壁画为主,通过绘画表达艺术家的心境,作品强调文学与笔墨韵味结合。明代绘画兴荣,百花齐放,除了传统人物画、花鸟画、山水画,还有梅兰竹菊等杂画,民间盛行版画。清代绘画呈现推崇古代和开创新派两种趋势,题材繁多、笔墨技巧各有千秋,许多绘画相关的论著对近代绘画影响也颇为深厚。中华人民共和国成立以来,中国绘画呈

▲ 溪山行旅图（北宋 范宽）

▲ 写生翎毛图（局部）（北宋 赵佶）

现出一番新气象。

2. 绘画的分类

按照实用工具和材料，通常可将绘画分为中国画、油画、版画、水彩与水粉画、素描。

中国画简称"国画"，是我国传统绘画形式，通常采用毛笔进行墨色或彩色晕染画于绢帛或纸上，其可分为工笔画与写意水墨画。

油画起源于十五世纪的欧洲，由荷兰人发明，是使用亚麻油调和颜料，并在布上进行绘制的作品。由于油画的色彩覆盖力较强，因此可在画布上形成一定的立体感。

版画是在不同材料的版面上进行雕刻后印刷而成的作品，其具备可复制性。根据版材与刻制方式的差异，可将版画分为木刻版画、丝网版画、铜版画、石版画等。如日本浮世绘就是较为典型的彩色印刷木版画。

水彩与水粉画采用色彩和水调和颜料，多绘制于纸上，并且具有一定的覆盖力。水彩与水粉画借助水的渗透作用，将画面浸润，展现出轻快的艺术特色。根据用水比例，可使画面产生堆叠的体积感、浸润感或透明感等不同的艺术效果。

素描一般采用单色色彩在二维平面中为表现明暗特征而进行创作，狭义上的素描会用线条进行刻画。根据使用工具的不同，素描可用铅笔、炭笔、钢笔、毛笔、粉笔等进行创作。

在计算机时代，还有通过电脑及电子绘图板等设备结合软件进行绘画创作的方式，与以往的绘画材质有了质的不同，打开了虚拟艺术这一广阔的新领域。

3. 绘画的要素

不管哪种类型的绘画作品,当我们在进行创作和赏析时,都要了解绘画的基本要素以进行适宜的艺术表达。绘画艺术的基本要素如下。

(1) 造型性。

造型是绘画的主要特征。绘画通过线条、色彩、构图等形式语言,刻画事物形态,塑造形体,表现内在精神世界。例如,中国古代绘画中主要采取线条与青绿色彩来表现山水的意象和精神气韵,并总结出十八描法和各种水墨运用技巧,如泼墨法、积墨法、焦墨法等。西方绘画也从日常观察经验中总结了色彩、透视、明暗等适用于绘画艺术创作的形式。

(2) 静态性。

绘画作品均是以静态的形式呈现的,无论是色彩、线条,还是体块、明暗等形式,所构成的画面都是静态的。虽然绘画展现的是某一瞬间的画面,但是能够让人通过图片的意象、元素等感受并联想其中的故事情节。在定格的画面中,引发无限的遐想和情感。绘画所反映出的静态美,恰好承接了动态的事物形象,能够让观者感受到寓动于静。例如,达·芬奇的传世之作《蒙娜丽莎》,虽通过静态画面展现人物的表情和内心世界,但又能使观者联想到其背后的故事性,并给人以静寓动之感,成为了"永恒的微笑"。

▲ 蒙娜丽莎(意大利 达·芬奇)

(3) 表现性。

绘画作为再现性的空间艺术,通过其塑造的形象,展现出作者的思想情感与生活体验,因此也具备较强的表现力,它的形象能够表现出作品本身内在的意趣,也是审美的重要特征之一。正如德国美学家黑格尔在《美学》一书中所说,"艺术作品比起任何未经心灵渗透的自然产品要高一层。例如一幅风景画是根据艺术家的情感和识见描绘出来的,因此,这样出自心灵的作品就是要高于本来的自然风景。"这便是绘画作品表现出的传情达物。

4. 绘画作品欣赏

(1) 中国部分。

① 风俗画——《清明上河图》。

《清明上河图》是宋代画家张择端描绘的北宋京城汴梁与汴河两岸繁荣景象的图画。该作品采用散点构图的方式描绘了繁杂的景象,画面中有人物、建筑、植被、动物等,表现出市井中热闹非凡的景象与自然风光。整幅画卷场面浩大,内容丰富,构图严谨、细腻入微,表现了艺术家对生活的洞察力。

② 水墨画——《虾趣》。

▲《清明上河图(局部)》(北宋　张择端)

▲《虾趣》(齐白石)

《虾趣》是齐白石的水墨写意画代表作品之一。气韵生动、以形写神,展现了虾的生动活泼,妙趣横生。在笔墨技法上,充分运用墨分五色功能,以点线面结合,使墨色交相辉映,浓淡相合,有层次地表现了栩栩如生的虾,并采用四周留白的技法,给人一种开阔的意境。

(2) 外国部分。

① 油画——《日出·印象》。

《日出·印象》是法国著名印象派代表画家莫奈的经典之作。该幅作品用色彩、笔触来渲染日出时的海景风光。该作品描绘的是阿弗尔港口清晨海面的景色。画面表现了雾气茫茫的大海,岸边景色依稀可见,海面波光粼粼,反射着日出的色彩。

② 油画——《向日葵》。

《向日葵》是梵高的代表作,该画作描绘了插在花瓶里的向日葵,画中色彩大面积采用黄色、棕色调,像闪烁着熊熊的火焰,满怀炽热的激情和旋转不停的笔触是那样粗厚有力,色彩的对比也是单纯而强烈、绚烂而明媚的,展现了一个充满阳光和美丽的世界。虽然梵高人生困顿且英年早逝,但他的艺术作品中浓烈而激情的表达却给艺术界留下了独特的印象。

▲《日出·印象》(法 莫奈)

▲《向日葵》(荷兰 梵高)

四、雕塑美

雕塑美指雕塑艺术的审美属性,是艺术的形态美之一,雕塑美是用硬质或可塑材料,在三维立体空间中,以形态为语言塑造形象所呈现的美。雕塑的"美"意义广泛,外在形式的美、内心精神层面的显露,或者对社会的反映,再或者是给观赏者带来的一种视觉冲击力,这些都可以算是雕塑中的"美"。

1. 雕塑的基本形式

雕塑作为重要的艺术表现形式之一,起源悠久,种类丰富。通常按形式可以分为圆雕、浮雕、透雕三种,具有不同的审美特性。

圆雕指不附着在任何背景上,可以多方位、多角度欣赏的三维立体雕塑。圆雕创作手法与形式多种多样,常以寓意和象征的手法,用强烈、鲜明、简练的形象表现深刻的主题,给人以难忘的回味。法国雕塑家奥古斯特·罗丹创作的雕塑《思想者》就成功塑造了一个强有力的劳动男子沉浸在极度痛苦中的形象,将深刻的精神内涵与完整的人物塑造融为一体。

浮雕是用压缩的办法来处理雕塑对象,靠透视等技巧来表现三维空间,一般附着在另一平面上,并只供一面或两面观看。它既具有圆雕的特性,又在叙事上有更为广阔的表现空间。例如,被誉为建筑经典中史诗般存在的人民英雄纪念碑浮雕,艺术家们运用大量的象征手法,根据浮雕设计主题,题材贯穿中国革命历史发展潮流与主脉,借助生动的人物形象,表现出浓烈的革命精神与情感,并将思想内涵化为可以感知的具体形象,使作品立意高远,寓意深刻,体现了中华民族自强不息、砥砺前行的伟大精神,生动地展现了一百年来中国人民英勇斗争的全景图。

▲ 思想者
（法　奥古斯特·罗丹）

▲ 人民英雄纪念碑浮雕——五四运动（滑田友）

透雕也称"镂空雕""通花雕"，是在浮雕的基础上，镂空其背景部分，从而产生一种变化多端的负空间，并使负空间与正空间的轮廓线有一种相互转换的节奏。这种手法常用在中式工艺中，有的还可供两面观赏。透雕通过图案的巧妙组织，将纹饰穿透雕空，凸显轮廓，形成玲珑剔透的艺术效果，人们常用"鬼斧神工""巧夺天工"之词来赞美透雕艺术。

▲ 牙雕套球

2. 雕塑的艺术特征

（1）体量感。

雕塑艺术是占有三维空间的实在形体，雕塑的体量感对作品效果有着毋庸置疑的影响。体量感的变化可以传递出不同的个人观念、思想情感，加大雕塑的体量感可以增强雕塑的整体性。

体量感首先指的是雕像本身的体积，通常视觉上是巨大的。我国古代的许多佛像造型就是通过巨大的体量来显示佛的庄严和震撼力，从而引起观者的敬畏之心。如河南洛阳龙门奉先寺的卢舍那大佛，通高17.14米，头高4米，耳长1.9米，大佛身着通肩式袈裟,舒缓的衣褶覆盖全身,飘逸浩荡,薄薄的衣襞下显示出躯体的壮硕健美之感,从中感受到雄浑的体量感。

此外,雕塑品饱满,具有扩张力和艺术感染力,也可以体现出体量美。如东汉铜奔马虽然仅高34.5厘米,身长45厘米,但造型矫健精美,作昂首嘶鸣、疾足奔驰状,显示了一种勇往直前的豪情壮志。虽然实际体积不大,但依旧可以给人以豪迈的印象。

▲ 卢舍那大佛

▲ 东汉铜奔马

(2) 材质的表现力。

无论何种类型的雕塑作品都需要材质这一媒介来构成,雕塑家在空间体积和固有的形态肌理上的运用,取决于雕塑本身的材质和用途。

不同的材质在被造型时会呈现出不同的艺术效果,体现差异化的美感。如石材具有威严厚重感,通常用来雕刻陵墓和纪念碑墓;乳白色大理石适合表现阴柔和优美;木材给人带来温馨感;金属大多表现坚硬感;织物毛料则十分柔软且有空间感。因此,只有合理运用雕塑的材质才能使雕塑更有冲击力和震撼力。宋庆龄是一位杰出的女性,同时也是革命家和政治家,她的雕像给人以慈祥、朴素之感,且蕴涵了坚强的意志。作者选用白色的汉白玉作为雕塑的主材,以汉白玉象征宋庆龄的高洁品格,也显示出作为女性特有的含蓄和端庄。

(3) 单纯与丰富的统一。

法国著名的文艺理论家伊波利特·丹纳说过"没有一种艺术比雕塑更需要单纯的气质、情感和趣味了。"雕塑家要对现实生活进行更集中、更概括的反映,雕塑作品可具有"一以当十"的艺术效果。例如,法国雕塑艺术家奥古斯特·罗丹创作的《巴尔扎克像》,作品删繁就简,深刻诠释了巴尔扎克身上那股无畏的气度和宽广的心胸。他认为,创造形似的巴尔扎克不是主要的,重要的是诠释巴尔扎克的精神风骨。

回望中国古代雕塑作品,坐落于河西走廊西部的敦煌莫高窟保存了大量北魏至宋代各时期的雕塑作品,其中的造像精品不胜枚举,以莫高窟第158窟涅槃像为例,该造像既是中唐大型塑像的代表作之一,也是同类塑像中的杰出之作。此尊塑像为

▲ 宋庆龄纪念像(张得蒂等)

▲ 巴尔扎克像(法 奥古斯特·罗丹)

石胎泥塑,身长15.8米。涅槃像面部,双目半闭,唇含笑意,烘托出佛祖涅槃至高无上、超凡入圣的意境。

▲ 涅槃像(莫高窟第158窟)

▲ 菩萨像(敦煌莫高窟第45窟)

再如敦煌莫高窟第45窟,开凿于盛唐时期,窟内龛口塑像为唐代雕塑艺术的杰作。尤其是两旁的菩萨像,面相丰满圆润,双目微启,眉目间似笑非笑,有慈眼视物,无可畏之色,神情恬静慈祥。创作者将佛像身躯的头、胸、臀三部分构成动态的扭倾关系,形成节奏鲜明的身体形态,塑造了理想中的慈悲为怀、垂怜众生的菩萨形象,极具感染力。

敦煌石窟艺术不仅在于作品的精美,还在于它能从作品中探究到时代艺术特点以及更深层次的社会内涵。莫高窟的每一个雕塑都是在特定历史背景下创作的,是一座巨大的人文艺术宝库。

五、戏剧美

戏剧,指以语言、动作、舞蹈、音乐、木偶等形式达到叙事目的的舞台表演艺术的总称。戏剧产生于人类社会发展的早期阶段,起源于生产劳动、巫术礼仪、图腾崇拜和对动物习性的摹拟。德国哲学家黑格尔曾说:"戏剧无论在内容上还是在形式上都要形成最完美的整体。所以应当看作诗乃至一般艺术的最高层。"戏剧美独特的魅力在于通过冲突激起观众心理、精神、感情上的反应。演员表演的真实性、生动性和造型性也是戏剧美的重要组成部分。

1. 戏剧形态

戏剧形态的分类,早在古希腊时期便已出现。如今,随着社会文化与文艺思潮的日趋多元化,戏剧的风格类型也越来越丰富,各种分类法层出不穷。戏剧在不断演变中形成了不同的形态。通常,按历史年代分类可以划分为原始剧、古代剧、近代剧、现代剧等;按表现要素可以划分为科白剧、哑剧、舞剧、音乐剧、朗诵剧、交响戏剧等;按内容题材可以划分为神话传说剧、历史剧、传奇剧、家庭剧等;按剧目可以划分为政治剧、宣传剧、娱乐剧、儿童剧、教育剧、宗教剧等;按表现手法可以划分为写实剧、诗剧、表现主义剧等。

人们最熟知的,也是最基本、使用最多的分类是按照情节展开划分的悲剧、喜剧和正剧,其中悲剧出现的时间早于喜剧,正剧也称为悲喜剧。威廉·莎士比亚被许多人认为是英国文学史和戏剧史上最杰出的诗人和剧作家之一,也是西方文艺史上杰出的作家之一。他撰写了一系列经典的文学作品,其中,四大悲剧和四大喜剧被大众熟知。四大悲剧包括《哈姆雷特》《奥赛罗》《李尔王》《麦克白》;四大喜剧包括《仲夏夜之梦》《皆大欢喜》《第十二夜》和《威尼斯商人》。中国古代的艺术家也创作出许多影响深远的悲剧作品,关汉卿的《窦娥冤》、纪君祥的《赵氏孤儿》、白朴的《梧桐雨》、马致远的《汉宫秋》等是其中的优秀之作。古今中外的剧作家创作了许多经典的悲喜剧作品,其中具有代表性的有汤显祖创作的《牡丹亭》、王实甫创作的《西厢记》、莎士比亚创作的《特洛伊罗斯与克瑞西达》等。

2. 戏剧美的艺术特征

(1) 综合的舞台艺术。

戏剧是一种综合性艺术,融合多种表现要素,是将舞蹈、音乐、文学、美术、武术、杂技以及表演艺术等各种因素有机结合而成的一门综合艺术。戏剧需要多方人员的通力合作,从视听等多角度展现,并与观众建立情感交流。戏剧是集体劳动的成果,剧作家提供演出脚本即戏剧文学文本,美术师、化妆师、灯光师通力合作完成舞台布景的设计、人物的造型等,音乐家(乐师)完成戏剧音乐、唱腔的创作,而演员则通过自己的形体表演来展示整个剧情。

（2）冲突的艺术魅力。

戏剧家顾仲彝先生说过："没有冲突，没有悬念，没有危机的剧，也就没有戏味。"好的戏剧往往有着引人入胜的情节，矛盾冲突是刻画人物性格、推动情节发展、加强感染力的有效方法，是戏剧创作的灵魂。戏剧中的冲突复杂多变，包括个人自身的、人与人之间的、意外情况的、社会的以及利益相关的冲突焦点，戏剧家在这种冲突中寄托了他对理想社会，特别是对理想人格的无限追求。例如，曹禺先生创作的话剧《雷雨》将庞大的矛盾冲突集中在周、鲁两家的家庭纠葛中，既有阶级矛盾、主仆矛盾，又有家庭伦理矛盾，在矛盾冲突中塑造出鲜明的人物性格，将剧中繁漪的大胆阴鸷、周朴园的冷酷伪善、鲁侍萍的软弱展现得淋漓尽致。作品表现封建社会阶级矛盾的同时，也展现出旧社会中，地主资产阶级对下层人民的压迫。在很多戏剧中都能看到强烈的矛盾冲突，例如《白毛女》《刘三姐》等作品，都通过戏剧的矛盾冲突反映出时代的激荡与人物的抗争，引发观众强烈的共鸣。剧作家通过组织戏剧冲突，将戏剧构建为一个统一、和谐的艺术整体。

（3）节奏的巧妙把握。

戏剧节奏指的是戏剧情节发展的速度，通过对节奏的把控可以拉近戏剧与观众的距离、区分人物性格，从而更好地展现戏剧的艺术性。剧本作者按照生活现象中长短、快慢、强弱、动静等特点，把人物的舞台动作艺术化地组织起来，以层层递进的方式吸引欣赏者的注意力。例如莎士比亚的戏剧《哈姆雷特》中将一些有关"陷害、阴谋、痛苦、反抗、复仇、死亡"等情节的节奏设定在阴暗、局促、狭窄的空间内，让观众的情绪随着剧情而起伏。舞台戏剧的魅力在于这是在演出空间中所产生的艺术，其创造的美和意蕴呈现出时空感，每一次表演都会有节奏上的微妙变化，具有无法复制性。戏剧的节奏美在于创作过程的不可替代性，节奏在展现戏剧艺术魅力的同时，也实现了表演与思想的完美融合。

六、影视美

影视是根据"视觉暂留"原理，以拷贝、磁带、胶片、存储器等为载体，以银幕、屏幕放映为目的，通过画面、声音、蒙太奇、故事情节等语言来实现视觉与听觉综合观赏的艺术形式。影视美既是生活美的艺术再现，又是艺术家立体意识的创造成果，是目前人们最容易接触到的艺术形式之一。

1. 影视艺术的发展

影视艺术包括电影艺术和电视艺术，其诞生与发展是科学技术与综合性艺术表达融合的结果。如果没有现代科学技术的进步，就不可能诞生电影、电视这两种新兴的艺术形式。比如电影的发明是许多发明家、科学家经过无数的实验和探索的结果。19世纪末，法国照相器材制造商卢米埃尔兄弟，在前人和同时代人，尤其是爱迪生研制的基础上发明了活动电影放映机，并摄制了《工厂的大门》《火车进站》《水浇园丁》等反映生活场景的实录。1895年12月28日在巴黎咖啡馆首次售票并成功公映了他们的作品,这一天被国际公认为电影的诞生日。1927年,世界电影史上第一部有声电影《爵士歌王》上映。之后,随着科学技术的发展,1935年,世界第一部真正意义上的彩色电影《虚荣城市》问世。第二次世界大战后电影技术发展的更为迅速,进入21世纪后,数字技术开始被广泛使用于电影制作中。

▲ 影片《工厂的大门》剧照

▲ 影片《爵士歌王》海报

1925年英国人贝尔德发明了电视,被称为"电视之父"。1928年,一家英国电视台发送了世界上第一个实验电视图像,随后第二年,英国伦敦首次播送电视节目,宣告了电视艺术的诞生。20世纪初期,现代电视系统基本成型,二十世纪三四十年代电视艺术迅速发展。随着电视机大规模的普及和应用,一系列基于电视技术的艺术形式也应运而生。需要说明的是,电视艺术以电影艺术为先导产生,与电影艺术有很多共通性,但因其对人们生活的渗透性很深,其艺术表达方式与电影艺术仍有区别。

2. 影视美的艺术特征

(1)逼真性与假定性。

在影视艺术创作实践中,艺术创作者一方面要于生活中吸取灵感,另一方面要敢于想象。真正的影视艺术是逼真性与假定性的有机统一,所谓的逼真性不等同于真实,而是逼近于真实,其本质上是通过科学技术手段,客观记录现实的影像、色彩、声音、动作,并且在银幕或荧屏上表现出来。例如国产电影《亲爱的》改编自真实事件,引发了社会对拐卖儿童的深切关注,剧中的母爱也引起观众共鸣。而电影的假定性特征可以体现在素材选择、主题提炼、故事情节的安排上,还体现在色彩、光影、音乐等电影语言的具体运用方面。如国产电影《红高粱》用假定性的色彩造型把整个天地变成红色,来显示人物行为的壮烈,给观众留下了新颖与激动的视觉印象。

(2)综合性与技术性。

影视艺术的综合性表现在以下三个层次。其一,影视艺术是各门艺术的综合;其二,影视艺术是科学与艺术的综合;其三,影视艺术是美学层次上的综合。综合性可以体现出影视艺术与其他艺术的共性,而技术性则更多地体现出影视艺术的特殊性。影视艺术产生于现代科学技术基础之上,技术赋予了影视艺术区别于其他艺术的鲜明特色。例如声音的引入促成了以好莱坞为代表的戏剧化电影美学观的诞生;轻便摄像机、高速感光胶片、磁带录音机的出现,促发了意大利现实主义流派的形成;而高速发展的计算机技术对于影视技术更是如虎添翼,为大银幕的艺术创作提供了异彩纷呈的视听奇观。

(3) 造型性与运动性。

首先,影视诉诸观者的主要是直观的视觉形象,影视画面是由人、影、物、光等各种元素组合起来的造型形象。其次,影视是通过连续的运动、不断变换的镜头画面来表现现实生活的艺术。影视的运动包括被拍摄物体的运动、摄影机的运动、主客体复合运动以及蒙太奇运动。有时镜头里采取不同静态画面组接,通过观众脑海中的想象力,会形成一定的逻辑连贯,这就"蒙太奇",这也是影视艺术独特的魅力所在。从本质上看,影视艺术是一种采取空间形式的时间艺术,这种"空间形式"奠定了造型性在影视艺术中的重要地位,而"时间艺术"又奠定了运动性在影视艺术中的决定作用。因此,造型性与运动性的统一,构成了影视艺术的重要美学特征。

美之赏析

当人们在进行美的赏析时,"美"指的就是人们所欣赏的客观事物的一种共同的本质属性。在人类的社会生活中,对美的欣赏是重要的感知觉活动,人们在接触艺术作品时产生审美评价和审美享受。在这些审美活动中,人们对美的认识过程始终保持着对具体形象的感性印象,是知觉、联想与想象诸多心理活动的有机统一,伴随着情绪、情感活动和理解。

1. 知觉

在艺术接受和欣赏的初级阶段,视、听知觉是接受的主要方式。人们用感知觉器官,如视觉、听觉、触觉、味觉等直接和审美对象发生关系,从而在意识中产生相应的审美感受。接受者在面对艺术作品时,最初感知到的是可视的形态、形象和形式,如绘画作品的色彩、线条、光影;音乐中的节奏、旋律;舞蹈中的动作、手势、眼神等。视知觉活动有两个基本特点:完形与弥散。完形,是指从审美对象所提供的视知觉要素中发现整体的过程。人类的大脑倾向将事物看成连续的整体,这种能力能够让我们体会到蕴藏在作品中的整体结构、形式及艺术表达。弥散,则是将组成对象的各个细节进行游动式的逐一观察和感受的过程,例如在欣赏绘画作品时,欣赏者把视觉弥散在作品的细节上,感受笔法、音韵、色彩的细微差别与微妙过度等。

赏析举例:

隋代绘画大师展子虔,擅长山水画,所绘树叶,纵有勾笔、散点画法,却类似"个""介"字点法,似不成形,然显得朴拙古拗。山顶坡脚的点苔劲健爽朗,显得浑朴谨拙;树木种类繁多,运笔流畅,笔法墨法有轻重变化,虽未用皴法,却仍能看出山石树木的质感。他的作品《游春图》是中国存世最古老的山水画,并有独具风格的画体。画中展现了水天相接的情形,上有青山叠翠,湖水融融,下有士人策马山径或驻足湖边,还有美丽的仕女泛舟水上,熏风和煦。水面上微波粼粼,岸上桃杏绽开,绿草如茵。全图无处不展现着一种空间之美,人物、山水疏密安排十分恰当,展现着自然界的交替与重叠。

▲《游春图》(隋)展子虔

2. 联想与想象

联想与想象在审美心理中起着不容忽视的作用。联想与想象不仅使艺术形象更加鲜明生动,使艺术鉴赏活动不只是停留在对艺术作品感性的直接感受上,而且能够更加深刻地领悟到感性形式所蕴含的内在意义。

如赏析音乐时就存在着联想的心理活动。当人们聆听一首器乐曲或歌曲时,会随着音乐的走向产生出许多联想,这种联想会使人们的感觉、情感和思想凝结为音乐中的艺术形象,唤起各自生活中相类似的记忆和经验,从而感受到其中的美。

艺术欣赏中充满着联想和想象,鉴赏者借助想象进入欣赏状态,并依靠想象充实艺术形象。艺术想象所生成的"像"融入了艺术主体深刻的感觉和深厚的情感,浸透了丰富的社会人生体验。一般这些联想都与欣赏者的人生经历、价值观、人生观、世界观相关,欣赏者把自己投入作品之中,从而使欣赏者与作品连接起来。

赏析举例:

贝多芬创作的《田园交响曲》共分为五个乐章,分别为初到乡村的愉快感受、溪畔小景、乡民欢乐的聚会、暴风雨、牧歌。这部作品创造出一种非常有表现力的新语言,使人们在欣赏时,通过联想将乐曲中的旋律转化为图像,人们认为贝多芬是第一个用音乐捕捉布谷鸟叫声和夏日暴风雨声的作曲家,音乐表达了贝多芬对大自然的热爱和对乡村生活的喜爱。

3. 理解

对艺术美的理解广泛渗透在感知、情感、想象等心理活动中,构成完整的审美心理过程。艺术作品不仅是视听知觉的接受对象,而且也是其理解的对象。当知觉的形态转化为反思的材料,审美快感转化为反思性的理解时,欣赏者方可实现对艺术作品深入全面的把握。在理解活动中,首先要对艺术作品的类型有所熟悉;其次对艺术的发展历史有所学习,这样在对艺术作品进行理解时,就能在一个已知的背景下进行,从而使理解更为充分。通常人们对艺术作品的理解总是建立在过去对艺术作品的了解之上,甚至在对人类文化认知的基础上进行的。以理解中国石窟中的宗教艺术为例,如果没有对佛教知识的了解,就不可能真正理解这些美术作品;再例如,要真正理解某位艺术家的艺术作品,就必须从整体上了解这位艺术家的生活经历、思想态度等。

赏析举例:

东晋诗人陶渊明的诗歌风格呈现出平淡自然,亲切淳朴的风格,他的《饮酒》(其五)写道"结庐在人境,而无车马喧。问君何能尔?心远地自偏。采菊东篱下,悠然见南山。山气日夕佳,飞鸟相与还。此中有真意,欲辨已忘言。"初看是白描田园生活,但如果了解了他所处的时代以及他个人的风骨,便可进一步理解这首诗,平静恬淡的诗句中,蕴含着强烈的爱憎与孤傲的文人气节。

赏析举例:

元代画家黄公望擅长山水画,在他的画作中可以感受到宁静的情感与山水的气韵,其画作之中常蕴含着一种避世之情,似要远离尘嚣,然细览之却毫无萎靡之态。以黄公望的传世名作《富春山居图》为例,该作品以富春江为背景,以起伏的山峰为视角,构成整幅图的核心内容。随着江天逐渐辽阔,山势也渐趋平缓,林间有村舍亭台错落。用墨淡雅,山水疏密得当,富于变化。观者初赏此画可以感受到富春大岭

▲《富春山居图》(元)黄公望

给人带来的磅礴震撼之感,但若对黄公望本人的经历有所了解后,又会从中发现历经沧桑后的恬静和淡雅。

新中国成立以来,为缅怀革命先烈,传承革命精神,艺术家们创作过许多革命历史题材作品,展现了革命先驱者、建设者们的崇高之美。艺术的崇高是现实中的崇高的能动反应,以精神崇高为支柱的艺术的崇高,是高品位文艺作品产生震撼人心的美学根据。

赏析举例:

吴强年版画《雷锋》,有意突破雷锋严肃的肖像描绘,画中的雷锋嘴角微微张开,一副可亲可敬的平凡形象,同时又将这位手持冲锋枪、全心全意为人民服务的共产主义战士,与耸立的磐石融为一体,凸显出一种纪念碑式的艺术效果。

通过赏析举例可以发现,在艺术欣赏中,理解的作用不容小觑,完整的艺术赏析既是视知觉活动,又需要超越视知觉之外进行思考理解。这一过程,有助于把握和挖掘作品的本质与内蕴,使人能够更加深刻地体会艺术作品所表达出的思想内涵。

▲《雷锋》(版画)吴强年作品

4. 情感

在美的赏析过程中,人们会经历强烈的情感体验,这是审美活动区别于科学活动与道德意识活动的显著特点。优秀的艺术往往能给人带来强烈的情感冲击。法国雕塑艺术家罗丹曾说过"艺术就是情感",他将炽烈的感情倾注于雕塑创作,从而让无生命的泥土,冰冷的的大理石、坚硬的青铜变得富有生命力。通过艺术作品,艺术家将内心的感情表现出来,使人产生共鸣,这种共鸣是指欣赏者的思想感情同作品蕴含的思想感情相通或基本一致,并产生感应交流,引起强烈的情绪激动,使欣赏者与艺术作品同喜怒共哀乐,这也是所有感人至深的艺术作品所共有的品质。

赏析举例：

《祭侄文稿》是唐代颜真卿追祭从侄颜季明的草稿。此文稿追叙了其兄侄颜杲卿父子一门取义成仁，英烈彪炳之事。他对亲人为国家壮烈牺牲和家族的"巢倾卵覆"，忠义满腔，悲愤异常，用笔之间情如潮涌，不计工拙，一气呵成，苍劲流畅，其英风烈气倾见于笔端，悲愤激昂流露于字里行间。虽为"草稿"之作，却因其笔墨意韵和深切情感的完美融合被后世传扬。

▲《祭侄文稿》（唐）颜真卿

赏析举例：

北宋文学家、书画家苏轼所作的《黄州寒食帖》被称为"天下第三行书"，通篇彰显动势，情绪起伏。这首诗作，是苏轼被贬黄州第三年的寒食节所发的人生之叹。诗写得苍凉惆怅，书法也正是在这种心情和境况下，有感而出。诗中阴霾的意象，如小屋、空庖、乌衔纸等元素渲染出一种沉郁、凄怆的意境。全文起笔凝重、沉稳，且在凝重、沉稳中隐藏着作者内心的不安与凄楚；随后，行笔速度加快，字的横竖撇捺初具恣意，最后两句诗行笔转为粗重，结合"死灰吹不起"等文字内容，充分体现出当时作者面对自己时运不济、沉重无奈的心境。然而这件作品包含真性情，同时诗、书浑然一体，字字有情，看似遣兴之作却具有极高的艺术表现力，流传近千年也仍然能够引起人们的情感共鸣。

▲《黄州寒食帖》（北宋）苏轼

通过赏析举例，可见艺术家的创作是和情感活动紧密联系在一起的，情感是创作的动力，充满情感才能创作出打动人心的美。情感也是美感突出的特征，当欣赏者与某一艺术作品相遇，体验到其中或强烈或复杂的情感时，其精神会受到陶冶和净化，这正是艺术教育对塑造人格的潜移默化的影响。

美之感悟

对于艺术美的感悟,可以从艺术审美行为来理解。艺术家借助某种艺术形式来表达自己的思想情感与生活体验,而艺术美则是结合了艺术家的想象力和创造力,通过观察与发现世间的美好,运用不同材料的特性,依托形式美的规律,将其提炼、总结、升华,再通过典型的、审美的艺术形象来展现世间万物、人类社会以及内心世界。丰富多彩的艺术形式,虽在构成元素上有所差异,但在再现生活、传情达意上会存在相似性和关联性,并且能够引起人们的共鸣,这种共鸣就是人们对于艺术美的感悟,具体可从以下几方面加深对艺术美的体验。

1. 艺术门类的相互联系

各种艺术门类之间是相互联系、相互影响、相互融通的,同时它们还与所处的时代背景、文化背景和社会环境等有着密切的联系。比如在中国传统文化中,诗、书、画通常三者是密不可分的。一幅绘画作品中会加入诗歌和书法的气韵来彰显精神内涵;同理,书法作品也通过诗词与绘画的意境得到升华。艺术在发展过程中也会相互借鉴、容纳与吸收,有时可以衍生出新的艺术门类。例如,中国的戏曲实际上就是文学作品与歌、舞、音乐、表演相结合的产物,同时也吸收了绘画中的构图、色彩、灯光、布景等经验,因此是一门综合性艺术,电影艺术亦然,具有很强的综合性。

艺术之间相互结合并非直接叠加,而是注重元素之间的有机融合。各种艺术在漫长的时间长河中,不断地经历着分化与融合,并形成了更加开放多元的体系。

2. 艺术的民族性与世界性

不同地域的艺术有着不同的文化背景与民族特色。世界各地的民族艺术呈现出多元化的面貌,这说明艺术审美与民族风俗、社会环境、经济文化息息相关。艺术的民族性并不仅仅在于以民族的元素或形式来展现,更在于是否能够表达民族精神。而所谓的民族特征恰恰也源于民族精神与文化背景。

另一方面,尽管民族艺术各有千秋,但仍然存在相互影响、相互借鉴与相互融合。在各民族艺术不断交融的背景下,不同的民族艺术形式表现出共同的情感。只要能够满足人类精神内涵的需求,就会走向世界,并被全世界不同文化的人所接受和欣赏。

3. 不同层次的审美境界

进行审美体验的培养,就是为了不断提升对美的认知,达到不同的审美境界。一般来说,审美体验由低级到高级,由简单到复杂,大致可分为养眼、养心、养神三个层次,不同的境界能够领略到的美的层次与感受有所不同。人们可以通过不断进行艺术审美体验,逐步使艺术美的体验与认知达到更深的层次。

(1) 养眼(感观滋养)。

"养眼"的审美层次属于初级的审美层次,以眼、耳等感官的知觉感受为主,强调艺术的娱乐性,以感官的愉悦为主。当然,艺术之所以吸引人,与其娱乐性分不开,例如,流行音乐通俗易懂,能够让大众喜爱和传唱;影视作品精美的画面和优美的音乐,能够让人有丰富的视听体验;色彩绚丽的绘画作品,在视觉上让人赏心悦目等等。这类艺术作品让人们在视听中得到满足与滋养,心情因此愉快。但若仅仅停留在初级层次感官的愉悦上,则难以领会艺术作品的核心价值,也无法感受艺术作品对人生与心灵的促进作用。人们如果在感受艺术品的美好过程中,继续提高欣赏水平、修养和能力,就能进入到审美的第二层次。

(2)养心(心灵抚慰、陶醉)。

"养心"可以理解为进行艺术审美体验时,引起的情感或情绪波澜,这可理解为艺术审美的第二层次。在这一层次中,绘画作品不仅是悦目的、音乐不仅是悦耳的、戏剧不仅是享受的,它们还是充满感情的牵引,让人沉醉。在这一层次中,人们能体会到艺术作品的深层内涵,感受到心灵的同频与触动,领略到艺术的崇高伟大。人们在这一层次进行艺术美审美时,不会只被形式美学所"迷惑",也不再会沉醉于表象,而是体会到深入人心的感动,所谓"得其意而忘其形"。在文学艺术作品中,常常表现为将人类的情感投射到其他的事物中去,通过欣赏诗、小说、散文、戏剧,体会到这种情感投射从而完成心灵升华。

(3)养神(精神境界抵达)。

艺术审美体验的"养神"层次,强调人们对艺术与美的理性感悟,可理解为艺术审美的第三层次。在此层境界中,人们会从艺术作品中感受到更加深沉的人性,并对其进行思考。如我国著名的二胡曲《二泉映月》,曲调前半段悲怆、凄哀,后半段高亢而深情,结合创作者华彦钧(瞎子阿炳)一生的颠沛与困苦,每每听之便觉催人泪下,同时也被乐曲中的优美旋律与浓烈情感深深打动。而经典小提琴协奏曲《梁祝》用音符倾诉了一对恋人对爱情的纯粹与果决,同时还饱含着对封建礼教的控诉,使人在乐章的变换中激发更多对情感、命运及人生的感悟,从而更加珍视美好与热爱。这种审美体验,不仅是单纯的愉悦和情绪抒发,还能让人从中感受到人性的力量与精神鼓舞。这类艺术汇聚了人类的哲思与真情,使人们的精神世界得到培育和滋润,感受艺术作品中蕴含的伟大的人类力量。

此外,在中国传统文化中,常常提到意境二字,这里的"境",是"情"与"景"的结合,"境"与"象"的融合,"虚"与"实"的统一。在意境中,以实境引出虚境,让人们的心境变得更加高远和辽阔。艺术作品中意境的欣赏与感受,包含着对生命感、宇宙感、历史感的综合审美感悟,在中华传统文化中视为"妙境"。可以说,到达第三层次审美境界,更多的是通过对艺术作品的审美,感受作品中的精神力量,实现精神境界的抵达。

 思考讨论

1. 分析总结艺术美的形式与特征。
2. 讨论不同艺术美的差异。

第七章 美之赏析：人体美与服饰美

美育目标

了解人体美的内涵及健美的标准；了解服饰美的定义及其社会特征；把握学生服饰美的审美元素，不断提高大学生服饰审美能力。

美之印象

▲《掷铁饼者》

《掷铁饼者》是希腊雕刻家米隆在公元前450年雕刻的青铜雕塑，原作已经丢失，复制品现收藏于罗马国立博物馆、特尔梅博物馆、梵蒂冈博物馆。

《掷铁饼者》取材于希腊现实生活中的体育竞技活动，刻画的是一名强健的男子在掷铁饼过程中具有表现力的瞬间。雕塑选择的铁饼摆回到最高点、即将抛出的一刹那，有着强烈的"引而不发"的吸引力。虽然是一件静止的雕塑，但艺术家把握住了从一种状态转换到另一种状态的关键环节，达到了使观众心理上获得"运动感"的效果，成为后世艺术创作的典范，也是研究古希腊雕刻的重要资料。

第一节 人 体 美

一、人体美的概述

自然界中的美由许多内容构成,而自然美的主体是人,人体美就是自然美的最高表现形式。美是为人而存在的,美好的生活是人创造的,人活着就是为了更好的生活,所以我们可以以美作为研究的重心。对于人体美,自古以来便存在了。在世间万物中,人体的美是无与伦比的。马雅可夫斯基对人体美的赞叹是:"世界上没有任何一种衣衫,能比健康的皮肤和发达的肌肉更美丽。"

那什么是人体美?人体美是指人体作为审美对象所具有的美。人体美包括外在美与内在美。外在美包括形体美、容貌美、形态美、行为、风度美等,内在美包括蕴含于内在的性格、品德、思想和情操等。内在的美感结构,主要包括心灵美和性格美。就人体自然生成的体态而言,人体美属于自然美的范畴,是自然美的最高表现形态,但就人体美的本质而言,美的人体是通过其外表表现出来的精神状态的美。再从字面上来说,就是把美赋予在人体上,从形体上看是身体线条匀称,容貌上看是五官端正,姿态上看是四肢协调、身姿挺拔。从另一种角度来说,女性的美是指身材相貌比例协调并透露着柔美之气,而男性的美是姿态动态自然和谐,身体健硕透露着阳刚之气。而四肢协调与气质风度文雅大方,二者缺一不可,更是人体外形美与心灵美的和谐统一。

(一)进化美

从猿人到现代人,我们经历了猿人类、原始人类、智人类、现代人类四个阶段,已经走过了约300万年的历程。在这漫长的过程中,我们通过遗传变异的手段,不断完善自己的形体,优化自身的结构,提高机体的性能。有谁不认为我们与过去猿人相比有巨大的进步呢?这应该就是人类伟大的进化美。

首先从猿人类说起,古类人猿最早出现在非洲东部、南部,由原始猿类逐渐进化而来,分化为低等类人猿(如长臂猿)、高等类人猿(如猩猩)、古猿等。猿类为了适应环境,做出了改变,其中一小部分惯于攀爬的猿类适应了新环境,学习在地面和开阔的环境中生活,形成了独特演化模式,为后期进化做出了选择方向。

以南方古猿为例,为了适应新环境,它们不得不开始双足行走,但是它们基本保持着树栖的习惯,南方古猿没有改变它们祖先的多数性状,比如个头较小,明显的性别二型性(雄性平均比雌性大50%),不太健壮的脑、长臂和腿等。在原始人类中以壮硕人为例,它们的下肢开始慢慢进化,已经能使用简单的工具。到了早期直立人阶段,它们的四肢已经开始有更多地运用,懂得保留火种,开始使用符号与基本语言和精致的工具。特别是在手的运用上,当时拇指和其他四指的对握还不是很准确,但已经有了新的发展趋势。后来到了晚期智人阶段,也称现代人阶段,它们的眉脊减弱,颅高增大,颌部退缩,下颏明显,四肢与现代人类相差不大。从人类的进化史中可以看到人体的形体、容貌在慢慢地往美的方向发展。

（二）形体美

作为万物之灵的人类,其形体美也是万物最佳者。形体美主要分为以下三个部分进行讨论。

（1）色彩美。人的肤色主要分为三大类：黄色、黑色、白色。皮肤在一定的光线作用下,赋予了色调的变化,具有诱人的光泽。人的眼睛在画家、雕塑家人体写生训练中,就是一个五颜六色的镶嵌体,一件最尊贵的艺术品。黑黑的睫毛,坚韧透明的角膜和白色的巩膜,棕黑色的虹膜,紫红色活体的内膜……正是由于这些不同色彩精妙的结合,才表现出了目中之"神"。文学家称眼睛为"心灵的窗户"之美,画家则称它为"画龙点睛"之灵。

（2）力度美。人的肌肉和皮肤均能表现出力度美。肌肉是力的象征,力量的源泉,人的力量直接来源于肌肉的收缩与舒张。例如发达的肌肉就是力度美的形,以男性的肱二头肌、胸大肌、腹肌为例,它们都蕴含和充满着力量,不论从举重还是健美比赛者的身上都清晰有力的表现了出来。对于男性来说,肌肉更能表现出他的阳刚和健硕之美。皮肤的特点是微湿、柔软、细嫩、结实而富有弹性,因为它主要由弹性纤维和胶原纤维组成,因此它也具有一种特殊的力度美。

（3）曲线美。由猿到人的进化过程中,人们抛弃了老祖宗的不利于生存的形态,从四肢着地行走到现在的下肢直立行走,人们手脚分工,由肌肉骨骼的协调完善,形成了一种特殊的曲线美。这一方面在女性的形体上表现得尤为突出,如突起的胸部、耸立的乳峰、敦厚的臀部,构成了女性特有的曲线美。人的面部也是一种曲线美,宽宽的额头、突起的颧骨、高耸的鼻子、尖尖的下颚,刚柔并济的线条构成了另一种特殊的曲线美。

（三）结构美

人体由整体到局部,由宏观到微观,均体现了结构的高度完美。谈到这个就不由得想到了人体解剖这门学科,我们第一反应想到的肯定是冰凉的尸体与冷酷的解剖刀,这些被赋予了太多神秘而恐怖的色彩。但事实并非如此,解剖学使得我们在学习知识的同时,还能够领略到人体结构之巧,感受到人体构造之美。

人体由206块骨构成,可分为颅骨、躯干骨和四肢骨三部分。其中颅骨有29块、躯干骨有51块、四肢骨有126块,它们相互连接构成人体的支架。骨按形态分类可分为长骨、短骨、扁骨和不规则骨。其中长骨主要分布于四肢,呈长管状,可分为一体两端；短骨是形状各异的短柱状或立方形骨块,多成群分布于手腕、足的后半部和脊柱等处；扁骨呈板状,主要构成颅腔和胸腔的壁,以保护内部的脏器；不规则骨形状不规则且功能多样,有些不规则骨有含气的腔洞,也称含气骨；骨盆是由后面的骶骨、尾骨和两侧的髋骨,与韧带软骨连接而成的;髋骨是由髂骨、坐骨、耻骨组成的。这些骨头与韧带、筋膜等组织闭合,形成一个闭合的骨性结构。在女性的内部结构中,骨盆像一张温暖的床,呵护着子宫,给人一种温暖的感觉,展现了别样的结构美。

(四)协调美

动作协调是人体运动中应具备的基本能力,是学习掌握和运用运动技术的前提和基础。在运动中,任何运动技术都是通过身体动作表现出来的,动作协调主要是靠四肢与躯干的协调配合完成表现的,更深层次是依靠神经支配。

动作协调能力的好坏,直接影响着运动技术的掌握和战术的运用以及运动成绩的提高,所以动作协调能力在各项运动中具有重要作用。就以走路为例,正常的人反侧手脚并用,而动作协调能力欠佳的人是同侧手脚并用或者手与脚的行动节奏分离,这就单纯体现出一种不协调的美,而协调美的其中一种特殊展现形式是军人踢正步。行动要根据神经传导才能完成,经过神经传导可以指挥人的众多组织,而器官和系统是一个复杂的集合体,它们在神经体液系统的调节下具有高度的有序性。例如面部的表情中有许多块肌肉组织,它们在神经系统的协调控制下才能完成一个表情。综上所述,绝大部分动作的外部表现形式和内部神经控制可以证明一种奇异的协调美。

二、健美运动与健美标准

(一)健美运动

健美运动是通过动作练习,使人体各部位的肌肉发达匀称、体格健壮,且具有雕刻感的人体美。健美运动是什么?顾名思义,即使身体健康美丽的运动,这是最直白的理解。而再深入分析则是人们为追求健康体质而进行的体育锻炼。健美是形体美的基础,可增加骨密度,预防骨质疏松,提高肌肉力度和身体平衡性。健美运动是一项可通过徒手或利用各种器械,运用专门的动作方式和方法进行锻炼,以发达肌肉、增长体力、改善形体和陶冶情操为目的的运动项目。

健美运动起源于古希腊,是一种肌肉塑性雕刻身体线条的运动,以负重锻炼为其特性。健美运动不以追求最大力量为目标,而以增加人体肌肉量和美化线条为目的,不仅是对身体的锻炼和塑造,更是对精神的加固,通过身体的锻炼变化促进情绪的稳定和精神的活力。

健美运动主要涵盖两个方面,一是负重训练,二是控制脂肪比率。

①负重训练:通常指有氧运动与无氧运动,徒手或者持有器械锻炼。例如健身操,也称为健美操、形体操等肌肉抗阻力锻炼;器械锻炼有哑铃、壶铃、弹力绳等。器械重力不同,练习的方式也不同,需要通过自身体能条件进行对照选择。

②控制脂肪比率:科学保持体内脂肪的正常指数,控制饮食摄入过多的油脂、热

量,与输出能量对等。要以优质蛋白为主,少食或不食高热量食物,膳食纤维不可少,保持正常基础代谢。

健美运动的宗旨追求"健""力""美"的结合。在健康有力量的同时,更要有美丽的线条,在此男性女性都是对立统一的。健美更包含着良好的生活方式,在科学实验对比下,不仅男性要注重健美运动的锻炼,女性更是如此。在对人体美有要求的同时,也要有健美观念、审美态度,更要加强自身的练习。

健美运动技巧也是很重要的一个环节。在循序渐进、慢速度、大脑集中和肌肉持续紧张的负重练习后,补充蛋白质、规律作息、控制热量摄入和均衡膳食。

（二）健美标准

自古以来人们都执着地追求人体美,但是由于人们所处的时代不同,文化程度、社会经历、职业、性别、年龄、民族等的差异,对人体美有着不同的看法。

我国体育美学研究人员胡小明根据中国的实际情况提出了如下人体美的标准:骨骼发育正常,关节不显粗大突出;肌肉均匀发达,皮下脂肪适当;五官端正,与头部配合协调;双肩对称,男宽大圆;脊柱正视垂直,侧看白度正常;胸廓隆起,正背面略呈"V"形,女性胸廓丰满而有明显曲线;腰细而结实微呈圆柱形;腹部扁平,男性有腹肌垒块隐现;臀部圆满适度;腿修长,大腿线条柔和,小腿腓部稍突出,足弓高。

人体美是"健""力""美"三者的结合与统一,它包含了生长发育健康、完善的机体,发达有力的肌肉,优美的人体外形和健康向上的精神气质。从自然美的角度来看,主要指协调、丰满、有生机、有力量;从造型美的角度来看,应该是匀称、均衡、稳定、统一。也就是说要把体型美同仪表美、行为美、心灵美统一起来。寓美于健,健美相融,综汇古今中外对人体体型健美的共识,总结出现代人体体型健美应具备以下 10 个标准。

(1) 骨骼发育正常,关节不显得粗大凸出,身体各部分之间的比例适度,呈匀称感。

(2) 男性肌肉均衡发达,四肢肌肉收紧时,其肌肉轮廓清晰;女性体态丰满而无肥胖臃肿感,男女皮下脂肪适度。

(3) 五官端正,自然分布于面部,并与头部的比例配合协调。女性应眼大眸明,牙洁整齐,鼻子挺直,脖颈修长;男性应面孔轮廓清晰分明,五官和谐,眼睛有神。

(4) 双肩对称,男性应结实、挺拔、宽厚;女性应丰满圆润,微呈下削,无耸肩或垂肩之感。

(5) 脊柱背视成直线,侧视具有正常的生理曲线,肩胛骨无翼状隆起和上翻之感。

(6) 男性胸廓宽阔厚实,胸肌隆鼓,背视腰以上躯干呈"V"形(胸宽腰窄),给人以健壮和魁伟感;女性乳房丰满挺拔,有弹性而不下坠。侧视有女性特有的曲线美感。男女都无含胸驼背之态。

(7) 女性腰细有力,微呈圆柱形,腹部扁平,无明显脂肪堆积,具有合适的腰围;

男性在处于放松状态时,仍有腹肌垒块隐现。

(8) 男性臀部鼓实,稍上翘;女性臀部圆满,不下坠。

(9) 男性下肢强壮,双腿矫健;女性下肢修长,线条柔和。男女小腿长而腓肠肌位置较高并稍突出,足弓高,两腿并拢时正视和侧视均无屈曲感。

(10) 整体看无粗笨、虚胖、瘦弱、纤细、歪斜、畸形、重心不稳、比例失调等形态异常现象。

综合以上 10 条,男性应显示体格魁梧、肌肉壮实的健美;女性应突出丰满圆润、曲线美的特征。这些是"十全十美"的人体体型健美标准。人体的骨骼、肌肉、脂肪、皮肤、五官生长得是否符合人体体型健美的条件,与先天遗传因素有很大关系,但后天人工塑造和施加的影响,在很大程度上能发展先天的优点,克服和弥补先天的不足,从而接近和达到人体体型健美的标准。

1) 大学生健美的标准

健美运动有着悠久的历史,在现代又有了新的发展。人们在明确的计划、科学的指导下,配合了营养和休息,并使用了适当的器械后,对身体进行强化。健身运动已经越来越风靡于大学校园,也吸引了越来越多的学生为了更美的形体、更强壮的身体走进健身房。大学生健美指数标准是以人体身高(cm)、体重(kg)以及各主要部位围度(cm)为基数做加权计算。

大学生健美身材指数:

$$健身指数 = 上臂围 \times 3.5 + 胸围 \times 2.4 + 大腿围 \times 1.3 + 肩围 \times 0.6 - 腰围 \times 4 - 身高 - 体重 + 100$$

其数值范围是 $-200 \sim 200$,通常范围是 $-50 \sim 50$;数值越高,可以理解为测试者健美水平越高,身材越好;高水平的大学生健美者可以达到 100 以上,经常锻炼的一般可以达到 40 以上,0 是重要等级界限,数值在 0 以下表明大学生偏瘦或者偏胖,应该进行健美训练了。

健身等级和标准如下。

一级:健美指数范围($-\infty$,-100],此类人身体要么极度肥胖(腰粗如轮胎,满脸肥肉),要么极度瘦弱(骨瘦如柴,可见胸骨),多为遗传因素造成,极需进行健美锻炼改善身体体质和健康状况。

二级:健美指数范围(-100,-50],此类人身体重度肥胖或者重度瘦弱,为遗传因素和不良饮食习惯、没有运动习惯共同造成,如进行健美锻炼,较容易改善体质。

三级:健美指数范围(-50,0],此类人身体轻度肥胖或者轻度瘦弱,大部分大学生属此类,初级健美练习者也属此类,但锻炼强度不够,此类人如果加大锻炼强度,会取得显著的锻炼效果。

四级:健美指数范围(0,50],此类人身材适中,大部分是运动爱好者,肌肉形状已经呈现,由于肌肉围度不够大或者腰腹部略粗影响整体美感,中初级水平的大学健美爱好者属此类。

五级:健美指数范围(50,120],此类人拥有一般大学生羡慕的好身材,在一般人群中会显得很出众,不仅拥有较大的块头,一般还会有清晰的腹肌,中高级水平的大学健美爱好者属此类。

六级:健美指数范围(120,150],此类人身材出类拔萃,是大学生健美的佼佼者,是一般大学健美爱好者的最终目标,肌肉围度大,皮脂含量也低,属省级健美运动员水平。

七级:健美指数范围(150,+∞],此类人属健美奇才,可遇不可求,属国家级健美运动员水平。

大学生参与健美运动对自身有着重要的作用:

第一,大学生通过参与健美,提高了身体素质,增强了力量,促进了身体各个器官新陈代谢,常保持健康有活力的身体状态,心情愉悦,能够从容的应对学习、工作的压力,对工作有益。

第二,大学生参与健美,通过改善自己的形体,使同学们关注到自己身上积极向上的一面,对自己的评价变得正面,有助于自己保持愉悦,摆脱消极自卑的心理,形成和保持积极健康的心灵。

第三,在健美中,同学们之间产生了良好的交流分享机会,将健美中的成果、疑惑、心得等交流分享,形成了和睦融洽的气氛,在这样的氛围中,也促进了个人的发展和成长。

同时在健美运动中,也应当注意避免几项误区,包括:不明确的健美计划,健美效果不显著,导致身体负荷和营养分配不集中;避免不科学的训练方法,以免造成身体的疲劳和损伤;避免全身比例不协调,这样不仅不美观,而且对生活、工作和其他运动也有不利影响;还应当注意在力量训练的同时跟进柔韧性、平衡性、敏捷性、协调性训练,使身体不仅美观有力,而且能够胜任各类体育活动、避免危险。

因此大学生应当积极了解、参加健美运动,理智的健美、科学的健美、适度的健美,让健美在运动、学习、工作中都发挥出积极地效果。

2)男性健美的标准

男性健美的标准应该具有发达的肌肉、健壮的体魄、匀称的体型、魁梧的身材、端正的姿态、潇洒的风度,以及发自心灵深处的勇敢无畏、刚毅果断、坚韧顽强的精神气质的阳刚之美。

(1)肌肉发达,体魄健壮。发达的肌肉和健壮的体魄是人体美的重要因素。发达的颈肌能使人颈部挺直,强壮有力;发达的胸肌(胸大肌、胸小肌)能使人的胸部变得坚实而挺拔;发达的肱二头肌、肱三头肌及前臂肌群,可使手臂线条鲜明、粗壮有力;覆盖在肩部的三角肌可使肩部增宽,加上发达的背阔肌,就会使躯干呈美丽的"V"形;有力的骶棘肌能固定脊柱,使上体挺直,不致弓腰驼背;发达的腹肌能增强腹压,保护内脏,有利于缩小腰围,增强美感;发达的臀部肌肉和有力的下肢肌肉,能固定下肢,支持全身,给人以坚定有力之感。

(2)体型匀称,线条鲜明。体型均匀主要反映人体的外部形象,无疑是构成人体健美的重要因素之一。从研究人体美的角度来看,以脂肪所占的比例,肌肉的发达程度,并参照肩宽和臀围的比例,作为划分体型的条件比较合适,这样可将体型分成胖型、瘦型和肌型(运动型)三类。

①胖型:其特点是上(肩宽)下(臀围)一般粗,躯干像个圆水桶,腰围很大。腹壁的脂肪很厚,在腰两侧下垂,腹部松软,肚脐很深。胸部的脂肪多而下坠,有些女性化。一般都短粗颈、双下巴。体重往往超过标准体重的30%～50%。

②瘦型:其特点和胖型相反,腰围很小,躯干上小下大,肩窄,胸乎。四肢细长,肌肉不丰满,线条不明显。颈部细长,无双下巴。体重少于标准体重的25%～35%。

③肌型(运动型):其特点是肩宽、臀小,背阔肌大,上体呈倒三角形。腰围较细,腹部肌肉明显。四肢匀称,肌肉发达。颈部强壮有力,无双下巴。体重少于或超过标准体重的5%左右。经常从事各项体育活动的人,特别是运动员,多为肌型(运动型),他们身材匀称、肌肉发达、线条鲜明。

了解以上三种类型后,大家就可通过健美锻炼来改善自己的体型,身体肥胖的通过锻炼来减肥,身体瘦弱的也可以通过健美锻炼来增加体重,力求使体格强健而匀称,肌肉发达而柔和。

(3) 精神饱满,坚韧不拔。精神饱满其外在的表现是皮肤健美、姿态端正、动作潇洒,其内在的表现则是富有朝气、勇敢顽强、坚韧不拔。

皮肤健美是人体美的重要表征。苏联著名诗人马雅科夫斯基称颂结实的肌肉和古铜色的皮肤是世界上最美丽的衣裳。皮肤是健康状况的镜子,红光满面气色好的人才有精神;相反,脸色发灰精神疲惫的人,往往是身体衰弱多愁善感的病人。红润光泽的肌肤和经常锻炼、适当的营养、正常的生活制度以及乐观的情绪等因素有关。我们应注意经常锻炼身体,保护好皮肤。

人是一个有机的、统一的整体,同样,人体美也同外部表现的形体美和内在体现出的精神气质美的和谐统一,两者有机结合才能称得上真正的健美。因此,必须具有勇敢无畏的精神,坚韧不拔的顽强意志,刚毅果断的性格和良好的品德修养。这种美发自心灵深处,却又能通过人的一举一动、一言一行而在外部表现出来,并使得别人能够感受得到。这就要求在进行健美锻炼的同时,必须注意加强思想作风、意志品质、精神气质的锻炼和修养。

3) 女性健美的标准

女性特有的体态特点是轻盈、柔和,尤其讲究身体的线条美。女性充分发育的胸部、适度的腰围、丰满的臀部,这三者之间的比例适当,是构成曲线美的重要因素。体型健美最重要的标准是身体各部位对称、比例适当。

现代女性应该是结实精干、富有区别于男性的曲线美,既不失女性的妩媚,又足以担起社会责任,从体型来说,现代女性是以"健美匀称"为标准。

国际审美委员会规定现代女性体型美的基本条件是胸围 90 cm、腰围 60 cm、髋围 90 cm。具体指标如下:

(1) 身高。身高等级评定标准(女性):150 cm 以下为低等;151～156 cm 为中下等;157～167 cm 为中等;168～175 cm 为高等。最能展示女性体型美的身高在 170

cm 左右。

(2) 身高与体重的比例。这项比例对保持体型美,显示身体的匀称性十分重要。通常的要求是应保持符合于年龄和身高的体重,即所谓"标准体重"。20～29 岁女性的身高、体重的参考指标如下:

身高/cm	体重/kg
160	55.7～59.8
162	56.8～61.6
164	57.9～63.6
166	59.2～65.2
168	60.5～66.5
170	62.0～68.8

(3) 下肢长。下肢长是指股骨大转子至足底的长度,人的身高在很大程度上取决于下肢的长度。体型匀称者,下肢长应等于身高的一半,或较身高一半长 3～8 cm 的范围内。如果下肢长度小于身高的一半,则为腿短。如果下肢长度大于身高一半 9 cm 以上,表明体型修长而美。

(4) 胸、腰和髋围。这些也是显示体型匀称与否的重要指标。女性正常体型、胸围应为身高的一半或大 2～3 cm;腰围为站立身高减 100 cm 最为合适;髋围最多比腰围大 30 cm。

(5) 皮下脂肪的厚度。可在脐下水平旁 2～3 cm 前腹壁处测量,以估计体内脂肪大约积存量,一定厚度的皮下脂肪对保持女性体型美非常必要,但包括皮肤在内的皱折厚度不宜超过 2 cm。过胖、过瘦不但会失去形体美,更严重的是给人带来许多不健康因素,甚至疾病。因此,注意调节饮食,合理营养,坚持参加体育锻炼,不但能保持优美的体型,而且还能健康长寿。

(6) 骨骼。匀称、适度的骨骼应是站立时,头、颈、躯干和脚的纵轴线在一垂线上;肩稍宽,腰椎、臀骨、腿骨发育良好,无畸形;头、躯干、四肢的比例及头、颈、胸的联结适度;上下身比例符合"黄金分割"定律,即以肚脐为界,上下身之比为 5∶8。若是身高 160 cm,体重和其他各部位较理想的标准是:体重 50 kg 左右,肩宽 36～38 cm,胸围 84～86 cm,腰围 60～62 cm,臀围 86～88 cm。

(7) 肌肉。肌肉的健美表现在富有弹性和显示出人体形态的一种协调,过胖、过瘦、臃肿松软或肩、臂、胸部瘦弱无力,以及由于某原因造成身体某部分肌肉过于瘦弱或过于发达,都不能称为肌肉美。

(8) 肤色。肤色能反映人的精神面貌,与人的气质有较多的联系。我们一般对肤色美的认同标准是红润而有光泽。就全球而言,不强求以某一种肤色为标准,但以比较细腻为好。

第二节 服 饰 美

一、服饰美的社会特征

（一）服饰美的定义

艺术设计中，美无处不在。美学文化不仅存在于社会的各个艺术领域，对于人类的服装服饰文化，也产生了巨大影响。人类的衣着发展，经过数千年的美学浸透，从最初遮体避寒的基础功能延伸出独特的美学内涵，并形成了专业的服装设计学科，彰显了深厚的美学内涵。从审美视角下分析服装服饰的美学内涵，对未来服装服饰设计艺术的发展进步具有十分重要的意义。

美学起源于古希腊时期，经过社会发展和文化变迁逐渐形成了独立的社会学科。在社会生活中，美学影响着人们的日常生活和工作，促使着人类社会的发展和进步。随着美学文化的不断发展，人类的衣着从遮体避寒逐渐扩展，加入了修饰身材、体现审美等功能，在大众对服装服饰的审美需求环境中，服装设计也成为一种新型的文化艺术学科。

（二）服饰美的发展

人类诞生之初，就面临着自然界的各种威胁，为了抵御寒冷和来自外界的侵袭，人类将树叶或动物皮毛等材料固定在身体上，用来御寒保暖，保护身体，这形成了人类服装的雏形。

随着人类认知的不断进化，人们开始选择不同时期的树叶或兽皮作为服饰，将石头打磨成的饰品进行装扮，这种行为是人类对服装服饰审美的萌芽。

进入奴隶社会后，等级观念逐渐形成，服装服饰延伸出新的意义。为了彰显权威，统治阶层制定了阶级规定，对各阶层、职业人群的着装做出明确要求，不同阶层的人禁止乱穿衣。例如，明黄色是帝王专用的服饰色彩；贵族惯用龙、蟠等装饰物，以彰显身份，寓大气、高贵之意。这种规定数千年来不断沿袭更新，久而久之，成为人们的着装习惯，一直沿用下来，逐渐形成服装服饰审美的基石之一。

随着社会等级制度的成熟，文化差异日益显著，社会分工更加明确，不同地域、不同文化、不同职业、不同观念的区别也体现在了服装服饰上，大批专业的"制服类"服装成为服装服饰美学的体现形式。比如气势威严的官服，戏曲演员表演所用的戏服等，成为服装服饰的又一特殊形式。

进入近现代时期，修饰外形、彰显个性也成了服装服饰的主要作用之一。这一时期的人们思想观念开放，对审美追求日趋多元化，对服装服饰的要求也更加广泛。许多人利用服装服饰修饰自身，凸显外形优势，弥补身材缺陷，借助服装服饰为自己增添魅力,表达审美追求和个性。于是,如服装设计等与服装服饰美相关的学科和行业应运而生,为服装服饰的美学发展创造了更好的条件。

(三)服饰美的特点

1. 大方得体

所谓大方得体包括两方面,一方面指穿衣者感觉舒适自然;另一方面使观赏者感觉舒服悦目。这就要求服装服饰要量体裁衣,符合穿衣者的体形和特点,从设计上规避缺点,发扬长处,起到扬长避短的作用。如果不考虑穿衣者的感受,一味追求另类、潮流,穿衣者自己不舒服,观赏者视觉上不美观,这就完全违背了服装服饰的美学内涵和要求。

2. 时尚现代

每一个时代都有自身的着装审美,这一审美决定了大众对服装服饰的选择。符合美学内涵的服装服饰应该是时尚的、现代化的,能够反映时代脚步和文化特点,体现时代精神和风貌。服装服饰审美发展日新月异,有的衣服在几十年前广受欢迎,并不代表几十年后依然流行,结合时代发展穿适合的衣服,才符合大众审美的要求。

3. 应时应景

展示身份和强调场合的重要性是服饰的作用之一,在特定的场合穿着特定的衣服,已成为社会人群的服饰审美习惯。服装服饰的穿着不仅要符合穿衣者的身份特点,还要与所处时间和所处环境相匹配。比如,在正式场合通常穿正装,显得庄重、正式、礼貌,外出旅行衣着较为休闲,让人的精神充分放松,拥有好心情。如果晚宴上穿汗衫,公众场合穿睡衣,会显得不伦不类。

(四)古代服饰美的社会特征

中华民族经历了五千年的沿革,从沈从文的《中国服饰史》中不难看出,中国人是怎样经历了由价值观的转变而引起服饰变化的。古时有易水悲歌典故,说的是荆轲刺秦王,送行者在易水边皆白衣冠为荆轲悲壮送行。又有衣锦还乡者,则是得官成名后,穿着大红大紫的官服,荣归故里。清朝以前的阶级社会,等级制度森严,服饰深受等级观的主导,不能越雷池一步。着装的标准也由王公贵族拟定。人们的穿着大多要服从统治者的规定,即使风行全国的某种服饰,也首先由宫廷着装认可后才传入民间。春秋战国时期,赵国赵武灵王实行"胡服骑射",改长袍为短衫,便于骑马射箭,以抵御北方不断侵略的胡人。也许这就是古人最早的服饰观,看重的是服饰的功用。秦汉服装的面料仍重锦绣。隋唐女装富有时装性,很像敦煌壁画中五彩缤纷的服装。宋代服装如《清明上河图》所示,女性一改唐代以前的宽大拖沓,讲究瘦长,以显露身材之苗条。明清时代,服饰用色方面,平民妻女只能衣紫、绿、桃红等色,以免与官服用的大红、鸦青、黄色相混。

清代遗留下来的仅是旗人穿的旗袍了,但也有改变。据《中国衣经》记载,清初旗袍式样为圆领、窄袖、衣襟右掩,而腋部位明显收窄,下摆宽大。民国时期,受欧美服饰影响,旗袍衣身开始收窄,腰身收紧到贴身,主要是衬托出女性的曲线美。现代人推崇旗袍,因为它凸显女性身材曲线的婀娜多姿。对于饰品佩件,中国人特别是贵妇十分讲究,喜欢配用不同的饰品来突出美感。珠光宝气,成了对饰品的赞美词。古时都以金银珠宝为原料,后来逐渐扩展至其他金属、木质、塑料、面料等材料,甚至像日用品木梳也用于发髻上,从头开始慢慢延伸至全身各部位,如头饰、面饰、项饰、肩饰、胸饰、手饰、腰饰、足饰等。对此,许多文人墨客极尽歌颂之能事。南北朝繁钦的《定情诗》云:"何以致拳拳?绾臂双金环。何以道殷勤?约指一双银。何以致区区?耳中双明珠。何以致叩叩?香囊系肘后。何以致契阔?绕腕双跳脱。何以结恩情?美玉缀罗缨。何以结中心?素缕连双针。何以结相于?金薄画搔头。何以慰别离?耳后玳瑁钗。何以答欢忻?纨素三条裙。何以结愁悲?白绢双中衣。"在什么状况下,身体何处怎样点缀饰品,写得很详细。宋以降,佩玉之风渐盛。明代规定一品至七品诸官腰带上佩的玉及其雕花均有明示,不可逾越。我国少数民族的饰品自成体系、长盛不衰,显示了民族风格和地域特色。

(五)现代服饰美的社会特征

辛亥革命以后,从权贵阶层到民间兴起了一股剪辫子、放缠足的热潮,同时,服饰方面也发生了翻天覆地的变化。清代的马蹄袖、长袍马褂和西瓜帽受到很大冲击。人们对孙中山的崇拜溢情于他穿的中山装上。中山装是孙中山自己设计的,其政治含义十分凸显:中山装前襟五粒纽扣表示五权宪法,袖口三粒纽扣表示三民主义,正面四个口袋表示礼、义、廉、耻。这套服装一时风行全国,直至中华人民共和国成立以后,人们都作为正装穿着。这既体现了孙中山先生的价值观、政治观和服饰观,又体现了全国人民对孙中山先生未竟事业的追求。这是一场由改朝换代引起的服饰大变革。

人们对服装除了御寒、遮羞这种最基本的要求外,还希望通过服饰展示自己的身份地位、品性气质等。人们的喜怒哀乐,都可以通过穿着看到。

20世纪50年代中国全面学习苏联的文化、科技与艺术,于是辛亥革命以后流行的袍褂和西服很快被社会抛弃,女性普遍着列宁装和民间传统的小花布棉袄,男性则以中山装和军便服为主。在知识青年上山下乡接受贫下中农再教育的二十世纪六七十年代,艰苦朴素成为革命的标签,手要磨出老茧,衣服要补丁,旧的军便服、蓝工装盛行一时。

在改革开放的最初十年,面对眼花缭乱的外部服饰世界,国人还处于盲目崇拜和模仿时期,从喇叭裤、迷你裙到猎装、西服等,无不打上西方的烙印。1982年日本电视连续剧《血疑》的播出使山口百惠成为当年的超级偶像,满大街"幸子衫""幸子头""光夫衫""大岛茂包",让中国大众第一次明白了什么叫"名人效应"。这可以认为是真正意义上的中国现代服饰时尚流行的滥觞。

1993年5月第一届中国国际服装服饰博览会(CHIC'93)在北京中国国际贸易中心举行,同年8月第一本时尚杂志《时尚》创刊,这些都标志着现代中国服饰时尚流行开始寻求与国际服饰流行对话。

进入新世纪后,中国的现代服饰流行开始进入"大众文化"时代,服饰的审美情趣也呈现"多元化"的趋势,可以概括为以下几个主要特征。

1. 服饰体现人们个性的追求

随着消费时代的到来,人们更多地关注自身存在的价值,强调崇尚自我,敢于表露自我,其反映在服饰审美观念上,即追求能体现自己个性特征的服装色彩、质感和款式,盲目追随潮流的时代已成为过去。这种审美观念的变化,说明当今人们的价值取向开始追求自我。就服装流行而言,人们可以将各种品牌的服饰按照自己的意愿自由搭配,展现个性,这种唯我的审美态度应是一种历史的进步。

2. 追崇服饰品牌

中国当前正处在社会发展的转型时期,经济的快速增长,生活节奏的加快和工作压力的增大,以服饰品牌来标识社会地位和经济收入的情形还有一定的市场。不少人穿着名牌服饰的目的就是为了向他人显示自己的社会地位,而淡化了服装的穿着功能、款式和色彩的美学功能。当然这也从另一个侧面反映出当前社会上浮躁、急功近利的现象;一些人期望以品牌来显现自己,这种渴望得到社会认可的诉求在本质上是价值观念尚不成熟的表现。

3. 追求品质生活与自然美

休闲、时尚、舒适、健康的着装意识是当今服饰潮流的大趋势,主要表现在服饰品类上越来越细的分化。如休闲运动类的服饰,依据运动的特性而分成远足、登山、健身、步行、垂钓等上百个类别。运动服装要求轻便、贴身、柔软、有良好弹性和舒适性,以有利于发挥运动的技术水平。再如家居服由于采用了高档丝绸、蕾丝和薄纱等面料,变成了更轻、更薄和更富有创造性、舒适性的半透明甚至透明装,并且在品类方面也进行了细化。在日常服饰潮流中,现代服饰对于人体曲线或某些部位的强调、暴露也是人们追求自然美的体现和强化个性魅力的手段之一。如高腰裙强调胸部,露腹衣强调腰部,超短裙显示腿部,牛仔裤表现臀部,等等;甚至某些前卫女性为了追寻个性,吸人眼球,将半透明的或大面积暴露身体的服饰在公共场合穿着。这些大胆地用人体和服饰共同构成的装束,将人体美、服饰美相结合,体现了人们审美观念的开放和对人体自然美的认识。

4. 简约风格与中性化流行趋势

作为设计艺术的服装设计,其风格流变也与建筑设计、室内设计等姊妹艺术一样在社会发展、科技进步和审美观念的变革等因素的推动下在20世纪经历了复杂的风格变迁。但总的趋势是由繁杂走向简约,功能性、便利性、性别的模糊性是其总的发展趋势。就服装设计的手段或者元素而言中性化则是最主要的流行趋势。

第一,在设计风格上的表现主要是以寻求个性为中心,不拘泥于以往的风格界限,跨越时空,把不同时代的中国民族元素进行综合设计,从而呈现出无特定历史风格的特征。有些理论家借用建筑的折中主义而称其为中性的风格。当然这里的中性是一个模糊的概念,其内涵应包括设计的综合性手段和男女款式造型上的模糊性。就其设计风格而言,与古典的传统服饰相比较,繁琐的装饰消失而呈现简约的特性。

第二,在技术方面则是最大限度地体现服装面料的特性和人体曲线的结构廓形,以方便人们工作、社交、休闲和运动为宗旨,摆脱了以服饰体现阶层的传统观念。如牛仔服装、休闲服装、运动服装等,这些服装不仅具有以上所说的特性,更在服装性别划分上打破了传统意义上的男装与女装的概念,廓形、面料男女相同。这与其说是服装的中性化不如说是社会发展、科技进步、妇女解放、传达个性与工作的需要。

第三,随着工业化和信息化的发展,服饰流行的中性化趋势还体现在民族的模糊性。地球村、文化大同是社会发展的总趋势。文化的多元化发展为服装设计师们从不同民族的服饰文化中博采众长,不同民族的服饰文化元素都成为其设计的灵感源。这就使得原来附着于这些符号上的民族特色弱化或者不复存在,同时可以让更多的人接受新款式、新面料所带来的美的体验和视觉盛宴。

(六) 结语

如今全球经济的一体化,服饰文化的民族元素和多元化必将推动中国服饰文化持续发展。在这个过程中,民族元素,即中国服饰的审美特征仍应是可持续发展的大本营。当这种审美文化走向国际的时候,它所具有的独特的中国服饰文化是任何一个国度都无可比拟的。

二、大学生与服饰美

(一) 大学生的服饰环境

大学生服饰分内部环境和外部环境。

1. 大学生服饰的内部环境

内部环境即心理环境,是指人脑中对人的一切活动发生影响的环境事实,也即对人的心理事件发生实际影响的环境。大学生服饰的心理内环境很大程度上是在着装意识上的反应,所以我们通过着装意识的分类和着装类型的心理分析来研究大学生服饰的内环境。所谓着装意识,是指人们在着装时主观上向外界展示自我时所产生或表现的意念。

(1) 大学生着装意识的分类。

①随意型:这类大学生对穿着没有特别的要求,随意性较强,经常穿的服装有T恤衫、牛仔裤、衬衫、纯棉袜子、旅游鞋之类的休闲装,这些服装穿起来舒适、随意、自由,款式青春活泼,另外大学轻松活泼的氛围也为休闲装提供了适合的场所。休闲装中牛仔裤成为年轻大学生的最爱,可以搭配套头衫、衬衫,脚下可以搭配运动鞋也可以皮鞋。休闲装由于搭配讲究较少,也好打理,适合他们的生活和活动,同时穿上后朴素大方,所以成为大学生服装的必备,尤其备受男生的喜爱。

②时髦型:这类大学生喜欢通过服饰张扬自己的个性,关注流行时尚,受日风、韩流的影响,喜欢在服饰上体现自己求新求异的趣味,服装风格喜欢扮酷和另类,喜欢将"透""露""瘦"的性感元素穿戴在身。服装的色彩、图案都追求一种不惊人不罢休的感觉,时髦型的大学生有自己的穿衣风格,比较大胆、有活力,是校园里流行着装的先驱人物。艺术类的大学生由于具有一定的审美能力,能根据自身的气质特点有选择的运用流行元素,所以在赶时髦的同时,整体的服饰搭配是比较和谐、赏心悦目,能体现个人风格;而审美能力较为欠缺的大学生,就显得力不从心了,有心想打扮好,却不知如何打扮才好,觉得好的东西齐上阵,结果毫无美感可言。

③注重型:这类大学生比较注重自我外观,同时家庭条件较好,品牌意识较强,注重个人形象,希望通过品牌强化个性魅力,以期显示自己经济优势和地位,他们重视服装的面料质地、色彩、款式,注重服装的专业性、实用性、装饰性。

(2)大学生着装类型的心理分析。

叔本华说:"风格是心灵的外观。"不同的着装也是不同性格的外在表现,也可以说着装风格在一定程度上也是人的心理内在的反应。

大学生进入大学以后,摆脱了升学的压力,自我意识增强,大学校园生活丰富多彩,参加课外活动的机会较多,大学生开始把目光投向自身的修饰,注重提升自身的身体形象,身体形象意指个人在任何时刻,对自己的身体所形成的心理图像。这个图像可能会和其他人所认为的相符,但也可能不符。然而,自我形象不但会影响我们对自己的感觉,也代表着生理自我中的一个主要部分。

着装随意型的大学生大多对服饰美没有太多的认识,在着装上是随大流的,由于大多数大学生的经济来源依靠父母,除了吃饭和生活用费,用于购买服装的资金有限,所以只要和周围同学穿的差不多就行了,没必要刻意的打扮自己。另外,还有的大学生对着装品位及着装在处理人与人之间的关系中的特殊功能没有足够的意识和了解,片面地认为自己有钱了再买好看的衣服。

时髦型的大学生追求时尚,求新求异,喜欢张扬个性,自我意识较强,且具有一定的反叛意识,追求思想解放和心理上的放松,我行我素,很少顾及别人的感受,一些是否适宜的服装都敢率先尝试,殊不知真正的服饰美应该是自然、得体、和谐、有个性、有韵味的。

注重型的大学生家庭条件较好,自我展示的机会也较多,比较注重自己的形象,希望通过得体的服饰进入成功的大门。

穿着效果直接起到一种信息传递和强化自身的作用,同时能反映出一个人的综合修养,乃至审美水平。如何提高自己的着装水平,了解服饰美的特点,提高服饰搭配能力是大学生必须具备的基本要素之一。

2. 大学生服饰的外部环境

人总是生活在特定的环境中,一个人如何着装,并不完全是私生活范畴的事情,服饰不与环境匹配,就会让人产生疑问,如护士在工作时穿着日常装,病人就不知道谁是医院的工作人员。一种服装形式只有在特定的环境和场合,它才是美的。

校园是大学生学习和生活的地方,作为主体的大学生,在追求时尚个性的同时,也要在服饰上和校园环境相协调。例如教室是上课的地方,高跟鞋的响声会影响其他同学。这就说明服饰应该遵守 T.P.O 的原则,即一切服饰的选择必须依据时间(Time)、地点(Place)、场合(Occasion)3 个条件来确定。在大学校园里适时的化妆,能增添个人魅力,让人看起来更赏心悦目,而浓妆艳抹出现在校园里,非但不能体现自己的青春气质,还会让别人对学校的审美教育产生怀疑,对校园文化也有一定的影响。夏季女生校园穿衣应以轻便、舒适、简洁、大方、得体为主,避免过于花哨或夸张的服装。同时,注意服装的清洁和整理,保持整洁和干净,在体育活动或户外活动时,可以选择运动装或休闲装。男生夏季正式场合可以穿着长裤、衬衫,休闲场合可以穿短袖、球鞋等服装。夏季炎热,大多数人较为容易出汗,应及时更换干净的衣服,避免穿着潮湿的衣物,保持良好的个人卫生习惯。

大学生的服饰在与校园环境相结合的同时,校园环境也能影响大学生的服饰。大学生容易受环境的影响,并且善于模仿吸收。如校园里的流行歌曲、最新电影、时尚游戏等,都会影响到他们的穿着打扮。

(二)大学生的服饰审美分析

一直以来,休闲服饰受到当代大学生群体的青睐,这一审美选择折射出大学生的审美意识与审美偏好,其成为主流审美选择的原因,既与休闲服饰自身的审美特性有关,又与大众审美文化的影响有关,也离不开大学生个体的文化积淀与审美素养。

休闲服饰的风格多样,虽然以基本款为主,但是休闲服饰的风格几乎涵盖了所有的基本款式和基本元素,而各式基本要素的特性又决定了休闲服饰的高度可塑性和包容性。无论是单品的设计还是搭配的选择上,都展现出了不同于其他服饰的审美优势。

1. 休闲服饰的简约性

休闲服饰一个非常突出的特色就是简约,不论是款式的设计还是服装的元素,都摆脱了奢侈和繁复。休闲服饰这样的特性不仅决定了生产者对其具有偏好,而且对于消费者来说也就有了更多的选择,使得消费者在服饰选择上的压力相对来说小了很多。其简约的风格和包容性对于消费者,特别是在服饰选择上处于相对保守的大学生,减少了选择的尴尬。休闲服饰的简约性在一定意义上是一种无差异性,也就是不具有十分突出和鲜明的特色。其服饰要素对生产者是公平的,不具有明显特色的服饰无差异性使生产者有更多的选择,品牌之间竞争也是公平和合理的。那么对消费者来说,不仅对于休闲服饰的选择更多,而且没有太多的繁复设计要素降低了消费的成本,特别是对于大学生群体,简约处于一种"不出错"的印象中。"不出错"既是由于休闲服饰简约设计对普通大众穿搭的不挑剔,又是相对平价的消费降低了人们后悔消费的风险。

特别是没有太多经济来源的大学生,正是由于休闲服饰的简约,使其成为大学生合理消费的选择。而且这种简约性所带来的无差异性特色所面临的受众面更为广阔,针对大学生这种青春活力有创意的群体,休闲服饰在选择上极具优势。校园服饰文化的特质在于它更多地表现了青春与文化的气息,显示了其与大众时尚文化的区别。大学生青春的特质体现在服饰的选择上,意味着他们的接受度更高,能够接受更为新奇和潮流的内容。作为时尚相对前沿的接受者,他们更加偏爱风格简约、可以为搭配提供更多创意和选择的休闲服饰。休闲服饰的包容性使得当代大学生选择的余地足够广阔,不仅在于休闲服饰所带来的审美上的愉悦性,而且休闲服饰的简约要素更多的是一种潮流,迎合了大学生追求时尚的心理。

2. 休闲服饰搭配的随意性

休闲服饰的包容性和风格的多样化,不仅体现在休闲服饰的无差异性上,更多的是体现在可以包容其他元素的选择和搭配。而作为休闲服饰风格多样化的另一个重要因素——搭配的随意性,是对休闲服饰本身简约风格的一个升华,也是对休闲服饰不可多得的审美优势。虽然休闲服饰单品的设计简约,承担的设计成本主要是由较少的元素为主,但是它能够包容其他更多的设计和搭配,为消费者进行自我设计的余地更大。

以牛仔服饰为例,作为休闲服饰一个突出代表,牛仔服饰不论是单品的设计还是搭配的受众面都很广。不仅是因为这一类服饰起源较早,有着一定的时尚基础和潮流情怀,而且还在于牛仔服饰风格的特殊性决定了其在服装搭配上比较轻松。牛仔服饰的面料和设计都很好地避开了性别特征,简约大气的款式与设计模糊了性别特征,这种随意性收获了更广阔的消费群体,带来了简约随性的中性潮流。在实用角度上牛仔服饰具有得天独厚的优势,耐磨的布料可以长久地穿着,并且简约不过时,服饰百搭,在减少购买成本的同时还能紧跟时尚潮流。其风格的简约特性分担了搭配的压力,加之牛仔元素的应用广泛,从外套到裤子,以及女士的各种裙子,都能找到复古休闲的牛仔影子。作为休闲服饰的代表,牛仔的元素几乎占据了所有的服饰的设计,而对大学生来说,以牛仔为例的休闲服饰,不仅单品的设计让人容易接受,产品元素多元、风格简约,穿着和搭配的压力小,而且性价比极具优势,大学生几乎人人都有牛仔单品。牛仔耐穿百搭,价格相对亲民,不难看出牛仔服饰作为搭配单品的优势十分突出。

休闲服饰在大学生群体间的流行,意味着休闲服饰作为服装主流的地位,它既迎合了时尚的潮流,又中和了大众在审美上和消费上的保守性。休闲服饰"简加简"的风格,也就是简约和简约的搭配,能够达到"1＋1＞2"的突出效果。这种超高性价比的选择正是当代大学生所期待的,以舒适简约的各色基本款式来搭配出自己的个性和潮流风格,展示了自己青春的活力和创意,并且每件单品平价还能用以多套搭配中。正是因为如此,休闲服饰不论是在单品的化繁为简上还是搭配的多样性上,都为大学生留下了很大的自我设计余地,以最低的成本和相对保守的设计突出自我特色,在大学生服饰选择上得以坐拥主流位置。

3. 大学生的服饰美学教育

服饰美学是关于服饰的美的学问，包括三方面的内容：一是衣服，起遮覆躯干的功能；二是佩饰和随件，起装饰全身而不是遮覆的作用；三是化妆，包括文身、美容等，起修饰和美化的作用。服饰美学是服饰教育与美学的交叉部分，是美育在服饰教育中的体现，是美学中实用美学部分。

（三）提高大学生服饰能力的方法

提高大学生服饰能力的方法主要如下。

1. 了解服饰美的知识

服饰美依附于人体，是人与人之间的审美交流。心理学研究表明，人在穿戴自己满意的服饰时，心情会很愉快，有利于增强自信心，在与人交流时会更加主动地表现自己，从而会使自己通过完美的服饰获得一种自我成功感。对于美的理解可谓仁者见仁智者见智，有人说美是直觉的表现，美是生活，美是和谐，等等。康殷在《文字源流浅说》中说道，"美"字表现了人的形象，指头上戴羊冠或头部作羊形装饰，翩翩起舞，祈祷狩猎的成功。"美"的意思为外形美观，打扮得漂亮、好看，表明美和人体、美和装饰是密切相连的。

服饰美是美的一种形态，人们在长期的历史发展过程中，逐渐形成对服饰美的一致看法，那就是合体、入时、适地、个性。合体就是服饰的面料、款式、色调，必须与穿着者的年龄、身份、肤色、身材相一致；入时就是穿着必须合乎时代特色；适地就是服饰穿着要与环境协调；个性就是体现自己的特点。有的大学生经常把时尚挂在嘴边，追求时尚似已蔚然成风，可却不懂什么是时尚，什么是流行，甚至认为时尚就是流行，认为时尚流行的服装就是美的。时尚是个包罗万象的词，是短时间里一些人所崇尚的生活，只是小范围的流行，如衣着打扮、饮食、居住、消费等。模仿只是时尚的"初级阶段"，弄不好会东施效颦，我们要学会从时尚的潮流中剥取一些本质的流行元素，来打造自己的美丽。

想要达到服饰美的装扮，还要了解服饰搭配的特点。服饰包括衣服、鞋帽、配饰等，服饰兼具保护和装饰人体的作用。穿在身上，它就成为人们精神美的表现和外形美的一部分，所以穿的过程是一个创造的过程，穿着不在贵而在于有品位。

2. 明晰服饰搭配的特点

流行的服装并不一定都适合自己，要根据自身的特点打扮自己。服装在与人体结合时，需要考虑服饰与人体的重组，服饰色彩的搭配，服饰之间的搭配，最终形成新的审美对象。或者清纯，或者淑女，或者运动，无论哪种风格，只要能展示其鲜明的与主体整合的、全新的视觉形象，都是美的，都能体现服饰美的特点。

（1）服饰与人体的重组。人的体型千差万别，高矮胖瘦各不相同，服饰要考虑个人的气质、性情，只有当"形"和"神"达到和谐时，才能创造出自然得体的形象。服饰搭配技巧就在于掩饰自身的缺点，尽显自身的优点。如个子矮的女生可以通过改变上衣下裳的比例来体现娇小可爱、清纯美丽的个性特点。男生首先要讲究卫生与健康,穿着和谐,才能体现帅气、阳刚之美。

(2)服饰色彩的搭配。色彩是创造服装的整体视觉效果的主要因素,我们在配色时要遵循原色、间色、复色和补色的规律,服装配色还应该考虑整体服饰之间的关系,同时关注色彩的色相、纯度、饱和度以及色彩面积大小等因素,形成统一而有变化的关系。体型胖或瘦的人可以通过色彩冷暖的特点——暖色膨胀冷色收缩的视觉效果,来选择的服饰色彩。

(3)服饰之间的搭配。服饰之间的搭配要考虑服装款式,领、袖、三围以及襟、摆、扣等各部位之间的比例,不同面料的质感,以及服装与配饰等之间的关系。

(四)当前高校服饰美学教育存在的不足

当前高校服饰美学教育主要存在三方面的不足。

(1)基本理论教育难以系统和深入。

服饰美学的基本理论可以从纵向和横向两个维度来进行讲解:纵向的维度包括服饰美学的发展历史,如中国的服饰美学史和外国的服饰美学史,服饰美学发展历程中的各种流派和思潮,服饰美学变迁和社会环境变化的关系等;横向的维度包括服饰美学的基本理论知识,如服饰美学和哲学、心理学、文化学、社会学等学科的交叉和影响,服饰美学和社会思潮等。这些都是大学生应该了解或掌握的,尤其是服饰美学的基本理论知识,主要论及服饰美的内涵和形式。

这些内容中,有的科目可以采取专题的形式。如"人体形态美和服饰美的关系",从服饰和人体及文化观念的关系角度探讨中西方形态美、人体美和服饰元素的关系,可以以一个阶段或一个知识点为重点,引领大学生进入理论世界。"通过对这些基本的美学理论进行系统的整理,首先让大学生站在理论的高度对'服饰美学'的基本理论有一个总体的认识和理解,这应该是整个服饰美学教育的关键和基础。"目前的服饰美学教育中,这些理论知识只能蜻蜓点水,缺乏系统和深入,大学生学起来一叶障目,难见泰山。

(2)服装设计不能和服饰美学很好地结合。

目前的服装设计课只是侧重动手操作,和服饰美学教育的理论学习"两张皮",相互之间不能产生良性互补。服装设计对各种元素的运用离不开大量的模仿学习和借鉴,否则,设计就是无源之水。借鉴包括对中外的借鉴,也包括对古今的借鉴,这些都离不开史论的学习。服饰美学教育应该贯穿在设计课的始终,它不是一门单纯的理论课,它要对大学生的审美能力、审美方法产生积极影响,并对大学生设计发挥指导和激励作用。服装设计的学习离不开对中外服装美学史、中外设计史、中外美术史的了解,从中可以吸收到大量的设计灵感和素材。

此外,当今服饰设计不能从美学相关学科很好地汲取营养。服饰美学与其他学科的交叉相当广泛,如心理学、文化学、社会学、民俗学、历史学、符号学等均和服饰美学有着千丝万缕的联系,对它们的涉猎是服饰美学理论学习深入进行的关键。但大学生们往往对直接动手的技能感兴趣,而对这些理论知识不当回事,这种倾向是不健康的。例如东方服饰较为保守、含蓄、严谨,西方服饰则大胆、随意、率性,风格的差异无疑是东西方民族文化特征和社会习俗对服饰影响的体现。如果对东西方文化和历史没有相当的了解,则很难做到准确理解服饰方面的这些差异。

(3)忽视服饰美学教育对校园文化的影响。

当前服饰美学教育闭门造车,关起门来搞教育,忽略了教育对人的影响。"校园服饰文化是一种不同于大众时尚文化的特殊文化现象,它反映了大学生这一特殊群体所特有的价值观念、审美趣味、时尚观念及着装观念等。透过大学生的服饰,我们能感受到大学生特有的文化内涵和鲜明的个性特征。"大学生的着装风格应该体现出其应有的智性、素养、文明、青春等群体特征。而当代大学生的着装,大多青睐"酷装",各色掺杂的发色,曲直兼有的爆炸狮子头,大如书包的裤兜,露窟窿的牛仔裤都是年轻大学生的最爱,颜色也一改过去暗淡的灰黑,鲜亮橙色、粉色、蓝色、紫色成为新宠。夸张、独特、扮酷已成为当代大学生特立独行,标榜自我的一种标志,这就是当代大学生所追求的个性与突出个人与众不同的品味。可见,当前高校的服饰美学教育成果并未对校园服饰文化产生应有的良性影响。

(五)结语

在大学生与服饰美这一章节中,通过着装意识的分类和着装类型的心理分析来研究大学生服饰的内环境,校园作为大学生服饰的外环境,是大学生学习和生活的地方,作为主体的大学生,在追求时尚个性的同时,也要在服饰上和校园环境相协调。以及综合分析大学生的服饰审美和高校美学教育的长处与不足。

  美之赏析

▲ 亮色金属面料。让人有种绚丽夺目的感觉。傣族姑娘造型加上抹胸的设计,展现性感妩媚的民族造型,让人眼前一亮——阿玛尼

美之感悟

服饰美可概括为以下四个方面：

①个性美。是服装与着装人的性格、风度、爱好、志趣产生的美。

②流行美。是服装与着装人迎合时代精神和社会风尚产生的美。

③内在美。是服装与人的心灵、气质融合产生的美。

④外在美。是直接表露在外的美。

此外，还包括在上述四个方面美的作用下产生的美，如服装与身体辅成的姿态美；服装的结构线条与体型辅成的构成美；材料品质、组织、肌理辅成的材质美，服装颜色与肤色辅成的色彩美；造型、款式、纹样等产生的艺术美；工艺、技术等产生的技巧美；佩饰、配件衬托的装饰美；服装与帽、手套、鞋、袜穿戴物品形成的整体美；服装与人的长相及修饰打扮产生的化妆美；服装的功能与人的工作、环境、条件、工具、对象相适应的实用美。

思考讨论

1. 讨论人体美与服饰美的关系。
2. 大学生如何注重自身服饰美。

第八章 美之创造：科技之美

美育目标

理解科学美、技术美的内涵及意义，把握科学美、技术美的表现及本质；正确把握科学美与技术美的区别与联系。

美之印象

▲ 广州/古镇灯光节作品赏析

第一节 科学之美

一、科学美的内涵及本质

（一）科学美的内涵

朴素的科学美是指科学家在对科学美的事实和美的理论的探索中，以及在对科学美的追求和科学创造过程中，对客观存在着的美进行的主观反映、感受、欣赏和评价。

科学美的研究可以追溯到古希腊时期，毕达哥拉斯学派就已从数学研究中发现了和谐之美,称"一切立体图形中最美的是球形,一切平面图形中最美的是圆形";并提出"宇宙和谐"的概念。这一时期的古希腊人就已知道,一根棍从黄金分割点分割最为美妙。其研究成果被欧几里得(公元前 330—257 年)编入他的《几何原理》。这些都证明科学美的概念早已存在。现代的科学技术出现在欧洲的文艺复兴之后,是在第一、第二次工业革命中逐步成长起来的。它的发展越加证明科学美不光存在,而且还证明了科学美的重要性。

如果说科学家体验到的主要是科学创造本身的美和科学理论蕴含的美,那么不专门从事科学活动的人,在日常生活中更多的是感受到物化形态的科学设施和科学产品的美,譬如化学实验室赏心悦目的各种器具,现代天文台令人神怡的观测仪器,火箭发射场气势宏大的动力装置,等等。我们在观赏这些试验器具、观测仪器发射装置时,会产生类似欣赏音乐、绘画和其他艺术品时所体验到的那种愉悦感和美感。

科学美即科学与美学,分属于两个不同的领域,一是求真,一是寻美,但作为同一文化母体——人类实践,所孕育出的一对"孪生兄妹",它们既有差异,又有共同的基础。如果能把求真和求美自觉地统一起来,那就不仅有利于科学的发展,而且可以大大促进美学的发展。

科学与美学这一对"孪生兄妹",在历史上曾有过几度离合。在人类意识的黎明时期以及在古希腊罗马文化中,科学与美学原本是结合在一起的,二者水乳交融,分不出明显的界限。无论是《荷马史诗》还是卢克来修的《物性论》,既是那个时代的美学精品,又是那时人类已有科学知识之集大成。在欧洲漫长的中世纪,科学与美学在某种意义上也是结合在一起的,只不过这种结合是基于宗教的需要而非"事物的本质",科学与美学都同样被使唤为神学的婢女。不过在这一时期,科学的灵魂被严重地压抑和扭曲,而美学则得到了畸形的发展。因此,从更本质的意义上说,这一时期,科学与美学是分离的。近代早期的文化复兴,作为古希腊罗马文化的重建和再造,是科学和美学的共同复兴。在这一时期,科学与美学的结合描述了一幅无限壮丽的文化图景。然而,自文艺复兴运动以后,随着早先人类知识体系整体的日渐离析和解体,各门学科纷纷独立出来,科学与美学也发生了分化。

科学与美学是遥远而又相同的两个领域。人们曾经从各种不同的方式、从各种不同的角度来表达科学与美学的区别。按照前苏联学者苏霍令的解释,科学与美学的区别主要体现在科学排除自我,而美学把世上的万物人格化;科学的非主体性决定了它的集体性,美学的拟人性决定了它以个人为坐标原点;科学的内容并不涉及科学家本身,而美学的内容则带有艺术家的自传性;科学知识能够并且必须予以浓缩,而美学成果则不允许化简。简言之,科学与美学的区别主要在于如果说科学努力以冷静的态度描述世界,那么美学则是在作者的情感之中,通过作者的感受和评价来表现这一切。

然而,如果我们越是想深入地分析科学与美学的区别,就越能发现它们之间的相似相通之处。从社会层面上来看,它们都生长在社会生活的土壤中,都从哲学的枝叶上吸收养分,摄取阳光,它们之间荣枯相依、兴衰与共,在同一历史时期,科学技术发达的地方,艺术上也往往英才辈出,成就辉煌。此时,美学的成就也往往非常显著。

科学美学方法及其特征就是科学家在科学研究过程中应用科学美学原理去创立、评价、接受和发展理论的途径、程序和原则。科学美学原理与科学美学方法之间是相辅相成的关系,科学美学原理主要解决的是科学美学是什么、怎么样的问题,而科学美学方法则是对科学美学原理的应用,主要解决如何用的问题,即科学家在科学研究中如何应用科学美学原理去从事科学认识活动。

(二)科学美的本质

科学家在对科学审美对象的观照中,对于科学审美对象客观存在着的科学美的主观反映、感受、欣赏和评价。

我们了解科学美感的特征,这只是认识了科学美感的一些表面现象。要深入认识科学美感,还必须从这些科学美感特征出发,深入到科学美感的内核中去,才能进一步揭示科学美感的本质。因此,我们必须从哲学认识论、生理学和心理学,以及实践的角度,对科学美感的本质进行高度的概括。这样,我们才有可能更深刻地理解科学美感,进而把握科学审美活动的规律,从而促进科学审美实践的发展,促进科学美学的创造和发展。作为认识活动的科学美感,从认识论的范畴来看,科学美感是客观存在的审美对象中的美作用于审美主体头脑的反映,是一种社会意识形态。根据辩证唯物主义的原理,意识在任何时候都只能是被意识到的存在。因此,我们从认识论的角度来看科学美感,它在任何时候都只能是第二性的,是要受科学审美对象客观存在着的科学美的制约的。离开了科学审美对象客观存在着的美,便谈不上产生美感。从认识论的角度来说,意识对存在的反映是能动的反映,因此,科学主体对科学审美对象中科学美的反映,不是机械的、被动的反映,不是刻板的、消极的摹写,而是能动的、创造性的反映。在科学审美活动中,审美主体主动地、积极地发挥着主观能动作用,具体表现在以下三个方面。

一是对于科学审美对象的选择。

人对科学审美对象的感受、鉴赏、体验,离不开人的感官对自然信息的接受。可是人的感官功能和结构,尽管在人类几百万年的进化过程中,已经发展到相当完备的地步,然而,自然界中还有许多事物不能成为人的科学审美对象,因此,人的感觉表现出在科学审美过程中的很大的局限性,怎样扩大人的科学审美对象,突破人的感受器官的局限,这是一个十分重要的问题,科学仪器的发明与制造,正是人的主观能动性在科学美感中的重要体现。不断改善的科学仪器,使人的感官不断延长,并趋于精细化,从而发现自然界有着越来越多的科学审美对象。因此,选择什么样的科学仪器,来补充人的哪一种感官的不足,这是审美主体对于科学审美对象选择的第一层意思。

科学审美主体对于科学审美对象选择的第二层意思是:在大千世界众多的科学审美对象中,审美主体应当选择什么样的科学审美对象来观照,才能达到最大的科学美感？这是科学审美对象的选择问题。选择科学审美对象要求快与准。所谓快是指要敏锐地、及时地发现具有科学美的事物,蕴含在各种形式美中的内容美,有时是稍纵即逝的。所谓准是指科学审美主体能够准确地捕捉并抓住值得人们重视的、最典型的美的东西。对这些典型的科学美的把握,有助于对自然界某一部分科学美的揭示。如果我们能够选准具有典型意义的科学审美对象,那么就可以通过对最基本、最重要的科学美的现象的把握,来洞察科学美的全体,或者通过对最有限的然而又是最典型的具有科学美的事物的把握,以达到最普遍、最大限度的美的享受。为此,科学家在科学审美实践中,发展特殊的实验方法。通过实验,人们可以使科学审美对象有控制地呈现,以弥补人们在快与准选择上的失误。因此,从科学美学的角度来说,实验方法的引入,使人们对自然界科学美的认识进程大大加速了。

一般来说,审美主体的科学审美经验越丰富,其对科学审美对象的选择就越自觉、越准确,科学创造活动的成效就越高。如果科学审美主体对于科学审美对象选择的自觉性很强,那么这种选择自觉性也会反过来促使其科学审美能力的提高。每一个想要在科学创造活动中做出一些成就的人,都必须要努力培养自己的这种感觉的选择能力。

二是对于科学审美对象的加工改造。

人在科学审美活动中,一开始就是一个主动的、积极的发现者,而不是一个被动的、消极的接受者。在科学审美活动中,审美主体随时要运用自身能力对科学审美过程中所获得的各种材料认真地加以分析、比较、整理,使之成为系统的、有着内在联系的、足以揭示自然界的科学美的规律。因此,要发现科学美,就必须具备把感觉所得的各种材料联系起来的能力,在现象的多样性中找出它们的统一性,在现象的变异性中找出它们的不变性,按照科学美学的观点,要把彼此独立的部分连接成一个整体,就要靠数学的关系与秩序。因为数学的关系与秩序,是可以用来说明现象多样性的一种基本原则或方法。利用数学语言,特别是运用数学方程式的形式美,就可以作为现实世界统一的形式原则。在精密科学的审美实践中,对于科学审美对象的理解,只有借助数学的联系才有可能做到。于是,对科学审美对象美的体验,就转换成为对科学审美对象这种形式联系的体验。数学方程式为什么具有如此迷人的魅力？它何以能够代替现实的科学审美对象？其道理即在于此。这样,原来比较陌生的科学审美对象,通过这样的形式联系、沟通,得到由此达彼、触类旁通的科学美感。在科学审美实践中,由于审美主体这种能动性的作用,使得主体从科学审美对象中所获得的感觉材料之间的联系原则,可以等同于对客观物质界各种科学现象多样性理解的原则。从认识论的意义上来理解美感对于科学美的发现作用,相当于是一种理解的能力,一种认识的能力。从科学审美实践中,我们发现,这确实是一条认识科学美的可行之路,从中可以寻找出发现科学美的逻辑途径。因此,对于科学审美对象美的体验,同对事物的认识活动一样,完全可以通过逻辑的分析。科学美学正是借助于这种逻辑分析的机制,应用认识论和逻辑学的原理去考察人的科学审美活动。这种科学审美的认识论方法,既可以看做是科学审美的认识论,又可以看做是科学审美的逻辑学,这种科学审美的主观能动性,常常被数学家、自然科学家和逻辑学家身体力行。它可以促使美学认识论化和逻辑学化。而这种审美的认识论,或者审美的逻辑学,正是通过科学审美活动而逐渐形成的。

科学美学史上是通过数学的关系去建立科学美学体系的,毕达哥拉斯认为在复杂的自然现象中,只有数的和谐才是一种普遍的联系,是一种普遍的科学美。这种科学美感的传统,通过黄金分割律的研究,通过几何学的兴起和数理逻辑的发展,形成了一种特殊的具有方法论性质的科学审美理论。

三是对于科学审美对象的再创造。

在马克思的《1844年经济学哲学手稿》中,他把人类的生产分为物质的生产和精神的生产这两类,科学审美活动,是人类的精神生产。按照马克思的观点,应当用人类的物质生产来说明人类的精神生产,因此,我们必须用生产活动的规律来说明科学审美活动的规律。科学审美主体一旦被某种科学审美对象激发起科学美感,就必然要运用各种审美符号,千方百计把科学审美对象的美描述出来,并进而进行形式的构造,形成一种纯粹的符号体系。正是通过这种符号体系,人们才进一步分析出自然对象内在的美,利用适当的形式符号写现实的科学审美对象、构筑新的符号体系并从中揭示自然界的内容美,这是一系列的创造过程,这种创造过程是科学审美主体主观能动作用的结果。科学审美主体对审美对象的建造是一种主体的创造行为,科学审美主体通过形式体系的分析来猜测自然界的内容美,更是一种创造性的活动。

(三)作为心理活动的科学美感

科学审美主体在科学审美活动中,把自己生理、心理结构的功能全部调动起来,因此,作为心理活动的科学美感的本质,在于科学审美主体按照本身生理、心理运动的规律来进行科学审美活动,从而对科学审美对象的美进行再创造。例如,审美主体可以通过联想、想象把以往的表象揉进科学审美活动中去,以补充、丰富、再创造科学审美对象的美。这样可以加深对科学审美对象的体验,达到创造性的认识与理解,增强科学审美对象对感情的反应,从而获得兴味浓郁的科学美的精神享受。通过科学审美主体特别敏感的视觉感知或听觉感知,往往能够独特地、创造性地发现科学审美对象中科学美的某个方面、某个侧面,增强人们科学审美的兴味、热情与效果。

科学审美主体在科学审美活动中的情感心理运动,是以主体对客体的科学认识为基础的。科学审美活动中的情感是反映客观内容美的一种形式。科学审美情感以科学审美认识判断为其先决条件。这是因为对审美对象的运动状况,如果没有先期背景知识的话,那就不可能进而对审美过程中摄入的各种科学信息,进行加工改造和再创造的工作。科学审美主体以往的审美经验,在新的科学审美活动中总是直接或间接地参与进来,以往的审美情感也会有助于新的科学审美对象内容美的发现。

科学美感中的情感活动一般来说，以形象思维为基础，因此，越是依赖形象思维的科学创造活动，科学审美主体科学美感中的情感就越是强烈。凯库勒在对苯分子的科学审美活动中，之所以带有极其强烈的情感色彩，这与他的"金蛇狂舞"这一形象思维有着极其密切的关系。科学美感从心理活动来看，还有它独特的本质。这就是思维在科学审美活动中的决定性作用。马克思说："从主体方面来看：只有音乐才能激起人的音乐感；对于不辨音律的耳朵来说，最美的音乐也毫无意义，音乐对它说来不是对象，因为我的对象只能是我的本质力量之一的确证。"科学美感除了五官的感觉以外，还特别注重精神的感觉、实践的感觉（意志、爱，等等），因此，只有当审美客体的科学美能够激起人的科学美感时，这种审美客体对于人才是有意义的。

（四）作为实践活动的科学美感

科学美感是科学审美主体对科学审美对象的一种反映，是一种社会意识，是人类认识世界，改造世界的一种方式。马克思在归纳人类认识和掌握世界的几种方式时说："整体，当它在头脑中作为被思维的整体而出现时，是思维着的头脑的产物，这个头脑用它所专有的方式掌握世界，而这种方式是不同于对世界的艺术的、宗教的、实践精神的掌握的。"

在马克思看来，人认识掌握世界的主要方式有科学的（理论的）、艺术的（美学的）、宗教的、实践精神的这四种方式。马克思这里讲的是人们认识掌握世界的主要方式，然而马克思并没有排除此外的其他次要方式。由于人们认识活动的深化，相应地，人们认识世界的方式显然也随之复杂化，一些认知和掌握世界的次要方式也就应运而生了。科学美学的认识方式显然也是其中一种新的认识和掌握世界的次要方式：主要由科学的认识方式和艺术的认识方式综合而成。过去人们为揭示科学的本质和特性，千方百计想要把科学和艺术、科象思维和逻辑思维、感性和理性、美感和理论区别开来，划出一条非此的界线：这种研究方法过去在科学或美学的研究中，曾经起到的作用，作出很大的贡献，可是辩证法却告诉我们：任何事物都不是孤立存在的。恩格斯曾精辟地指出："辩证法不知道什么绝对分明的和固定不变的界限，不知道什么无条件的普遍有效的'非此即彼！'，它使固定的形而上学的差异互相过渡，除了'非此即彼'，又在适当的地方承认'亦此亦彼'，并且使对立互为中介：辩证法是唯一的、最高度地适合于自然观的这一发展阶段的思维方法。"

因此，科学美学的认识方式，同样是我们为了改造世界而认识、把握世界的一种方式。

如果我们的上述论证可以成立的话，那么毫无疑问，科学美感也应当是人们认识世界、改造世界的一项重要的实践活动。

作为实践活动的科学美感，把人们在科学审美实践中形成的科学审美趣味、科学审美要求、科学审美理想和对美的追求，具体落实到科学美的创造活动中去，从而促进科学美学的发展，科学理论就是充分发挥科学家的这种科学美感而形成的实践产物。

总之,我们要探讨科学美感的本质,需要从认识论的角度去探讨,从心理学的角度去探讨,更需要从实践活动的角度去探讨,只有把这三个方面有机地结合起来,才能避免与防止把科学美感的本质简单化、庸俗化。

综上可知对于科学美感,我们不能简单地理解为是科学审美主体接触科学审美对象的瞬间心理变化,而应当把它看作是一个综合的认识心理、生理实践的过程,在科学美感中,既有各种因素纵横交错的复杂性和综合性,又有相互促进、相互作用的过程性。正因为这样,科学美感才有可能成为人类的一种特殊社会意识,科学审美主体才有可能用科学思维能力进行创造性的科学审美活动,产生不朽的科学艺术品,并且也使其他人获得赏心悦目、心旷神怡的科学美感受。

二、科学美的意义

从远古人类开始使用工具,人类就开始了对自然一轮又一轮的改造,自此科学和美就开始产生了无限的联系,"美"这种抽象的需求和本能的追求借助着最原始的技术逐步变换着风格,科学的诞生带来了科技的发展,科学的发展带来了关乎到美的所有技术的革新,"美"从始至终伴随着科学,追随着科学,以科学为依托发展,又借助着当时的科学缔造更加浪漫的幻想,使科学和美相辅相成,互相促进。人类在征服火焰的同时也点燃了科学之火。科学之火带来的美是变化和永恒的。

(一)科学之美具有前瞻性

科学之美总是具有前瞻性且富有想象力,列宁早在20世纪初就谈到"从自然科学奔向社会科学的强大潮流"问题,科学美学是当代科学整体化趋势的产物,其具有无限深入自然现象本质的能力。一切科学认识对于指导实践的巨大力量,人在创造活动中实现自身的力量,并且通过对创造物的观照,意识到自身的力量。这种自身的力量不仅体现为智力和体力的形式,而且体现为审美的形式。因此,科学、劳动、美学等都是人的本质力量的显示。按照科学社会学的观点,科学、技术、生产、艺术、美学等都是推动社会发展,促进人的本质力量对象化的诸种动力。这诸种动力相互影响、相互作用,形成了一种特殊的社会互动现象。一方面,科学物化为生产力,使人类在实践中掌握了更有力的斗争武器,更具有创造美的能力;另一方面,人类通过发现自然界的美和美的规律,使自己生活得更美好,并更加懂得应该怎样按美的规律去认识世界和改造世界。随着人类社会科学技术的发展和人们科学文化水平的提高,人们对科学越来越重视了,对于在科学知识和科学研究对象中所显现出来的人的本质力量的巨大魅力,也越来越倾心。有越来越多的自然科学家和美学研究工作者认定,自然科学中蕴孕着一种有异于传统美学研究对象的特殊的美。因此,这种特殊美的本质研究,便引起了人们广泛的兴趣,于是科学美学这门新兴学科也就应运而生了。科学美学产生的历史必然性,还可以从科学和美学关系的历史考察中得到证明。根据笔者对科学美学思想史的研究成果,科学美学思想的历史科学美学体现了真与美的统一。德国物理学家韦尔在科学研究中具有很强的美感直觉,总是自觉地把美和真统一起来。每当他的科学理论在美和真之间不能两全时,他常常为了美而放弃真,因为他觉得美是永恒的,是对事物运动起着本质作用的,而真却是暂时的,将随着人类实践活动的发展而不断发展。原来认为不真的事物,在新的历史条件下,也许就成为真的。韦尔在建立他的引力规范理论时,公开承认这个科学理论不是"真"的,因为它与实验数据之间差距很大,只因这个引力规范理论很美,他舍不得放弃它。可是在若干年以后,理论物理学中的规范不变形式被引入量子电动力学中,韦尔原来的那个美妙的引力规范理论就变得正确了。考虑到量子电动力学的效应以后,真和美就又重新统一了起来。韦尔还在研究两分量中微子相对性波动方程时,为了追求方程的美而大胆破坏了被认为是永恒真理的宇称守恒定律。他的这篇论文发表时,在物理学界曾引起了一阵哄笑和奚落。可是当杨振宁、李政道提出的宇称在弱相互作用条件下不守恒的定律,被吴健雄女士用实验证实了的时候,韦尔的这个美感直觉又变得正确了。科学美学作为一门新兴的边缘学科,它的研究前景是十分诱人的。

科学之美的前瞻性体现在美学、自然科学、科学史、科学哲学等学科,广泛研究学科知识能够让我们更加清晰的明确科学的前瞻性的意义,为科学美学的发展作出贡献。

(二)科学之美具有驱动力

从空间维度上看,科学在文明过程中的作用是独一无二的,是一种进步的力量,这是毋庸置疑的。工业革命堪称人类历史上最伟大的事件。在工业革命之前,无论是东方还是西方,人均GDP都没有本质的变化。但工业革命发生后,人均GDP就突飞猛进,在欧洲,200年间增加了50倍;而在中国,短短40年就增加了10多倍。因此,古今中外任何王侯将相的功绩和工业革命相比都不值一提。而工业革命的发生,就是科学推动技术,再转化为生产力的结果。这是科技在经济和社会生活中的重要体现。

从时间维度上看,科学几乎是世界上唯一能够获得叠加性进步的力量,因此,它的发展是不断加速的。世界文明的成就体现在很多方面,从政治、法律到文学、艺术、音乐等,都有体现。虽然总体上讲,文明是不断进步的,但是在很多方面,过去的成就并不能给未来带来叠加性的进步。比如在艺术方面,历史上有很多高峰,后面的未必能超越前面的。今天没有人敢说自己作曲超越贝多芬或者莫扎特,写诗超越李白或者莎士比亚,绘画超越米开朗基罗,甚至世界上很多采用民主政治的国家,在政体上依然没有超越古希腊。但是,今天任何一个三甲医院的主治医生都敢说他的医术超过了50年前世界上最好的名医。因为医学的进步是积累的。正是因为科技具有叠加式进步的特点,我们对它的未来才更加有把握。

科学美学是促进科学进步的重要思想武器。科学家在进行某一理论体系的创造活动时,尽可能从较少的公理出发,通过逻辑的演绎,概括尽可能多的经验事实。科学家不断追求逻辑简单性,就促使理论不断地向深刻化方向前进。欧几里德几何学,从少数几条公理和定义出发,演绎出了整个几何学的体系,这是科学领域中的千古绝唱。可是对于平行线公理不倦的科学美学追求,成了非欧氏几何学得以创立的强大思想武器。从欧氏几何发展到非欧氏几何,这是科学发展中质的飞跃。在19世纪末和20世纪初的物理学革命风暴中,科学美学始终是新的物理学得以建立,并击败旧的物理学的重要思想武器。

(三)科学之美具有渗透性

任何艺术美都必须建立在一定的科学基础知识之上。科学家的美感直觉,往往有助于他们揭示自然界的本质。画人体要懂得解剖学,要研究人体的生理学知识。在人类早期,画花鸟兽要掌握广泛的动植物知识。音乐艺术要依赖复杂的声音结构,要利用声响、韵律、强弱变化、旋律、频率等物理手段,来沟通人的内心世界与外在物质世界之间的关系。这就必须研究声音的物理性能、乐器的声学特征、物质对于声波的激发与吸收等问题。在语言艺术中,近代科学知识更是要形象、真实。例如,古希腊毕达哥拉斯学派认为一切平面图形中最美的是圆形,一切立体图形中最美的是球形。他们把这种美学观点移植到科学问题的解释上,得到了新的见解。他们断言古代希伯来人那种天似苍穹、地如船的地球模型是不对的,大胆提出自己的科学设想:无论是宇宙天体还是地球的形状,从事物的完善性来看,都应该是球形。相应的,宇宙中的各种物体都应该做匀速圆周运动。毕达哥拉斯学派对科学问题的这种美学解释,后来被麦哲伦和哥伦布的环球航行所证实。可以认为,他们是科学美学的先驱。其次,科学家的科学美学修养,有助于他们揭示旧理论不美的地方,从而创造出更完美的新理论来。现在谁都知道地球绕太阳旋转。可是在五六百年前,那是不可思议的。那时人们认为地球是宇宙的中心,太阳绕着地球转。而促使这种宇宙观发生根本转变的哥白尼,正得益于他的科学美学思想(根据"日心说"和"地心说"的理论计算出来的历法,从精确性方面来说,并没有太大的不同)。哥白尼讽刺托勒密有关地球运动的本轮-均轮体系,说他就像是这样一位艺术家,他从各个不同的模特儿那儿临摹了手、脚、头和其他部分,然后把这些部分不成比例地凑合在一起,画成了一张人体肖像画。尽管每个部分都画得极好,可是各个部分很不协调,画出来的不是一个和谐的、富有美感的人,而只能被称为一个怪物。哥白尼坚信,天体运动应该是一种简单而和谐的天体几何学。托勒密用八九十个本轮和均轮,组成宇宙体系的运动,是违反这一科学美学原则的。所以哥白尼认为自己提出的"日心说",倒是一种符合美学原则的有秩序的安排。在哥白尼的安排下,宇宙有一种奇妙的对称美,行星运动轨道与行星运动都有一定的和谐关系。"日心说"在当时虽然是一种假设,但却是伟大的科学创造。哥白尼在理论上和实践上取得的成功,对后世科学家的研究方法有着很大的影响。最后,科学家对科学美的执着追求,是科学家研究的动因之一。在哥白尼之后,最伟大的天文学家要算刻卜勒了。科学史上称他是"天空的律师"。因为他第一个为行星运动规定了严格的运动规则。而促使刻卜勒完成"天空律师"这一伟大事业的,恰恰是他的心灵所感受到的哥白尼学说的美。刻卜勒的老师第谷是"地心说"的信奉者。刻卜勒虽然从第谷那儿接受了一笔丰厚的科学遗产,但是他相信哥白尼的学说具有更大的数学简单性与和谐性。也就是说,他认为哥白尼的系统更美。而科学之美的渗透性也在这一刻被体现了出来。

纵观科学之美的前瞻性、驱动力和渗透性,才能发现科学本身即是"美"的本身,探寻科学的"美",也是在追寻"美"本身。

三、科学美的体现

自然界是一个统一的整体,因此,对于自然规律认识的科学,它和对于自然美典型概括的艺术之间,必然存在着某种内在的联系,并在自然美的范畴内互相渗透、互相贯通、互相依赖、互相合作。这就是说,科学和艺术在实践的基础上具有同一性。很多科学家坚定地认为:科学和艺术是一个整体。很多人坚持从整体出发,从事这两方面的综合研究。科学美学的发展,使越来越多的人认识到自然系统的发展,在本质上是受美的规律制约的。因此,越来越多的人要建立一个包括科学和艺术在内的完整的统一世界。为此,我们必须进一步研究科学和艺术之间的联系。

(一)现代科学技术大大丰富了艺术表现力

任何艺术形式的具体表现都离不开一定的物质条件,这些物质条件或构成艺术的材料(如颜料、黏土、石膏、画布、大理石等),或成为艺术表现所依赖的物质基础(如乐器、摄影机、笔墨纸张等)。随着科学技术的进步,艺术所依赖的物质条件也在不断进步。新的艺术表现形式不断增加,例如,电子乐器、激光舞台布景、电影电视等。科学技术还可以丰富艺术的表现力,如空间感、动态感、真实感等。

(二)任何艺术都必须建立在科学基础之上

任何艺术都必须建立在一定的科学知识基础之上,要有关于物质、能量、空间等的科学知识。视觉艺术要依赖物质自然界及人类的视觉器官的发展。因此,要研究人的感觉特点的生理学知识。画人体要懂得解剖学,画花草鸟兽要掌握广泛的动植物知识。音乐艺术要依赖复杂的声音结构,利用声响、韵律、强弱变化、旋律、频率等物理手段使人的内心世界与外在物质世界沟通,这就必须研究声音的物理性能、乐器的声学特征、物质对于声波的激发与吸收等问题。在语言艺术中,近代科学知识更是构成真实形象不可缺少的前提。例如,但丁的《神曲》、曹雪芹的《红楼梦》、荷马的《奥德赛》等艺术珍品,就孕育着世界万物以及各门自然科学的知识。

(三)科学发展对艺术家世界观的影响

世界观就其本义而言,是人对世界总的看法。自然科学每一个重大的变革,都伴随着世界观的根本转变。达·芬奇在艺术上达到的成就,文艺复兴运动时期科学技术的发展,以及它们对艺术家世界观的冲击有很大的关系。达·芬奇在当时的科学技术背景下,已经不相信宗教神学的世界观了。他在笔记中写道:"太阳是不动的。"这就与当时盛行的地心说不一致。正因为达·芬奇具有日心说的思想萌芽,所以他主张面向自然,向生机勃勃的大自然学习。他常鼓励学生观察,并向伟大的老师——大自然学习,她包含着美和智慧。达·芬奇认为应当从大自然中发现美、理解美,正是为着这个目的,达·芬奇努力地研究解剖、透视、配色等与绘画有关的科学技术。

(四)科学发展对艺术家创作方法的影响

自然科学虽然不像社会科学那样直接地影响艺术的内容,但是它能开阔艺术家的视野,提高艺术家的文化修养,能促使艺术家对新的表现形式的探索。早在1876年,费希纳的著作《美学导论》问世时,人们就曾谈论过科学发展对艺术创作方法的影响问题。当时的人们认为,美学和艺术应该通过观察和归纳法,自下而上地进行判断,而不要通过形而上学的演绎法自上而下地进行研究。

20世纪以来,由于科学进步的影响,在艺术创作中产生了各种各样的流派。21世纪初,形式主义流派就曾提出:摄影术的进步结束了绘画中现实主义的道路。在第一次世界大战前不久,在科学和技术最新革命蓬勃发展的条件下,立体派作为一个新的艺术流派应运而生。它在某种程度上可以看作是20世纪科学技术成就的反映。立体派艺术认为,艺术的对象和自然科学的对象成了混合的东西,渗透、包含着人类意识的几何学和数学规律,是立体派艺术家们注意的目标。立体派的艺术家,例如勃拉克、毕加索等,在头里把事物分解为立方体、圆锥体、棱柱体和圆柱体,同时以几种缩绘法来加以表现。他们仿佛是从事物的内部来考察事物。立体派画家们这些几何学的抽象图形,在画面上反映的实际上并不是现实,而是脱离自然的某种抽象的人类思维。在这种情况下,这些艺术家断言:他们深入事物内部、分解和分析事物的企图,类似于物理学家借助于伦琴射线深入物体的内部、了解事物的物质结构一样。法国诗人、立体派理论家阿波林纳利用物理学的最新理论,特别是利用爱因斯坦的相对论,宣称立体派可以把时间在画布上表现出来。

现代抽象派、未来主义者和超现实主义者主张在艺术中,利用相对论、量子力学等现代自然科学的各种成就来适应现代科学技术的进步,并按照现代自然科学所达到的成就来"改造"自己,因此,必须运用抽象—形式主义的方法来重建艺术抽象主义的理论家,例如西德美学家赫林甚至认为,物质的现象和原子核中的能量分布,实际上在新点彩派画家的图画上,在杰克逊·波拉克、渥尔斯、昂利·米歇尔和乔治的笔下,被描绘出来了。新点彩派画家们标榜他们的图画不是别的,而是电动力学过程的艺术再现。依照抽象主义理论家们的见解,现代科学对艺术的影响表现在:抽象思维的发展,科学认识方面直观性的减少和缺乏,使得感性和激情趋于淡漠。科学技术的发展,迫使艺术转变为抽象的艺术,使原来由理智和感情、理性认识和感性认识相结合而产生的艺术形象,转变为形象思维的公式,转变为象征,转变为抽象的概念。他们认为在科学的时代,艺术应当是现代人发达智力的表现和要求,是改变人们世界观的艺术思维方法。而这种改变,借助于象征的手法,可使审美者在现象中看出艺术家隐秘的思想,并给审美者以再创造的宽广余地。

从艺术实践来看,毕加索等立体派艺术家们的努力,逐渐被人们所接受。抽象派或印象派的艺术,也日益扩展着它们的范围和影响。当然,由于艺术科学化还缺乏必要的经验,这种科学化的进程确实显得过于生硬与牵强,使人不习惯,并进而产生一定的反感。尤其值得注意的是:这种艺术科学化的进程,还没有得到科学家们的肯定。很多科学家看过这一类的创作后,认为并没有从中得到什么科学思想的启发,也没有看出在这些艺术中,有各种物理过程本质的表现。科学家们也不承认,这些创作即使作为科学思想简陋的插图,也没有多少积极的意义。雕塑中的抽象主义,诗歌中的"数学化",电影艺术中的剪辑技艺,也存在着类似的问题。

第二节　技　术　之　美

一、技术美的内涵及本质

(一)技术美的内涵

科学里也表现出对于艺术创造基础的美的追求。

——恩格尔哈特

现代科学技术的发展,不仅改变了生产本身,也改变了人们的生存方式、存在方式,进而改变了人们的审美意识,使人类重新认识包括在科学技术中的美,发现了在科学技术中具有独特价值的美——科学技术之美。科学技术之美是介乎于自然美和艺术美之间的另一种美的形态,并进一步证明:美的本身就是一种力量。

当我们对技术美进行认真的研究,就会发现技术美体现着多种美的形态。

技术美在不同时期,不同国家,被无数先哲们阐述和定义,其观点是基于时代背景的,也因时代的流变,技术美的内涵逐渐清晰与明确。西方对技术美内涵的研究,可以寻根至西方古典哲学先哲们对技术美的阐述。而中国技术美学的研究路径则可追溯到远古时期出现的技术美的创造活动,其在人类活动中体现,而后被众多学者讨论和研究。

因此,面对技术美的内涵进行探讨大致可以分为两个脉络,其一,是西方对技术美的研究;其二,则是中国对技术美学的研究。

西方对技术美的研究可以追溯至西方古典哲学先哲们对技术美的阐述,经历着"萌生-初始-勃兴"三个阶段。

(1) 技术美理念的萌生。

古希腊哲学家苏格拉底是古代西方美学思想的鼻祖，在西方美学史上，他较早提出了美与善功用统一的观念，这远比毕达哥拉斯和赫拉克利特等人仅从事物外在形式上的比例、和谐去寻找美进了一步。把对美的评价与事物对人类主体的功用联系起来，是对美的本质认识的深化。为古代技术美思想的产生、发展奠定了坚实的哲学基础。苏格拉底把功用、功能看作是审美的一个重要前提。他深化了前人对美的认识，不仅从事物的外在特征，更从它对人的合目的性中考察美。他对美的判定，就是看其是否有效用性和功能性。这奠定了技术美的基本思路和本体定位，而功用性，奠定了技术美的审美基础。

西塞罗是继苏格拉底之后，又一位强调效用功能与美相统一的罗马哲学家。他从事与人的关系中探讨美的存在，认为美表现为它的合目的性，强调美离不开人类的合目的性创造。合目的性构成了技术美的审美出发点。

著名的古罗马建筑学家维特鲁威于公元前1世纪所著的《建筑十书》从人类生活实际出发，提出了建筑艺术的基本原则，即"坚固、适用、美观"。从而将苏格拉底、西塞罗的抽象思想赋予了实践品格。在维特鲁威看来，美观、审美对于建筑是最高的要求，但这要以坚固适用为物质基础。美观只有与坚固、适用的物质技术相结合才成为可能。维特鲁威正是从建筑实践中得出了对技术美的深刻理解。从而将实用与美观两相结合，回归了技术美的本体。

近代英国哲学家培根发展了古希腊、古罗马的美学思想，认为美不只在于比例和对称，更在于适宜性和功能性。他认为技术美不能只满足于形式美，而是重在功能美的创造。

苏格兰哲学家休谟从审美心理学角度去认知技术美。他在回答美的本质问题时，提出了"便利说"：美有很大一部分起于便利和效用的观念。休谟看到了便利、功能、效用与审美情感的内在联系，并着重从心理上去分析，从而对技术美的审美心理分析迈进了一大步。

综上所述，我们看到西方古代哲人对技术美的思维，强调技术美的功用性、功能性、效用性、适宜性、目的性、便利性以及审美说、快感说、美观说，为人类认识美、评判美、创造美，开辟了一条新的路径。如此看来，技术美理念在这里萌芽，并为此后技术美学的创立提供了丰富的理论基础。

(2) 技术美的初始——工业设计。

技术美学思想的萌芽，可以追溯到19世纪英国的两位政治家和艺术批评家罗斯金和莫里斯。18世纪末，当时刚刚发展起来的机械技术并没有解决机器设备对人的机体的生理和心理上的适应性，所以许多产品或者粗制滥造，或者只注意产品本身的功效而忽略了产品外观美。

罗斯金揭露了机械化初期技术发展的非人性及与美对峙的现象，认为机器是丑陋的"多面兽"，它冷酷无情地吞噬了劳动者的艺术创造，工人生存在这样丑恶环境中,绝不能构思出、制造出美的产品。

威廉·莫里斯是一位建筑学家、工艺美术家和作家,他深受罗斯金观点的影响,也看到了机械对人的奴役,对人的劳动智慧的摧残。他表现出对英国资本主义的不满,把理想寄托于封建社会创造的手工艺品中。莫里斯首先提出了技术时代技术与艺术、劳动与审美如何结合的课题,这也是历史所面临的、必须解决的问题。此外,津佩尔、威尔德、穆特修斯也都强调技术、艺术和美的统一,并提出技术美的重要性。格罗皮乌斯与包豪斯学院则开始从更为全面的角度去阐述观点,并提出了功能主义原则,其原则与技术美有着千丝万缕的联系。

(3)技术美的兴起。

为了解决工业生产中的"美的问题",因而出现了"工业美学""生产美学""劳动美学"等概念。直到20世纪50年代,捷克斯洛伐克的设计师和艺术家佩特尔·图奇内第一次正式提出了"技术美学"这一概念。如果说鲍姆加通被称为"美学之父"的话,那么,佩特尔·图奇内则可称之为"技术美学之父"。

此时,技术美学研究的主要对象是"现代技术设计"中的技术美学,技术与美学紧紧地聚拢到一起了。"技术美学"的研究和运用,开始在全世界蓬蓬勃勃地发展起来。

此外,西方国家通过兴起"新艺术运动"(英国)、成立艺术工业局(苏联)、成立培训学校,训练技术美学方面人才(美国)、成立"技术美学委员会"(东欧)等形式,对技术美在当代社会中的重要作用开展各式各样的活动,从而推广技术美学理论的重要性。

技术美学的观念和实践,开始在全世界风起云涌、遍地开花,并促成其美而适用的工业产品。

由此可见,西方对于技术美的研究经历了丰富的思辨过程,并随之影响着不同时代的艺术作品与工业产品的发展。

(1)中国技术美的理论基础。

中国作为世界四大文明古国之一,在远古时期就出现了技术美的创造和技术美的观念。从石制工具所体现的人类创造的初始阶段——原始陶器所体现的技术审美意识的觉醒阶段——青铜器具所体现的古代技术美的创造阶段——瓷器制造所体现的手工艺美的集中体现阶段。总览中国古代的手工艺品,它们有一个共同的特征就是在追求实用价值的基础之上,追求审美价值,而这一规律在西方也体现的出奇的一致。

中国古代先哲在认识美和论及美的时候,首先关注和瞩目的多是物质的美、器物的美,也就是实实在在的美,因而强调的是美的适用性和功能性,较少触及到精神的美和纯粹的美。

从中国最早的文字甲骨文中就有了"美"字。从字源来看,美字的起源根据汉代许慎的《说文解字》中称其为"羊大则美",这说明美是物质的感观存在,与人的感官享受——吃有着直接联系。它来源于实用性和功能性。这是中国古代先哲们的共同认知。

先秦时期的伍举、老子、庄子、韩非子在各自的观点中指出技术美的重要性,宋清时期的欧阳修、王安石则从其诗词中提出"器物"外观的实用性与美观性的统一,也深刻体现了技术美的重要性。古代先哲们对于器物的审美认知,较多的强调技术美的适用性和功能性,因为他们瞩目的是事物的物质性,还尚未升华到事物的精神层面。

(2) 中国技术美的研究流变。

20世纪80年代,我国开始进入改革开放的历史新时期,根据新时期的历史要求,坚持物质文明、精神文明"两手抓、两手都要硬"。为了加快社会主义物质文明和精神文明的建设,在世界技术美学研究的基础上,我国技术美学的研究开始提上日程。但与世界相比,我们整整晚了半个世纪。

1983年,由安徽科学技术出版社出版了我国第一本技术美学的不定期丛刊——《技术美学》,该期刊由郭因主编,里面刊登了诸多学者针对技术美学的广泛探讨。而后,我国学者涂途提出技术美学研究的主要内容包含了劳动生产说这一观点;徐恒醇提出物质文化说观点;张帆提出技术艺术说观点。直至后来,我国原子弹之父钱学森,写出的一系列重要的文艺理论文章中,提出了自己对艺术和艺术美学的认识。

钱学森对文艺学、艺术学和美学的长期深入的关注和研究与其他学者不同,他将科学和文艺做了深度的融合、研究,提出了两个极为重要的,具有理论突破意义的概念,一个是"技术艺术",一个是"技术美学"。此概念做出了具有伟大历史意义的转型和回归。两者无疑是对世界艺术理论的重大突破和发展,是对人类美学理论的重要推动和贡献,均具有世界意义。

钱学森对"技术艺术"这一概念的具体诠释是:

"科学技术的发展为文艺的表达提供了各种各样的工具,没有电影技术,就没有电影艺术;没有照相技术,就没有摄影艺术;没有现代电子技术的发展,也就没有作为文艺的一种表达工具的电视。"

钱学森的论述十分明确、清晰;凡是运用技术创造的艺术,统称之为"技术艺术"。为此,他将传统艺术与技术艺术严格地区分开来,同时又将两者熔铸为一个完整的艺术体系。"技术艺术"这一伟大概念的提出,是钱学森对人类艺术学的巨大贡献,对人类艺术的发展有着特殊的世界价值和意义。

1. 创造统一的艺术概念

技术所创造的摄影艺术、电影艺术、电视艺术、数字艺术,早已被人们公认为一个个的独立艺术形态,而且全都建构了各自的艺术理论、美学理论,甚至哲学理论。但是,从未有一个人将这些全新的艺术形态统一起来加以认识,揭示它们共同的构成本质,共同的创作特征和共同的美学规律,正是中国科学家钱学森第一个有创见地提出了"技术艺术"的概念,这一科学命名,将其统合在一起,这真可谓是"石破天惊""一通百通""名一正,则言之大顺矣"。从而让人们强烈感到:一个全新科学概念的确立,胜似千百部学术著作。

2. 打通艺术的"任督"二脉

"技术艺术"这一新概念的产生,将人类的艺术长河,科学的分作了两段:前段,称作传统艺术(音乐、舞蹈、绘画、雕塑、建筑、诗歌、戏剧);后段,称作技术艺术(摄影、电影、电视、数字)。什么是它们的分界岭呢?鲜明的标志就是技术的介入。技术介入之前,称之为传统艺术;技术介入之后,称之为技术艺术——现代艺术。为此,又将人类的艺术长河汇合在一起,构成了一个完整的艺术体系,使两者有机地贯通在一起,犹如打通了人体的"任督"二脉一样,使得人类艺术的历史长河贯通一气、血脉融通、气血两旺。

3. 认祖归宗,衣锦还乡

过往的技术美学研究,无论外国还是中国,关注的多是工业产品设计,技术美学的目的性、实用性、功效性,物质的外在美(而非内在的精神美)。也就是说,原本的技术美学强调的是工业设计的美,实用性的美,以及物质本身的外在美。严格地说,这种美,是纯技术的美,而非纯艺术的美;是适用性的美,而非意象性的美;是纯物质的美,而非纯精神的美。

但是,传统的美学观,统一认定的美和美学本是属于艺术的,而非属于物质,恰如黑格尔所说:"美的艺术。"因此,如果研究物质的美、产品的美、工业设计的美,根本不是本来意义的美,人们早就创造了另一个十分贴切的名词,叫做工艺美术。

如此,钱学森的"技术艺术"学说,使得技术美学彻底摆脱了物质美学的理论束缚,而完全进入了艺术美学的领域;使得技术美学在艺术的天空里自由翱翔,名正言顺地、堂而皇之地回归纯正的美学世界;使得技术美学真正地落地归根,认祖归宗,衣锦还乡。

4. 脱去实用性,进入纯净的精神境界

过往的技术美学,是将实用性放在第一位的。钱学森的技术艺术学说,将技术美学导入了"纯艺术"领域。所谓"纯艺术",就是彻底脱去一切实用价值,只留下审美价值;脱去一切物质性,完全进入精神领域;脱去一切技术痕迹,完全进入艺术领域。钱学森的"技术艺术"学说,其价值就在于脱去技术的、物质的、实用的理论枷锁,从而进入一个纯粹明净的艺术世界,也就真正回归到艺术的美学境界。

虽然没有技术,就没有技术艺术,但技术却已完全划入了纯艺术的世界。受众在欣赏技术艺术作品时,早已忘却了它们的技术价值和实用价值,仅剩艺术价值和审美价值。这才是本来意义的技术艺术和技术美学。

技术美学作为一个美学概念,长期以来,似乎是专有所指,早已约定俗成的,无论外国还是中国,所指的都是工业设计美学、工业产品美学。一直延续了上百年,从未有人提出过异议。只是到了钱学森的时代,才将技术美学回归为艺术美学。

技术艺术固然有技术的属性,但是归根结底属于艺术的范畴、美学的领域,那么它最终还是要回归艺术美学的领域的。技术美学虽然属于物质的范畴,但是作为艺术,作为美学,它最终还是要升华为精神的境界。人们在对技术艺术的审美过程中,其审美价值不仅仅感受到物质的美、技术的美、功能的美,还和艺术美学一样,感受到了一种悦耳悦目、悦心悦意,特别是悦志悦神的崇高审美愉悦,享受到一种高雅的、超功利的、超世俗的精神的美。

这里丝毫没有贬低任何世俗文艺的意思,而只是说:既然是美,就应该达到美的境界,否则,就不能称之为美。

总之,钱学森所提出的"技术艺术"的艺术新概念,以及他对"技术美学"观念的阐述,在技术美学的理论上起到了正本清源、去伪存真的重要作用。它的价值和意义早已超越了艺术的范畴和美学的领域,从而推动了理论的建设、学术的发展和文化的进程。从而具有了世界性的价值和意义。钱学森作为自然科学家提出了"技术艺术"的概念之后,技术美成为一种艺术美学形态;技术艺术成为一种艺术的新类别之后,将技术美纳入艺术美的审美领域,这已成为中外科学家、美学家、文艺理论家的共识。

(二) 技术美的本质

技术美,涵盖了技术装置的美与技术制品的美两个方面,其中技术装置的美的美学特征集中体现为功能美、形式美、设计美三个组成部分。技术制品的美的美学特征集中体现为制作美、完整美、艺术美三个组成部分。更加明确的表述则是,技术美学是指现代技术,现代高科技所制作出来的技术艺术所具备的独特的审美对象,以及独特的审美特征、审美感受和审美规律。主要不是指科学原理的美,也不是指技术装置的美。因为它们均属技术美学的外部形态,而非技术美学的核心本质形态。技术美学的内部本质形态还是指技术艺术形态所体现出的美学价值。

技术美学是由科学原理、技术手段、艺术规律所创造的,与传统艺术一脉相承的摄影艺术、电影艺术、电视艺术、数字艺术等技术艺术形态所构成的审美特征和审美规律,以及由科学研究成果转化为艺术生产实践的方式方法所体现出的审美价值和审美品格。

二、技术美的意义

科学研究中许多新的发现为不同领域的艺术创作开辟了新的视野。

——威廉·弗莱明

现代技术美学,是一种全新的美学观念,它颠覆了许多传统美学特征,突显了只属于它自己的美学理念。因此技术美学具备多重价值的美学特征,其主要体现在:重物质、守理性、求应用、想象力、虚拟性。

科学技术的变革必然造就新的艺术形态,产生新的艺术观念。现代高科技的发展,将人类推向了后艺术时代。一切传统的艺术形态(音乐、舞蹈、绘画、雕塑、建筑、诗歌、戏剧)统统纳入了网络。不仅如此,包括网上购物、网上就诊、网上读书、网上游戏,甚至网上创作和欣赏艺术,简直就是"网上生存"。几乎人人都成了"网虫",年轻人更是变成了"新新人类"。因此，人们的文化理念、思维方式也都发生了革命性的变化，这种变化不是个别现象，而是彻底改变着人类艺术观念的整体格局，颠覆了许多传统的审美观念，创造着全新的审美文化。

一件艺术品，完整的运作过程是：作者—作品—受众。科学技术的发展，对这一过程中的每个环节，无论是作者、作品还是受众都产生重大的冲击和影响，创造了全新的美学意识。因此，技术美所具备的多重价值则从重物质、守理性、求应用、想象力、虚拟性这五个方面体现出来。

1. 重物质

技术美体现在方方面面，其中第一个特征则是具备"重物质"这个特性。其中，"物"这个词，意指一切非"无"的东西。在此意义上，艺术作品也是一个"物"，因为它不是全"无"物性因素，显然是指艺术作品的质料。对艺术家的赋形活动而言，质料是基础与材料，在美的艺术中，物质本身并不美。一切物质都是"被美化者"，而艺术本身才是"美化者"，因为物质本身不能控制自己或调节自己，更不能美化自己。只有艺术家的心灵才有本领去控制物质，并赋予物质以美。

一切艺术作品都具有这种"物"的本性。物质因素如此顽固地存在于艺术之中，以至于我们不得不反过来说：建筑艺术，存在于石头之中；绘画艺术，存在于色彩之中；诗歌艺术，存在于语言之中；音乐艺术，存在于声音之中。而石头、色彩、语言、声音都是物质，离开了物质，也就没有了艺术。在实物中追求意象性的美，才具有其技术的审美价值。因此，技术美学，表达的是艺术作品的双重性：实用性和审美性。或使原始的物质实用性最终进审美领域。只有当美的形式和实用功能紧密地结合在一起，才日趋走向技术美学领域。

传统艺术是直接表现形态：画家直接在画布上作画、音乐家直接在钢琴上谱曲、舞蹈家直接用肢体跳舞。而技术艺术却是一种间接表现形态，它的艺术创作必须通过一个媒介物，首先要制作一个技术装置，通过它进行艺术创作和传播：摄影艺术，首先要制作一架照相机，通过这一媒介间接进行摄影艺术创作；电影艺术，首先要制作一部电影摄影机，通过这一媒介间接进行电影艺术创作；电视艺术，首先要制作一台摄像机，通过这一媒介间接进行电视艺术创作；数字艺术，首先要制作一台电脑，通过这一媒介间接进行数字艺术创作。由此可见，技术装置对于物质的重要性。也就是说，现代艺术家必须要掌握先进的科学技术，才能创作出既符合技术规律，又符合艺术规律的艺术作品，未来世界真正需要的是"技术艺术家"。

首先，没有人造物质，就没有技术艺术。

照相机、摄影机、摄像机、电脑本身都是物质，当然是技术造的物质技术装置。有了它们的物质存在，才会产生摄影艺术、电影艺术、电视艺术、数字艺术，这些现代的艺术形态—精神产品。所有这些技术装置，说到底都是各种人造的物质。没有这些必要的物质，也就没有技术艺术。物质，构成了一切技术艺术的创作基础。所以说技术艺术的美学特征是重物质。

其次，先有物质装置，后有技术艺术。

技术美学，这"技术"二字指的就是技术装置，先有这物质的技术装置，由它产生现代艺术。物质在先，艺术在后。这里有一个鲜明的先后次序，这先后次序很重要，物质是艺术的基础，艺术只是物质的艺术表现形式。有此种技术，才得以有此种艺术。而所有技术又都是物质的，所以一切技术艺术，都首先重视物质的客观存在。

技术艺术的美学本性，是技术第一，艺术第二。因为技术艺术是在技术支撑下得以诞生和存在的，因而没有此技术，就没有此艺术，所以在技术艺术中，技术永远是第一性的，艺术永远是第二性的，这似乎已成为一个"铁律"。技术艺术先天的具有了技术性，故而技术美学体现出的首先是技术美，而后才是艺术美。

再次，新物质的不断创造，才有新艺术不断发生。技术本身，永不停滞，不断产生着新的变化和发展，而任何一点技术的变化和发展，都会带来现代艺术的变革和进步。就拿电影艺术来说，先是无声电影，后来随着声音技术的发展，出现了有声电影；先是黑白电影，后来随着彩色技术的发展，有了彩色电影；先是小银幕，后来随着放映机光圈的发展，又出现了宽银幕电影；先是声音由一处发源，后来随着声音技术的进步，出现了环绕立体声电影；先是图像呈平面二维形态，后来随着电子技术的发展，又出现了三维（3D）电影……凡此种种，让我们清楚地发现：技术每前进一小步，艺术便亦步亦趋地前进一大步。

最后，物质本身的美，也是艺术表现的美。

物质本身，不仅仅是创造艺术的基础、工具和手段，在更多的情况下，物质和技术本身就直接进入美的世界——技术美的世界。照相机作为一个物体，做得越来越精致、小巧、光润、有形，本身就成了一件精美的艺术品；电视机作为一个物体，做得越来越薄、越来越光泽、大气高雅，本身就是一件人见人爱的艺术品；电脑作为一个物体，做得越来越纤薄、雅致、润滑、优美，本身就是一件美不胜收的艺术品，当然这是属于工艺美的审美范畴。这充分说明：物质本身，就变成了工艺品，具有了工艺美鲜明独特的审美价值。可以说，从初始的物质实用性，最终进入审美领域。人们不只考虑它的实用性，还自然考虑到它的审美性。

2. 守理性

技术美中体现出的理性与感性是两个相对应的概念。感性，重视现象；理性，重视本质。从感性到理性，从现象到本质，是人类认识事物的必然途径。德国哲学家康德说："在所有人身上，一旦他们的理性发展到思辨的程度，就会时时有某种形而上学存在，并将一直存在。"这是说在人类本质中就有一种形而上学的天性，这种天性促使人去了解现象之上的本质，只要有人类，就会有形而上学。

科学技术本身，是理性思维、理性创造的结果，故而现代艺术家在通过科学技术创造现代艺术的时候，当然要首先了解、把握和运用现代科学技术的创造手段和方法，故而技术美学本是以理性思维为基础的，当然要守理性。

首先，理性思维。

技术制作与艺术创作思维方式不同，前者属理性思维，后者属感性思维；前者属抽象思维,后者属形象思维。就其本质来说,技术美学体现的是一种理性美,艺术创作体现的是一种感性美。技术美学的理性美,要用智慧、知识和推理方能显现出来。理性美是通过理性思维,运用概念、判断和推理得出科学结论,追求的是普遍的、共同的科学规律。艺术美学的感性美,要用感悟、形象和描绘方能体现出来。艺术美是通过具体的、个别的艺术形式完成创作。

技术艺术的创作,有一个完整的工艺流程,艺术家们首先必须掌握这一工艺流程,严格遵守工艺流程的秩序性,才能进行技术艺术的创作,而在完成这一工艺流程的过程中,运用的自然是"理性思维"。譬如,电视艺术家在操作仪器设备时,自然会理性地想到:第一步按哪个键,第二步再按哪个键,第三步还需要按哪个键。这是一种纯理性思维,因为只有如此,才能产生你所需要的艺术效果、纯感性思维效果。所以说,理性思维构成了技术艺术的创作基础。

当然,高科技下的技术艺术创作,并不只是仰仗理性思维,因为是艺术创作,并不排斥感性思维运行,科学的思维方式应该是理性思维和感性思维、逻辑思维和形象思维的统一、融合。

例如,数学中的圆周率:$C=2\pi r$,是一个奇妙的科学发明,在自然生活中,你绝对找不到一个实体的圆比它更圆了。因为数学的圆是一个理想化、纯粹化和理性化的东西,是形而上学的意象。

的确,科学技术绝不是一堆枯燥的数字,无生命的公式,每个数字或公式都渗透着生命,包含着美。这美,既体现了人类理性的自由创造,又体现了大自然本质的反映观。因为笔精墨妙,思与神合,甚至更高于自然本身的美。

当然,生活中的科技美和艺术美本就是相通的。如数学,仅用10个阿拉伯数字和若干符号,便创造出了一个无限的、绝对真的世界;音乐,仅用了5条线和一些"小蝌蚪"的音符,就创造了一个无限的、绝对美的世界。如果说数学思维是人类理性活动最惊人的产品,那么,音乐艺术则是人类感性活动最优美的表现。故而,理性美是技术美学最本质的体现。

在一个极为复杂的现代科技硬件体系中,在一个精密制作的技术装置中,每一个部件都蕴含着理性的美。正是这种理性美的存在,才依据艺术思维的要求,创造出众多的、充满技术含量的艺术美。所以,在技术艺术中,如果没有技术的理性美,也就很难有艺术的感性美。

其次,逻辑思维。

技术美中所反应的人类思维方式,大体有两种:一是感性思维,二是理性思维。艺术创作,多用感性思维;科学技术,多用理性思维。理性思维说得更具体些,也就是逻辑思维。这是守理性的重要表现形态。一个科学的结论,不是凭空想象出来的,而是通过逻辑推理过程,一步一步推导出来的。因此结论才真实可信,不容置疑。

比如"技术艺术"这一概念的产生,要想令人信服,必须运用逻辑思维的方式加以阐述,才能令人坚信不疑。

因此，逻辑推理是运用概念（如"电影""电视""技术艺术"），作出判断（如"是""不是"），经过推理（如"归纳推理""演绎推理"），得出科学结论（如"凡是"）。故而，"概念"必须准确，"判断"必须合理，"推理"必须严密，结论才能真实可靠。这种逻辑推理，是典型的理性思维方式，它体现出的是一种典型的理性美。

最后，以"真"求"美"。

科学的终极目的是求"真"，艺术的终极目的是求"美"。技术美学的重要美学原则首先是求"真"，在"真"的基础上求"美"。没有"真"就没有"美"。我们可以清晰地发现被科学技术武装起来的技术美学在初始阶段都是以"真"求"美"的：摄影艺术，最初的美，体现为"真"，比写实的绘画作品要逼真得多；电影艺术，起初只是对社会生活的真实记录，人类历史上第一部电影《工厂大门》，只是真实地记录了工人进入工厂大门时的情景；电视艺术，初始只是提供真实社会信息的媒介。技术艺术可以说都是由"真"起家，而逐渐走向美的艺术世界。故而技术艺术无不打着"真实"的艺术印记。

3. 求应用

艺术的起源，都具有某种工具的应用性。旧石器时期，最早的石斧、石锛尽管是经过人工打磨的艺术品，但其目的并非为艺术的审美，而是为了作为工具，去猎取野兽，保障生活。到了新石器时期，人类用手制作了绘有图案的陶罐，审美性虽有加强，但其制作目的，还是装水或保存食物。

在传统艺术中，建筑艺术所体现出的技术美的意义尤为明显。建筑本身，首先是供人居住、安身、挡风避雨；其次才是审美性，如美观、大方、赏心悦目。正是建筑艺术，将应用性与审美性作了最完美的结合。

因此，技术美是具备应用性的，它具备"实用属性"和"艺术属性"的，正是这种"实用性"，给人类的生活带来了方便、快捷、自由，大大提高了人类的物质生活品质，使得人类真正成为宇宙间的自由人，实现了几代人幻想多年的"乌托邦"的理想世界。也正是这种"艺术性"，使得人类真正进入了平民化、大众化的审美氛围之中，流连在美的意境之中，使得日常生活审美化得以成为现实，使得俄国美学家车尔尼雪夫斯基的美学理想"美即生活"，得以化作真正的社会现实。

4. 想象力

科技为我们创造了一个陌生、鲜活而美丽的新世界，还为我们创造了一群真实、坚强和别样的新人类。《北京青年报》曾刊登过一个女青年的信，她说："看到美丽的潘多拉星球和生活在那里的纳美人，我希望我也能成为他们中的一员。"这便是技术艺术所创造的，而传统艺术所难以企及的，充满想象力的虚拟艺术的美学魅力。

5. 虚拟性

传统艺术的核心是写实，数字技术武装的技术艺术的本质是虚拟。这种虚拟现实的目的，并非是使现实失真，将现实做成一种虚幻、虚假。恰恰相反，虚拟的现实，有时比现实还真。所以说，"虚拟"和"虚假"是完全不同的两个概念。虚拟现实，并非是要制作出与现实不同的虚假现实，而是要制作出比现实还要真实的现实。故而虚拟艺术的终极目的依然是"求真",求比真实现实还真的真。它是通过虚拟追求真实。

卡梅隆说:"我是阿凡达的讲述者,真正的难题是如何用技术把梦显形。"电影是最接近梦想的艺术,无论你有什么奇思妙想,电影技术都能够最真实地让梦想变成现实,这种与梦想最贴近的艺术,依托的是科技的完美运用,电影艺术的每一个前进脚步,无不伴随着科技的发展扎实地前行。

随着科学技术的发展,技术艺术已不再是某一个体的存在,已然形成一个完整的审美系统:摄影艺术—电影艺术—电视艺术—数字艺术。这就为我们研究技术艺术的发展历史、艺术规律、创作原则、美学价值提供了先决条件,对其美学规律的把握更全面、更准确、更有理论意义。就技术艺术的本体美学特征而言:技术是基础,艺术是表现。什么样的技术,必然滋生出什么样的艺术;什么样的艺术,也必然需要什么样的技术作支撑:摄影艺术,体现本体复原的美;电影艺术,体现蒙太奇语言的美;电视艺术,体现声画艺术的美;数字艺术,体现虚拟艺术的美。就技术艺术的发展历史而言,它是随着科技的发展而发展的:机械时代、电气时代,诞生了具有电气特征的电影艺术;电子时代,诞生了具有电子特征的电视艺术;数字时代诞生了具有数字技术特征的数字艺术。由此我们可以得出一个科学的结论:科学技术,不断进步;技术艺术,不断滋生。

三、技术美的体现

技术在日常的生活当中扮演着最重要的角色,它润物无声的影响着我们生活中的方方面面,伴随着技术的诞生,远古和现今的人类生活已然是千差万别,现代技术无疑丰富了艺术的表现力,任何艺术形式的具体表现都离不开一定的物质条件。这些物质条件或构成艺术的材料(如颜料、黏土、石膏、画布、大理石等),或成为艺术表现所依赖的物质基础(如乐器、摄影机、摄像机、照相机、笔墨纸张等)。随着科学技术的进步,艺术所依赖的物质条件也在不断进步,新的艺术表现形式不断增加,例如电子乐器、舞台布景、电影电视等。科学技术还可以极大地丰富艺术的表现力,如空间感、动态感、真实感等。任何艺术美都必须建立在一定的科学知识基础之上,并要掌握有关于物质、能量、空间等科学方面的知识。视觉艺术要依赖物质自然界及人类的感觉器官,技术发展的进程非常缓慢,人类花费了数十万年才发展出较为先进的工具和新的制造方法,自此之后,技术和美学交织在一起,为人类的审美活动开启了一扇新世界的大门。我们将从三个较为有代表性的艺术门类探讨技术和美之间存在的千丝万缕的联系。

(一)技术之美在绘画中的体现:从洞窟壁画到数字绘画

现代绘画的媒介和材料早已经是千姿百态,但在人类文明的历史初期,人类对于美的追求就带着自发性开始探索了。绘画的历史与人类的历史一样古老,人们甚至在学会写作之前就画了画。当物质资源匮乏时,人类的绘画主要是利用自然界中的各种现成的材料。在中国最早的甲骨文起源中,人们利用刻器在动物的尸骨上进行图案的绘制,形成了最早的甲骨文,这也是中国象形文字的最早起源。又如在西班牙的阿尔塔米拉洞窟和拉斯科洞窟,人们从自然界中汲取材料,用赭色的石头在墙壁上绘制有颜色的动物形象,这种从自然界取材的做法也在之后的技术发展后形成了沿袭传统的岩彩画,用现代的研磨技术将自然界中的各种坚硬食材或动物尸骨作为绘画材料进行创作,绘画的历史一直随着技术的发展不断地演变与进化,也影响到了不同的创作风格,每种新风格都源于它之前的风格。绘画风格的演变与绘画的发展密切相关。随着绘图样式的改变,绘图材料也随之改变。各个国家和地区都会结合自己国家的文化研究用于绘画的媒介,中国从最开始笨重的竹简到布料,一直到之后造纸术的发明,细软的毛笔和柔韧的宣纸奠定了中国画几千年来稳定的风格特征。古埃及人用他们的日常生活场景装饰他们的寺庙和墓葬的墙壁。这些图纸具有线性风格和艺术感,用笔和墨水进行了类似的设计。古希腊人的绘画和绘画技巧体现在装饰的陶器花瓶上,这些伟大的艺术作品展示了古希腊人绘制优雅人物和装饰线条的能力。再到后来的中世纪,艺术的产生主要是为了上帝和教导宗教。绘画和绘画合集被用在僧侣制作的圣经和祈祷书的插图中。这时候就有了泥金绘本和装饰性书籍,绘画的材料也由于技术上的演变有十分不同的呈现,给我们带来了不同的审美体验,从一开始的单色墨到之后的矿石颜料,从一开始不稳定的淡彩到十分成熟稳定的油画颜料,从湿壁画到干壁画,每一次技术上的革新都带来了艺术美上的更大的自由,发展到现代数字媒体时代的绘画,绘画对比之前原始时期有了更多的创作自由,也在某种程度上为我们带来了更加丰富多彩的审美体验。

(二)技术美在日常生活中的体现:从原始石器到智能材料

设计伴随着人类生活的需要而产生,它与人类文明的历史一样源远流长。不论哪个地区和民族的人类文明,都是从制造工具和生活用品开始的。在人类历史的长河中,虽经战乱和世事变迁,但造物活动却始终没有间断,而且越来越多样、越来越先进。人类的造物活动离不开材料,材料是人类造物活动的基本物质条件。科学技术的发展使人们对材料的认识在不断发生变化。在设计中,新材料的开发与应用是提高产品效用和开发产品新功能的重要因素。如塑料因其优良的化学和物理性能,很快获得了设计师的青睐,随之被广泛地应用到家具、家用电器的设计之中,不仅大大地提高了产品的使用效率,同时也扩展了产品的使用功能。杜邦公司发明了尼龙材料,并开发了一系列的尼龙产品就是一个很好的佐证。氟树脂有优异的热性能,以及易清洁、不粘油、无毒等特征,它的应用对"不粘锅"及易清洁的脱排油烟机等产品的问世起到至关重要的作用。由于不同的材料具有各自不同的性能特征,因而一旦材料被应用到某个具体的产品时,就会对这一产品产生形态、构造乃至视觉上的影响。例如,自行车的车架结构除了要满足力学上的要求外,还要严格地受其材料的加工工艺的制约。由于自行车的车架一直受钢管的弯曲和焊接等工艺的限制,车架的形态基本上呈倒三角形。后来出现的碳纤维加强玻璃钢合成材料,由于它有质量轻、强度高、整体成型等特点,被用作自行车的车架材料时,改变了传统的三角形框架,使自行车的外形发生了重大的变化。碳纤维加强玻璃钢合成材料车架的自行车,由于充分发挥了该材料的性能特点,采用了新的加工工艺,使其改变了传统的自行车结构,并配以新颖的传动方式,整个车子形态显得格外轻盈活泼、别致美观而富有动感。奥迪在 2017 年推出高端碳纤维自行车,车身选用碳纤维材料打造,质量只有 10 kg。该自行车所使用的碳纤维被称为"黑色黄金",是造飞船的必备材料,它不仅能承受 3000 ℃以上的高温,而且还非常轻盈。

人们通常以不同的技术产生的主要材料来划分人类历史的不同时期,如石器时代、陶器时代、青铜器时代、铁器时代、高分子材料时代、复合材料时代、智能材料时代等。

1. 石器时代

人类使用材料的历史大致可以上溯到 250 万年前的旧石器时代,人类祖先为了生存、抵御猛兽袭击和猎取食物,逐渐学会使用天然的材料——木棒、石块等。在旧石器时代,出现了一批人工打制的石器——石刀、石铲、石凿、石斧、石球等,多是利用一块较硬的石头砍砸另一块石头打击而成,所以称砍砸器。尽管其形状既不规则,又不固定,加工十分粗糙,但加工的形状却是人们所希望和需要的。代表器物有中国湖北屈家岭遗址出土的距今约 5000 年的精细石铲、圭形石凿,还有被钻了孔的石斧等。

2. 陶器时代

自从人类发现了火种,一项新的技术便随之诞生,人类将黏土捏成各种形状,放在火中可烧成最原始的陶器。陶是人类学会制成的第一种合成材料。陶的出现,为保存、储藏粮食提供了方便,标志着人类从游猎生活进入农牧生活。代表器物有山东泰安大汶口遗址出土的红陶兽形壶。

3. 青铜器时代

青铜时代的来临是又一次技术的革新。青铜文明的源头在古代中国、美索不达米亚平原和埃及等地。早在公元前 8000 年,人类已发现并利用天然铜块制作铜兵器和铜工具,到公元前 5000 年,人类已逐渐学会用铜矿石炼铜。铜合金是人类学会制成的第二种合成材料。青铜——铜锡合金,是最原始的合金。中国商代青铜器盛行,青铜器的冶炼和铸造技术处于世界的顶峰。秦代的铜剑已经能制作到 1 米的长度,说明在中国古代的制铜技术已经十分高超,可以完美地调和铜锡比。代表器物有商代后期的遗物后母戊鼎以及四川广汉三星堆出土的青铜面具。

4. 铁器时代

将铁从铁矿石中提炼出来的技术早在公元前 1400 年就出现了,由青铜过渡到铁是生产工具所用材料的重大发展。相关的代表性器物也十分丰富。

5. 高分子材料时代

从 1909 年第一个人工合成的酚醛塑料算起,至今也只有 100 多年,然而 20 世纪

90年代初,塑料产量已逾1亿吨,按体积计,已超过钢铁产量。因此,人们称这一时期为高分子材料时代。随着人类科技的发展和进步,高分子材料在今天发挥的作用也越来越大。

6. 复合材料时代

随着时代的发展,均一材质的材料往往已无法满足高新技术发展的要求,因此复合材料应运而生。复合材料是由高分子材料、无机非金属材料或金属材料等几类不同的材料通过复合工艺组合而成的新型材料。将其运用在航空航天工业中,可以使火箭、人造卫星、导弹等减轻自重、减少燃料消耗。

7. 智能材料时代

如果说20世纪人类社会文明的标志是合成材料,那么21世纪就是智能材料的时代。智能时代的进步,离不开智能材料的研发和应用。自然界具有生命力的生物很多,生物都可以收集外界信息然后传递到自身并做出反应,科技发展到今天,冰冷的材料也开始具有"生命"。并非每种智能材料都必须完全具备智能材料的七个功能:感知、反馈、响应、识别、自诊断、自适应、自修复,但感知和响应功能则是所有智能材料所必需的。智能材料逐渐兴起并迅速发展,现已发展至航空航天、服饰艺术、医疗器械、土木工程等各个领域。在以消费者为导向的市场经济条件下,企业越来越重视通过提高产品的附加值来赢得市场。通过对各种科技的运用,不仅可以塑造产品的个性,还可以作为一种设计战略,对企业产品形象的建立起着提升的作用。

综上所述围绕着器物的发展,美学体现和技术紧密相连,因为有了技术和材料,才能在器物的造型和设计上创造全新的美学形态。

(三)技术美在建筑中的体现:从寻找山洞到超高层建筑

建筑之美随技术和时代审美演变。大约从1万年前开始,人类已经开始用石头和砖瓦作为建筑材料,之后的材料变迁导致了世界范围内建筑的风格和样式以及对美的标准和要求都发生了巨大的变化,人们对于建筑的技术和对美学的追求在不断地探索和追求中逐渐进化,科学技术对于建筑美学的影响不言而喻,每次建筑技术的革命都会带来建筑艺术的飞跃。

中国的建筑材料以土木为主,西方一开始也用土木,因为石材加工需要比较先进的工具,大家一开始都是用木材,但古埃及木材很缺乏,没有足够多的木料,建筑需要大量木料,建筑由一开始的木骨架、泥抹面逐渐向石材过渡,希腊的柱式以及一些零件都是木材的特性所表现出的形体特征,像三陇板,是防止鸟雀飞进建筑的屋檐,以前是陶制的,后来改为石材。中国同样也有这样的变化,宋代之前的勾栏都是木制的,但也有例外,建于宋代嘉祐六年(1061)的湖北当阳玉泉寺山门外的当阳铁塔,由质量为38300 kg的44块铸件天衣无缝地组成,铸造技术之高超令人叫绝。炼铁技术和制造技术的发展,开创了人类文明的新时代,推动了现代工业革命的进程。

清代古建筑的石制栏板,同样保留了木栏板的特征,有望柱,连结方式都是木材特征,中国古代木材比较充足,也不缺乏优质石材,但最后建筑还是以木材为主,石材多用于台基、石桥、石塔、墓室的营造,汉代之前连墓室都是全由木材建造,少数地区有石室,从观念上来看,木材建造房屋是给人居住的,如果是石头建造的房屋,多半不是为人服务的,直到现在,中国人还是亲近木材,而石材多用于墓室或庙宇,经过长时间的实践研究,中国的木结构已经很成熟,充分发挥了木材的特性,也并不是石材的性能没有发掘。赵县安济桥就是隋代敞肩石拱桥,技术很先进,但是并没有应用到建筑中,即使是砖也没有大量普及作为建筑的主要材料。明代之后砖产量很大,城墙包砖,帝陵墓室拱券很坚固,可参考万历皇帝陵墓,但除了无梁殿,不会用砖建造房屋。总体上来讲,东西方不同建筑风格的形成与文明开始的自然条件和人们的观念加以时间影响息息相关,两种文化都有其合理性,形成差异性的原因也是古代的文明相对封闭,保留了自己文明的固有特色,但在现在的国际化背景下,讨论东西方古代建筑谁优谁劣没有太大意义,建筑离不开其所处的环境,一旦背景改变,建筑肯定会发生改变,就像今天西方现代主义建筑的国际化形式,这个趋势是我们共同追求的,同时我们也在寻求差异,寻特色,这也是当今大环境的需要,也是一种创新,不同的民族也会产生不同的东西,差异性在一定意义上永远存在。而西方的发展却和中国大相径庭,在古希腊时期都是用的石材,石材注定了跨度做不大。虽然外面柱廊看着很美妙,但实际内部空间柱子非常多,能用的空间也不多。而到了古罗马时期,天然混凝土成了这个时期最伟大的建筑材料。因为混凝土的使用,跨度变得更大,可以来建造更宏伟的建筑,最著名的就是万神庙。跨度 43.3 m,这个纪录保持了 1000 多年,直到被佛罗伦萨百花大教堂超越。为了维持这么大的跨度,万神庙有个问题就是四周墙壁特别厚,最厚的地方到了 8 m。古罗马的另一项技术,拱顶体系:一列十字拱串联互相平衡纵向的侧推力,而横向的则由两侧的几个横向筒形拱抵住,筒形拱的纵轴同这一列十字拱的纵轴相垂直,它们本身的横推力互相抵消,只在最外侧才需要厚重的墙体。现在这种室内空间差不多就很宽敞了,整个空间体验也会好很多。但是仍然有个问题,就是很厚的侧墙采光不好做,中世纪的整个技术都是倒退的,但是哥特教堂在结构上到达了一个新高度。因为用一排排连续的飞扶壁,飞扶壁中间的位置就可以用来做巨大的玻璃。建筑艺术的手法是很受建筑技术的限制的。现代主义建筑出现的基础就是新材料和新技术的发现。而如今很流行的曲线建筑也是因为电子运算的出现才能大规模实现。可能在未来,伴随着技术一次又一次的革新,建筑呈现美的形式会再次突破我们想象力的极限,给我们带来全新的美学体验。

纵观人类技术史的演变,就能了解美是技术的具象体现这样的概念,"美"和"技术"之间的演变和发展是交织在一起的,从广义上来讲,技术带来了风格和形式千差万别的"美",而技术的本身也和美无法分而论之。

美之赏析

3D打印服装设计欣赏,体会科技之美

▲ 3D打印技术可以说是科技领域的一次创世纪的发明,它的涵盖面非常广,从打印房屋到打印食品,从打印金属到打印食材,它无所不能,充满着神奇的力量。其实,3D打印的服装也已经很多次出现在世界的舞台上了,今天就看看那些3D打印服装设计的神奇之美!

美之感悟

  自然界有三种基本的美,即自然之美、艺术之美和科学之美。自然之美体现了大自然神奇的创造能力,从漆黑海底养育的绚丽鱼类到透明的冰与洁白的雪的差异,从可爱的变色龙到霜降后的红叶……所有这些美好的事物无不源自科学之理。艺术之美的背后蕴含着深刻的科学道理,没有哪一门艺术是独立于科学之外的,科学是支撑艺术的基石。

  科学之美的主体成分是理性美,是自然界的固有结构和谐地与人的认识、人类心灵深处的渴望在本质上的吻合,是通过科学的理想化、抽象化,以概念、定理、公式等的方式显示出来的。由历代科学家所精心雕琢的科学大厦,可谓是一座辉煌壮丽的殿堂,它集各种形式美与内容美于一体,不仅向人们提供了对物质世界规律性的认识,同时也把一种令人心旷神怡的美景奉献给了人类。任何一门科学理论都符合和谐、奇异、简洁、统一、守恒等美学标准,它的建立和发展过程都是追求美的过程,这就是科学之美。(整齐、均衡、对称、简洁)为什么科学蕴含着美?(科学研究的对象——自然之美,自然规律之美;科学研究的主体——人的美的意识和目光)

科学美是来源于自然美并能为我们理智所领会的一种和谐,实质在于反映自然界的和谐。因此科学的魅力就在于对自然规律性和统一性的发现,在于从中找出变化和发展及它的和谐。科学自身的魅力蕴藏在科学知识的表达上,体现在大自然的现象中,还可以通过人文形式展现出来。很多艺术之美都是建立在科学的基础之上的,如音乐是建立在振动和传声的基础上的;美术和建筑是建立在数学、物理基础之上的;体育是建立在物理和生理学等基础之上的……应当说,科学的魅力无处不在,人们应当学会发现科学之美,领悟科学之美。

科学的美既是客观存在的,又是一种主观的感觉,是一种需要用心灵去体会的美。科学之美是人对自然的感受、探索、认识、领悟。不仅仅是数学方面的黄金分割、天文学方面的宏观宇宙、物理学方面的微观世界、生物学方面的物种百态才能叫做美,对知识的领悟,对真理的追求,对科技的幻想,本身也是一种美。科学的魅力无处不在,学会欣赏科学之美,才能更好地发展科学、探索世界。

思考讨论

1. 讨论科技美产生的根源。
2. 如何发现科技美?

第九章 美之升华：人格之美

 美育目标

理解人格美的内涵、定义；把握人格美的具体表现和典型特征；把握当代大学生的人格特点及塑造大学生完美人格的重要意义；努力克服大学生人格发展缺陷，争做人格健全、完美之人。

 美之印象

简说雷锋的人格美

▲ 雷锋

雷锋，在他短暂的22年的生命历程中，留下了宝贵的精神财富，值得我们去学习、去弘扬、去研究。

他当农民，是一名刻苦肯干的拖拉机手；当公务员，是一个尽职尽责的勤务员；当工人为提高生产效率，保养好机车、很短时间就成为一名合格的推土机司机。当他是一名解放军战士的时候，很快就入了党，走到哪里，好事就做到哪里。

人格是人的内在品德修养、意志品质的外化。一个人有怎样的修养就会在他的行为举止中自然地流露出来。中国的文化传统是十分注重对人格的培养的。古人有对人格修养培养的三重境界，即圣人、贤人、君子。

雷锋虽不是什么大家鸿儒，但是他留下来的日记记载的他的那些朴实话语，流露出感人的心灵轨迹，却有着哲学家般的思考和艺术家一样的精巧构思，有着我们民族传统文化中圣贤的境界和理念。

第一节 人格美及其特征

一、人格美概述

（一）人格的解释

"人格"一词来源于拉丁文,原意为舞台上演员所戴的面具,现代科学定义是指个人稳定的心理特征、价值取向和行为规范的集合。那么究竟什么是人格、人格美？对人格进行理论探讨,中西方古已有之,如中国古代《黄帝内经》中的阴阳人格体质学说,古希腊希波克拉底的气质体液学说。现当代比较有代表性的人格理论主要有弗洛伊德的人格结构理论、荣格的内-外向人格类型理论以及奥尔波特、卡特尔和艾森克等人分别提出的人格特质理论。如艾森克认为,人格是个人的性格、气质、智力和体格相对稳定而持久的组织,它决定了个人适应环境的独特性。卡特尔说:"人格是一种倾向,可借以预测一个人在给定情境中的行为,它是与个体的外显的和内隐的行为联系在一起的"。可见,人格直接源于人的本性,具备人际识别的独特性,是具有特征的思想、感情和行为模式。因而,我们可以把人划分为不同的人格类型,如艾森克从内外倾、神经质和精神质三个基本维度划分出来的忧郁质（内倾不稳定）、胆汁质（外倾不稳定）、黏液质（内倾稳定）、多血质（外倾稳定）这四种人格类型,正好和希波克拉底的四种气质类型相吻合。

西方的人格理论认为任何人都有人格,它与人的道德品质并无关系,也不代表诸如"杀身成仁""舍生取义"之类的德行。它的本意就是个性,"它标志着一个人的'不可入性''不可窥探性',即他的隐私"。西方的人格理论倾向于把人格进行物理的或者心理的解剖,重在研究人格的独特之处与差异性。在我国的文化中,人格的含义明显不同于西方,中国人通常把人格看作一种做人的方式,人格不仅存在"有""无"之分,还有"高尚""卑劣"之别。在实际生活中,中国人一般会从整体道德上去理解和使用"人格"一词,而不是简单地把人格看作一个人的个性差异。我国古代没有"人格"这个词,但却有着人格观念和人格意识,并且在道德上早就有"人品""品格"等相关称谓。《周易》蛊卦说"上九,不事王侯,高尚其事。""不事王侯"即不屈于王侯,亦即保持人格的独立。以"不事王侯"为高尚,这是最早关于人格尊严的思想。孔子在《论语》中多次谈到过人格问题,"君子喻于义,小人喻于利"（《论语·里仁》）。中国古代的人格观念注重内在道德与外在行为相统一,如《礼记·缁衣》中就有"子曰:'言有物而行有格也,是以生则不可夺志,死则不可夺名'"的说法。在中国传统文化中,不论是讲求社会伦理道德还是个体精神自由,"壹是皆以修身为本"。因此,所谓"人格",多是侧重于是道德人格方面。

我们现在所使用的有关"人格"的含义,是根据英文的"personality"一词翻译过来的。实际上,"人格"一词在汉语中并算不上是一个外来词,而应该是个新造的词,是将中国原有的"人"与"格"二字相结合而成的一个新词。"格"字在中国本身就有标准和规则的意思,所以"人格"一词被创造出来以后,很快被赋予了中国人自己的理解,成为一个人的"品质""品格"的替代词。在我国,《辞海》中将"人格"解释为个人的尊严、价值和道德的总和,代表的是人在一定社会中的地位和作用的统一。《现代汉语词典》给出了"人格"的三种含义:一是人的性格、气质、能力等特征的总和;二是个人的道德品质,比如人格的高尚或者卑劣;三是人作为权利、义务主体的资格,如公民的人格权。而其中的第二条就是中国人对人格的通常理解。

此外还有近年来在欧美学术界及工商界十分风行的九型人格理论,在国内也得到了越来越多的关注,相关的研究也出现在教育教学领域。当前关于人格理论在教育教学中的应用研究主要集中于个性化教育、就业指导、心理辅导、人际信任等方面,像四种气质类型划分的观点在教育界得到了比较多的重视,如有学者提出要针对不同气质类型的孩子采取切实可行的差异化教育方式,像"多血质"气质类型的学生比较容易形成机敏、活泼、爱交际等积极品质,但是也有可能出现轻浮、不踏实等消极品质,因而老师和家长应该在了解孩子气质类型特点后,扬其长、避其短,找到合乎个性气质特点的教育方法。

(二)人格美的定义

人格与美总是密切相关的,美是人格的灵魂。人格若是缺少了美,就算不上真正的人格。同时,美又是人格的需要,因为人本身离不开对美的追求,人需要美正如人的饮食不能没有钙一样,在人的各种需要中,审美需要是其中最重要的需要之一。中国古典审美传统讲究美善合一,多用"比德"观念来强调人格美,甚至用"修齐治平"来厘定人格美的不同内涵,然而从人格心理学角度来说,人格美则可以设定为人格修炼追求的境界。

《哲学大辞典》中对人格美有较为直接的定义,即人的品德和品格的美,是人的心灵美的重要方面,是人的精神力量的最高表现。儒家追求的是尽善尽美的圣人人格,道家讲求的是尽真尽美的自由人格,一个重点在求善,一个重点在求真。以善为内核的人格以牺牲个体的自由发展为代价,以自由为核心的人格缺乏个体对社会的道德意义,本书认为人格美应该将人格的真与善统一起来。真和善是构成人格美的前提和基础,离开真和善去谈论人格的美是没有实质意义的,不是真正的人格美。人格美是一种内在精神心灵之美,它超越了人的自然生命,显示了人的社会性。这种人格美以善为立足点,以实现人的自由全面发展为目标。总之,人格美是一种内在精神心灵之美与外在的言行气质之美相结合的人格之美,只有做到内外统一、言行一致才能达到人格美的境界。

1. 孟子人格美的思想内涵

孟子的"性善论"中认为从天生的资质出发,是可以使它善良的,这便是所谓的人性善良。至于有些人不善良,不能归罪于他的资质。所以我们理解的"性善论"其实完整表述应该是"性可以为善论"。孟子的原意是我们的天性里有善的根源与种子。平时我们都习惯说性善，就认为孟子的观点是人的本性就是善良的，天生就是性善的。这也许就是我们现代汉语的弊端，语言的悖论，语言的出现确实带给我们很多的便利，我们不能不相信语言，但是又不能全信。就如"性可以为善"和"性善"，其实初衷是为了简洁易记，才如此缩写。但是，我们后人却只是根据字面的意思去理解它。这就是语言的困境，它容易把世界静止化。

"性可以为善"是一个过程，而"性善论"则是一个结果了，语言的最大坏处就在于此，它经常把一个灵活的动态发展的过程用语言去凝固，使之变成静态的僵化。我们应该正确地理解孟子的"性可以为善"，它强调的是一个发展的过程。孟子的性善论认为，人性是可以改变的，一方面提出了"人皆可以为尧舜"的命题，说明了人格培养塑造的一种可能性，另一方面他又指出假如人不注意保养自己的善端，就会变得与社会格格不入，甚至堕落不堪，故而要"道性善"，这就回答了实现人格美的内在根据。因为人的本性是能够改变的，因此人人皆可以成为像尧舜那样的圣人，也会有人堕落成与社会相对立的局面。由于人有向善的善端，才有了按照一定目标培育人格的机缘，而人格的最高境界"大丈夫"则显然是善端淋漓尽致的扩充结果，是在善端的基础上或是自己自身修养或是社会的教化引导所铸就出的大人格。在封建社会中，追求个体的人格美，往往代表的是正义与进步。如此说来，孟子的性善论思想就成了他论述人格美的一个夯实的理论基础。

2. 荀子以人格中的"全"与"粹"之美为最高境界

荀子的美学思想是建立在他的性恶论的基础上的。荀子由孔子、孟子均承认人的感官快感所认可的形式美出发，认为感官对于快感对象的喜爱是人的天性，故应给予认可。由此，墨子的"非乐"成为他批评的对象。另外，由孔、孟也重视道德美、理义美出发，荀子提出了"乐道""美善相乐"、道德之"不全不粹之不足以为美"等主张，以此论证只有符合礼义规范的快感满足才是可取的美。当然，荀子的"性本恶"与孟子的"性本善"截然不同，故其导向的美学理论与孔、孟相比较，也彰显出不同的特性。他认为若要成就君子人格的全粹之"美"，则个体必须具备纯粹而完备的道德素质，内在欲望要与外在社会道德理性的要求相符。由前文所述，"化性起伪"，先天之"性"须经由后天的"伪"（即礼义教化）才可能得以升华并具备君子人格美的内涵。荀子在这里讲的是人格修养问题，同时也是审美情感和审美观的培养问题。升华和具备君子人格美的衡量标准就是荀子所言之"全"和"粹"，这就是荀子所认为的人格修养的最高境界。由以上论述可见，荀子认为，人性虽本恶，但经后天的人为的努力，当个体在具备了儒家的君子人格美时，其道德礼义就可以达到"全、粹"唯美的境界，亦即儒家的人格修养境界。

3. 墨子兼爱利民的人格思想

墨子的思想核心是兼爱，而兼相爱和交相利则是其思想的认识论和方法论。借用梁启超的话来说就是"兼相爱近于托尔斯泰的利他主义，交相利则近乎科尔普特金的互助主义"。这种思想也是墨子审美人格的突出表现。墨子认为人与人之间一切矛盾和社会的罪恶都是由于人的自私自利之心所引起的,所以他主张建立兼爱的社会,上至君王下至百姓,彼此之间建立彼此相爱的审美关系,爱己而推及爱人,爱家族而推及爱他人的家族,爱国也要爱他人的国。虽然这是一种超阶级性的乌托邦式的理想社会愿景,在当时社会历史条件下无法实现,但对于当前培育大学生审美人格来说仍有可以借鉴之处。墨子的审美和教化思想都是以满足百姓生存和发展需要为根本出发点和落脚点的,并将满足人民根本需要的行为定义为美。墨子同样主张"仁义",但与儒家思想不同的是,墨子所提倡的"仁义"是对百姓的仁心和大义,是有利于万民的道德美。而圣人正是因为有利于万民的适度适用的美,而被世人称赞。墨子还明确表示出以劳动为美的态度,世间一切享乐和美好都应基于劳动实践之上。在墨子的社会交往思想中以"义"为美的最高标准。

4. 管子的德义审美人格思想

管子是春秋时期著名的政治家,在他担任齐国宰相的时期内以法与德并治,其思想兼具儒家、墨家甚至还有道家的思想印记。他所提出的德义之美,是将道德精神美物化于水、玉、禾等审美对象,并将这种审美对象化的行为之美,看作是道德美的象征,而这些审美对象也因被审美主体的这种对象化行为认可,也具有了美的特性。在管子看来人性具有普遍性,所以可通过掌控民情来实施对社会的管控。人的喜好当中可以体现他的优点与不足;而观察一个人的人际交往状况,可以了解他是否具有道德和才能。所以,管子认为可以从人的喜好和社会交往来着手,施加积极的影响,便可以掌控民情,稳固社会秩序,创建良好的社会环境。而且一旦良好的社会环境建立,社会就会在潜移默化中得到长足发展。"故形势不得为非,则奸邪之人慤愿;禁罚威严,则简慢之人整齐;宪令著明,则蛮夷之人不敢犯;赏庆信必,则有功者劝;教训习俗者众,则君民化变而不自知也。"

二、人格美的表现

(一) 儒家的尽善之美

儒家关注的基本点向来都是人的问题,孔子推崇的理想人格包括"仁"和"礼"两个方面,"仁"是从内在思想角度讲的,"礼"是从外在行为角度讲的。孔子的"仁"包括了恭、宽、信、敏、惠、智、勇、忠、孝、悌等内涵,它的最高境界是"志士仁人,无求生以害仁,有杀身以成仁。"(《论语·卫灵公》)。儒家的人格思想注重修身明德,不断提高自身道德修养,并彰显自身光明的德行辐射全社会;主张诚意正心,不欺人也不自欺,公正诚明,慎独宁静,无所偏倚;注重齐家亲民,治理好自己的家庭,为他人着想,关心社会,共创造和谐家庭;通过格物、致知的辩证求知和实践方式达到止于至善的人格美境界。

一是以道德秩序和审美教化规范社会行为思想。《论语·为政》:"道之以政,齐之以刑,民免而无耻;道之以德,齐之以礼,有耻且格。"仅以政治约束和命令来治理百姓,用刑罚律法来整顿他们,老百姓只求能避免于受惩罚而不敢去犯罪,却不能使百姓了解到何为荣辱廉耻;而用道德引导百姓就是以道德秩序和文明礼仪,去感化、劝诫乃至同化百姓,百姓才能认识到荣辱是什么,才会有廉耻之心,才能具有社会性的人格。治理社会民众要谨慎遵守法度,时刻注意做好思想预测和防治工作。道德和审美与政策和法律互为补充,道德和审美还具有人文关怀的精神动力,其教化功能能够反作用于社会的治理和发展,起到凝聚人心、建构社会向心力的强大作用。

二是以慎独为主要培育方式的君子修身思想。君子人格是儒家的人格美的最高层次,君子慎独,既作为一种培育人格美的手段,又是一种审美境界。要求人们时刻保持自身的思想和道德的洁净,哪怕是昏暗无人处,或是细枝末节的地方,都要严格要求自己,修养德行和人性的真与善。慎独是大学生思想政治教育的最高境界,慎独对大学生言行的自我管理和自我约束,也是自我教育过程中最难做到的,体现出大学生个人的品行操守和谨慎治学的态度。

三是以美化人的社会交往方式。《大戴礼记·主言》中指出"仁者莫大于爱人,知者莫大于知贤,政者莫大于官贤。有土之君修此三者,则四海之内拱而俟,然后可以征"。具有仁义之心的人莫过于关心爱护他人;拥有智慧之心的人莫过于了解辨识人性;执政者则莫过于为官施政贤达明朗。统治阶级如若培养自己的关爱他人的仁心、知人识人的智慧心、治理施政的才德见识就能让天下人信服,得到百姓的称赞和拥护。

《诗经·卫风·淇奥》指出"有匪君子,如金如锡,如圭如璧。宽兮绰兮,猗重较兮。善戏谑兮,不为虐兮"。这是指文质彬彬的君子,人品如黄金和白银一样耀眼和贵重,像圭玉一样温润柔和。胸襟广阔,值得人依靠和信任。君子幽默风趣,待人和善又平易近人。中华传统思想中都存在着这种以物比人、以人比物的传统,黄金、白玉这些贵重的物质都与人的高尚品德和善良言行相等同,君子之所以具有上述优点才值得人称颂。君子的人格美品质是通过社会交往才能逐渐凸显,人格的培育也需要培养大学生温润如玉的审美品质,与人交往的过程中少一点棱角,遇事尽量与人为善,以风趣幽默地说辞化解人际矛盾;待人以诚,待人以礼,才能收获友情,也才能成为他人的依靠,在遇到困难的时候也会获得他人的帮助。人与人的交往虽然从根本上都能归于经济关系,但是社会交往也有满足人们精神需要的一面。正是有了情感交流的需要,社会和自然的一切事物的审美价值才能一一显现。就儒家而言,这一问题所涉及的也就是所谓成人之道,即成就理想人格之道。孔子"性相近,习相远"正是对此的阐明。

从理想人格的培养成人这一角度看,所谓"性相近",即是指每一个人都有相近的本质性,因而都具有实现理想人格的可能。所谓"习相远"则旨在揭示人究竟能不能达到理想人格实现人格美最终取决于人们的不同习行。

(二)道家的本真之美

道家审美是对现实形式美和道德美的超越。老子《道德经》中指出"五色令人目盲,五音令人耳聋,五味令人口爽,驰骋畋猎令人心发狂,难得之货令人行妨。"老子批判世俗生活的形式美,反对人们过于放纵享乐。认为"五色、五音、五味"虽然能给人带来感官的享受,但是磨灭了人朴素自然的本性,扰乱了人与自然的和谐关系。"绝圣弃智,民利百倍;绝仁弃义,民复孝慈;绝巧弃利,盗贼无有。"在道德形式美和内涵美中,道家思想更注重道德和人格的内涵之美。强调"处下""柔弱"的人格修养,这些词汇一般来看似乎具有贬义,但在道家看来这属于人的赤子心性,是一种至高无上的美。"上德若谷,大白若辱,广德若不足,建德若偷,质真若渝。"在道家看来越是道德高尚的人越对自己严格要求,从不引以为傲。就算有美好德行的人,也坚持如山谷一般深邃的虚心学习精神;已然德誉双馨,为人处世却谦虚谨慎,仿佛时刻都在受辱一样;已经虚怀若谷,自我感觉却并不宽广;虽然言行举止都已经是社会道德标杆,说话办事却如偷窃一般谨小慎微。

因此,道家美学推崇随意任心、顺情适性的自然审美意识,认为本真自然审美域的生成来自于审美者的洒脱逍遥、虚空明静的心境。所谓本真自然,即通过去蔽以敞亮原初心性,无名无功,无为无待,随其所是,称心如意,其美学意义表征着对尘世现实的超越,对自我种种欲望的超越。这种适性随意、自在无累是一种诉诸一己心灵体验的自然随意,顺其本心本性,生其所生,然其所然,存其所存,是其所是。

(三)魏晋士人的人格精神

魏晋六朝人格美思想的形成经历了一个由汉末重伦理道德到魏晋之际的重政治才能再到两晋六朝重审美的演进过程。东汉时期,人物品评渐成风气,而且与政治联系紧密,据唐长孺《魏晋南北朝史论丛》载:"东汉以征辟察举之制选拔统治者所需要的人才,而乡间清议乃是征辟察举的根据。于是人物批评为当时政治上极为重要的事情,……其标准则是依据儒家所宣扬的道德来衡量。"有名者入青云,无闻者委沟渠。朝廷以名为治(顾亭林语),士风亦竞以名行相高。声名出于乡里之臧否,故民间清议乃隐操士人进退之权。于是月旦人物,流为俗尚;讲目成名(《人物志》语),具有定格,乃成社会中不成文之法度。这时的汉末清议已出现了重人格风姿的审美倾向,可谓魏晋人格审美的先声。但汉末政治腐败,仁义礼教越来越虚伪。乡间清议逐渐被代表分裂割据势力的世家豪族所垄断,汉末出现了一个道德沦丧的局面,新的人格精神有待确立。

这时曹操提出了"唯才是举",中断了孔儒人格,极大地影响了当时的伦理观和人格美思想。才能、才藻、才情(表现为:清俊、通脱、任达)的品藻标准奠定了魏晋的人格美基调,继而刘劭的《人物志》也摒弃了"忠孝仁义"的孔儒人格要义,以"才性"为纲要,建构起系统而精致的人格评价理论,提倡新的人格形象。《人物志》的核心是"观人",判断人。之所以要观人,判断人,是因为这个时候人作为个体的主体性已经凸显出来,处在人性觉醒的前夜。孔子唯德是举,他的任务是设定人的道德准则,他不关心人是什么,只关心人应该是什么,此时,个体的人还没有从群体中独立,人与他人的关系和行为规范构成了理想人格——"君子"的形象。而《人物志》则代表了汉魏之际的人们敢于冲破儒教束缚的精神要求,强调人格美的本源是具体的个性,而非抽象的道德。

《人物志》中的人是一种"品鉴""欣赏"意义上的对象,才性和"中和"的气质成为衡量理想人格的标尺,也可以说是准审美的对象。这深刻地影响了魏晋时代的人物品藻及审美文化。就像宗白华先生所说:"魏晋人生活上人格上的自然主义和个性主义,解脱了汉代儒教统治下的礼法束缚,在政治上先已表现于曹操那超道德观念的用人标准。"摆脱道德束缚,凸显个体价值,这为人物品评的标准由"德"向"美"的转变起了过渡作用。

(四)人格美与当代大学生人格培育

(1)发扬古人人格美精神,营造良好的大学人文环境。

要实现人格美对大学生人格培育的价值,首先要正确对待古人的人格精神,给予古人人格一个符合社会标准的正确评价。要充分发掘古人在今天仍然具有重要价值的部分,坚持发扬继承与改革创新相结合的原则,做到与时俱进。在当今社会浮躁、人心复杂、生命价值困惑的时刻,古人人格中的坚贞不屈、独立不迁的品格尤其值得我们去继承。例如屈原在他那个时代选择抱石沉江,是处于在历史必然面前哀莫大于心死的无奈,绝对不是人生遇挫后的简单逃避。今天我们可以把屈原这种九死不悔、以死报国的忠烈人格进行转换与创新,为其注入社会主义的内容,使古人所推崇的人格精神在当今社会中发挥应有的作用。我们应该号召广大学子,热爱社会主义祖国,积极关心和参与国家的事务。以良好品格教育广大学子,严格遵守社会的道德原则,弘扬社会正气抵御歪风邪气。

要想真正发挥古人所提倡的人格美在大学生人格发展中的教育价值,还需要在大学营造良好的人文环境。大学生德育的重要任务,就是教育学生如何去做一个品德高尚的,对社会有意义的人,实际上也就是帮助大学生形成良好的人格素养。人文科学的落寞也是当今大学生人格出现各种问题的原因之一,人文科学因为无法像自然科学那样能够推行社会主义核心价值观,加强大学生自我修养,迅速产生经济效益,因此在这个追求速度的社会变得越来越不受重视。日益严重的人文危机,必然会导致人性的异化、物化和兽化,进而导致社会的危机、民族的危机,最终导致发展走向异化。人文科学方面的教育是通向人类心灵的教育,对涤荡大学生的灵魂,提高大学生的个人素质具有非常重要的作用。为此,高等院校必须端正教育思想,重视传统文化的教育功能,弘扬大学人文精神,为传承人格美营造良好的人文环境。

(2)发挥教师人格师范作用,为大学生树立人格榜样。

大学生正处于自我同一性的形成期,对于朋辈之间、师生之间的关系特别关注,也会很容易去相互模仿。因此,以人格美为借鉴对大学生进行人格教育时要注意抓住学生这个特点,充分发挥教师的人格示范作用。"天何言哉?四时行焉,百物生焉,天何言哉?"(《论语·阳货》),这表明良好的人格需要潜移默化、润物无声的方式去塑造。没有教育者本身的良好示范与感召,再完善的人格教育理论都不能真正走进大学生的心中。教师的人格也会对大学生的人格形成产生重要影响,如果教师本身拥有高尚的人格,那么他的学生会在学习过程中无意识地被教师的健康人格所感染,从而达到人格教育润物无声的效果。

"教育者先受教育",在教师人格因素中,很重要的一个组成部分就是师德教育,它表现在教师与学生接触的言论和行动中。教师要在教学和个人生活上为学生树立起一个好的榜样,凡是要求学生做到的教师自身都要首先去做到并做好。要想大学生发扬和传承人格精神之美,教师首先要带头加强传统文化的学习和弘扬,自觉以高的人格标准来要求自己,树立起坚定的理想信念,热爱国家关心社会,做到淡泊名利、甘为人梯。"学高为师,身正为范",作为学生的榜样,教师要热爱自己从事的事业,增强责任感、使命感和工作热情,同时也要关心、爱护学生。教师要培育学生的健康人格,非常重要的一点就是要懂得品德与情感的感染,让学生真正感受到教师的人格力量,自觉、自愿的在生活中把这种积极向上的人格精神传递下去。

(3) 推行社会主义核心价值观,加强大学生自我修养。

发挥人格美对大学生的人格形成教育价值,需要推行社会主义核心价值观,加强大学生的自我修养。当前我国正处于社会变革调整时期,多元文化汇集时期,各种思想观念充斥泛滥。面对世界范围内思想文化交流交融交锋形势下价值观较量的新态势,面对改革开放和发展社会主义市场经济条件下思想意识多元、多样、多变的新特点,迫切需要我们积极培育和践行社会主义核心价值观,扩大主流价值观念的影响力,提高国家文化软实力。一个民族、一个国家能不能在世界大潮流中保持好自我,离不开共同的价值观的引领,当今文化多元的情况下,我们尤其需要社会主义核心价值观凝聚社会共识,增强人民团结奋斗的力量。

大学生良好人格的塑造离不开大学生在日常学习中的自我修养,也离不开社会主义核心价值观的引领。当代大学生是我国社会主义建设事业的生力军,他们形成怎样的核心价值观,关乎国家的命运与前途,关乎社会主义建设的兴衰成败。只有树立起正确的价值观念,才能有正确的前进方向,才能在实践中不断反思自我、提高自我,从而养成起积极健康的人格。"大学之道,在明明德,在亲民,在止于至善。"(《礼记·大学》),道德修养的最终目标是达到至善境界,为此要正心诚意、格物致知,从根本上讲就是要去实践。屈原的人格是一种实践性的人格,重在自我修养,大学生能否真正养成良好的人格最终还要看大学生自我修养程度。中国古人就非常重视个人修养。"修养"一词指的是修养心性、涵养情操,用我们今天的话来说就是一种自我反思与教育。实际上,任何外在习得的教化只有转化成为内心的东西才能真正起到作用,规范一个人的实际思想与行为。大学生人格的自我修养,首先要学好相关理论知识,关注和学习中国传统文化的积极成分,对人格进行学习和研究。其次,大学生要在实践中锻炼自己的品格,与高素质的人交往,坚持在日常学习生活中不断反省和修正自己,培养自己独立自主的能力,不断磨炼自己的意志和毅力。

三、人格美的特征

(一) 内在性与外在性

当今物质文明给大家带来舒适生活的同时,也使很多大学生变得心浮气躁、急于求成,不喜欢磨炼自己的意志,忘记修身养性的重要性。对大学生来说人格修养比知识积累更重要。我国著名精神卫生专家陈学诗教授说过:"随着年龄的增长,人格的可塑性会越来越小。"大学可以说是大学生人格重塑与培养的最后一次机会,这次机会对青年人的人格走向基本上是起决定性作用的。坚持内质纯正和外表芬芳相统一,追求的是一种内在美和外在美的和谐统一。为了坚守自己的良好人格,我们应该经常反思自我,与自我进行对话,甚至与自己进行深刻的思想斗争。

(二) 个体性与社会性

人在本质上是一切社会关系的总和,社会性是人格的根本属性,对人格高尚与否的最高评价标准是社会价值标准。人格的好坏评价也要放到全社会乃至全人类的高度上去看,屈原这种九死不悔的高洁人格在当时的楚国并没有显现出多大的意义,但是他对整个后世的影响是巨大的。他的人格精神触碰到了人类的精神层面,成为人类历史中的精神丰碑。对大学生人格培育要坚持社会性的原则,站在最广大人民利益的立场上,培养大学生的社会责任感。每个人都是一个独特的人,他有着自己的行为方式和处事原则,有着自己独特的审美标准,追求个性和自由之美。因此,对大学生人格培育还要兼顾大学生的个体性,做到社会性与个体性的统一。只有兼顾了社会性与个体性,才能把大学生真正培育成人格优秀的个体,才能实现每个学生的自由发展,才能实现全社会的进步和发展。

(三) 新时代大学生人格美的特征

(1) 民族性:大学生的人格美应当是具有民族特性的人格。

中华民族创造的文明一度是世界上最先进的文明之一,至今对东方各国乃至全世界都有着广泛而深远的影响。中国优秀传统文化则是中华民族文明的瑰宝,也是本民族得以延续的文化火种。民族特性内在地镌刻在每一个成员的人格基因之中,当代大学生作为中国优秀传统文化重要的传承者更是如此。中华民族在辉煌之后亦经历过百年沧桑,革命的火种挽救了中华民族的危亡,马克思主义作为最为先进的思想武器,理所当然地成为中华民族顺应时代潮流发展的必然选择。马克思主义及其中国化的理论经典,中国特色社会主义核心价值体系,都深深地烙进了整个民族的心灵。当代大学生作为中国梦的造梦人和未来的圆梦者,其审美观念和审美人格的发展也应顺应时代潮流,遵循社会发展的规律,深深根植于马克思主义和中国传统文化的肥沃土壤,孕育出美的结晶。

(2) 时代性:大学生的人格美应当是具有时代特性的人格。

大学生的人格美应当是具有时代特性的人格。时代精神是一定社会历史条件下的时代审美价值的浓缩,因此,时代性也是大学生审美人格的内在属性。马克思说过"在真正的共同体的条件下,各个人在自己的联合中并通过这种联合获得自己的自由。"社会主义核心价值观是现阶段社会主义精神文明建设的典型成果,也是中国特色社会主义核心价值体系的集中体现,其践履更是最现实、最具实践意义的审美。社会主义核心价值观深刻体现了中国特色社会主义所要成就的事业,凝聚社会力量、团结人民群众共同建设一个共富共强、文明和谐、自由平等的共同体,最终实现人的全面而自由的发展。毛泽东曾经指出:"我们所主张的全面发展,是要使学生得到比较完全的和比较广博的知识,发展健全的身体,发展共产主义的道德",而社会主义核心价值观所体现的就是社会主义初级阶段最基本、最核心的共产主义道德和审美标准。学习时代精神,深刻了解历史、全面把握现实,珍视这些最珍贵的资源,基于此形成超越个人的共同的集体意识,是时代赋予大学生的价值追求。这些都是思想政治教育和大学生审美人格培育中必须一以贯之的培育方针。

(3) 创新性:大学生的人格美应当是富有创新性的人格。

创新是社会发展的动力源泉,大学生是最具活力和想象力的群体,是社会建设最鲜活的力量。所以,大学生的审美人格理应具有创新性。创新是创造和革新,是指在已经有的发现或发明的基础之上,进一步创造出前所未有的、具有一定有价值的思想和事物。大学生具有丰富和先进的科学文化知识储备,也最容易接受和吸收新的事物与观念,生理和心理的发展速度都处在人生的巅峰状态,最有可能迸发出思想灵感的火花,推陈出新、创造出新鲜的事物。这是自然赋予大学生的天赋,也是社会为他们发展创造的条件,更是国家赋予他们的希望。

因此,大学生的人格美必然显露出创新性的特征。创新是大学生群体固有的特征,是他们全面发展的必备条件,也是当前社会改革进入深水区所急需的强大推动力。但是这种天赋和能力不是一劳永逸的,需要大学生不断加强学习和社会实践,只有发挥聪明才智,通过自身的不懈努力,让自己的创新具有社会价值,在创新中实现自我,为社会主义建设做出贡献。

第二节 人格美审美

一、人格美审美

(一) 审美具有直觉性

审美直觉亦称"审美直觉理解",是指审美活动或艺术鉴赏活动中,对于审美对象或艺术形象具有一种不假思索而即刻把握与领悟的能力,使人刹那间暂时忘却一切,聚精会神地观赏它,全部身心沉浸在审美愉悦之中。在审美感知基础上通过审美联想和想象达到的对审美对象的直接感悟。是个体感受和把握美的一种思维能力,是审美感受力、理解力、洞察力高度发展的表现。其基础是通过感知获得的审美信息和通过记忆积累起来的审美形象。在此基础上审美联想和想象进行形象串联、改造和重组活动,将眼前感知的形象与头脑中积累的表象之间、头脑中的表象与表象之间依据某种关系结合起来,或建立某种新的关系,组成新的形象。它的形成和发展,受制于个体审美经验、审美知识的丰富程度,以及个体长期的审美实践活动、审美情趣、审美价值观。

艺术审美直觉是主体在审美经验的基础上,通过对客体的整体性直观而做出的一种对其本质性和内在联系的迅速而直接的当下综合判断。在艺术中,审美直觉既可以作用于创作,又可以作用于欣赏。就艺术创作而言,艺术审美直觉实则是创作主体通过直观客观的感性形式而对其表现性内涵加以直接把握的艺术思维洞察能力。

(二) 审美具有情感性

审美具有情感性,所谓审美情感是指人对客观存在的美的体验和态度,包括人的生理、理性因素与人类发展所积淀的普遍因素。比如我们欣赏阿炳的《二泉映月》,二胡一拉出那缓慢、低沉而悠扬的旋律,我们立刻被激发一种凄婉哀怨的情绪,仿佛一人孤身坐于夜阑人冷、月冷泉清之地,回首往事,苦痛不堪。随着主题的展开,旋律慷慨激昂起来,那悲愤的控诉,不屈的抗争和孤傲的人格立刻在我们心里激起共鸣,愤怒、同情、钦佩、昂奋等诸种情感在我们胸中交织着、洋溢着、沸腾着。直至曲终,我们的心绪仍然久久不得平静。这就是一种审美情感的体验和态度。

人在审美过程中,被审美客体的宜人性美感所激发和唤起的一种特殊的审美情感性思维过程。是人的审美情感性心理与审美创造性激情相结合的崇高审美境界的思维过程。在医学审美过程中,这种情感思维以富有情感、思维、伦理和审美意识的活生生的人为出发点和归宿点,是一种医学审美内容与医学审美形式相和谐统一的崇高审美境界的思维过程。

(三) 审美具有愉悦性

审美愉悦是指由审美刺激而引起的个体心理上的快乐感受。包括三个层次:审美感性愉悦、审美领悟愉悦、审美精神愉悦。审美感性愉悦指由于感性刺激而达到的感官反应和谐适宜的美感状态。它偏重于感性能力对审美对象形式、样式、结构、节奏、旋律的直观感受,理性功能隐而不显,含而不露。往往缺乏持久性、变异性。是较低层次的境界,标志着感性能力培养的结果,是进入较高层次审美境界的基础。审美领悟愉悦指由于对审美对象的理解而产生内心快慰的美感状态。通常表现为对深刻内容和真理领悟的快慰。

这种境界理解和想象因素相对突出,情感愉悦相对稳定、持久和深刻,具有朦胧多义的特点,常令人反复玩味、兴起、愉快。它是较高层次的境界,须经过一定的审美教育、审美修养以及文化修养才能达到。它表明审美感已进入心灵自由的境界,标志着审美理解和想象的成熟。审美精神愉悦指由于高级心理因素如道德观、价值观、信念等的呼应而产生的美感状态。也称悦志悦神的审美境界。其包含两个相互联系的环节:一是道德感情与哲理思想交融而形成的道德精神的高扬、奋进,属于"悦志"。二是超道德本体的人与自然的交融,属于"悦神",是最高的审美境界。一旦进入这种审美境界,人们将会不考虑个人得失,通过实践去创造现实美。

(四)高校教师人格特点及对大学生人格的影响

教师人格是教师在职业活动过程中形成的情感意志、智能结构、道德意识和行为的内在倾向性。智慧人格、道德人格、情感人格和审美人格是其内核,而语言举止与风度仪表则是其外在表现。教师人格在历史上既表现出继承性,又表现出时代性。传统的教师人格具有价值取向的道德性,知识索取的人文性和成长环境的闭锁性等基本特征,而现代教师人格则具有形象的典范性,角色的丰富性和培养的专业性等基本特征。

(五)当代大学生的人格特点

1. 人格具有社会性

在《马克思恩格斯选集》(第二卷)中写到:"既然人天生就是社会的生物,那他就只有在社会中才能发展自己的真正的天性,而对于他的天性的力量的判断,也不应当以单个个人的力量为准绳,而应当以整个社会的力量为准绳。"马克思主义认为人天生就是社会的产物,社会影响着人格的发展。个体的人格素质都是在个人社会化过程中形成的,是一种"人的社会特质",而人的本质特征则体现在社会属性之中。就个人而言,人的这种本质特征表现为其在特定的社会关系所形成的价值观念、道德情操、行为习惯等方面。正因为人格具有社会的特定性,即人格的形成和发展受特定的社会条件的制约,所以特定的社会对个人具有特定的社会要求,人格的形成不可能超越这种条件的制约。

2. 人格具有稳定性

人格一经形成,便相对地比较稳定,即个体在不同的时间和地点会表现出稳定的行为模式。比如说性情暴躁的人,在家里很暴躁,在单位里做事也很暴躁;少年时暴躁,成年后也很暴躁。然而,有时候在某种场合他偶尔也会表现比较温顺,但这只是偶然现象,不能够影响他的整体表现。另外要说的是,个体人格并非绝对是一成不变的,只是相对稳定而已。

3. 人格具有可塑性

在同样的社会历史条件下,由于个人主体在社会中的经历、地位、所受教育以及主观努力的不同,则会形成不同素质的人格。大学生人格的可塑性很大,而教育在人格塑造中起着重要作用,大学生的主要活动是学习,大学时代是人生社会化过程中的一个特殊阶段,正是由于这一特殊的地位和角色,在根本上规定了大学生人格现代化塑造的可能性。大学是文化集中体现的场地,是接触最新文化的主要场所,在大学里受教育的学生,有条件率先接受先进的文化。我们的教育工作者有责任和学生一起站在时代的制高点上,共同探讨21世纪大学生应当具有什么样的时代人格,建立时代所要求的、党和人民所希望的现代人格素质结构。

(六)大学生完美人格的塑造美学教育在大学生人格培养中的重要作用

美学教育作为一种独特的教育方式,与德、智、体教育密切相联,它们既相互独立,又相互渗透、相互促进,共同完成高校培养合格大学生的重任。

1. 有助于培养大学生正确的审美观

形成完善的人生观和审美观是人们对美的基本观点与看法,它是世界观、人生观的重要组成部分。人们对世界真、善、美三个方面的认识,分别构成真理观、伦理观、审美观,这三者既有区别,又有联系。所谓审美观,是指人们在社会实践活动中,特别是审美实践活动中所形成的关于美、美感、美的创造等问题的基本观点,是从审美角度对客观事物进行判断和评价的审美观念的系统化。审美观是在审美实践和审美创造中形成的,反过来又对人们的审美实践和审美创造起着指导和制约作用。审美观主要包括审美理想、审美情趣、审美标准等。由于大学生来自于不同的家庭、地区,人生经历和气质性格不同,导致大学生审美观各异,进而导致大学生的人生观多样化。因此培养大学生健康高尚的审美能力,塑造正确的审美观对大学生的世界观、人生观有重要作用。

2. 有助于促进大学生人格的融合

推动大学生塑造完美人格,促进大学生全面和谐的发展,应当说是美育最根本和最核心的任务。中外历史上的思想家、教育家之所以特别重视美育,其主要原因就是美育在塑造完美人格上具有其他教育所无法替代的重要作用,马克思主义人学理论认为人的最终目的是实现全面发展,因此这就要求个体人格不仅有鲜明的个性,还要与他人、与社会相融合。实现大学生的全面发展的教育包括德育、智育、体育、美育、劳育五个方面,其中美育属于纽带作用。美育,可以以美启真,促进大学生的知识学习,并使知识内化为人格的"真";可以以美储善,激发大学生形成高尚的品质,提升道德修养,促进个体将外在道德规范内化为人格的"善"。美育本身还可以在个体对美的欣赏和创造过程中,不断提高大学生欣赏美、鉴别美和创造美的能力,丰富大学生的感性情感。更为关键的是,美的事物无处不在,自然、社会乃至人自身的美都可以成为审美对象,审美活动可以在人类生活的任何领域发生。这使得美育的领域和内容触及到社会的各个层面,同时也对其他各层次的教育产生普遍而深刻的影响。从这个意义上说,美育像一条纽带,把各层次的教育有机联系起来,使之成为真正的教育。而深受应试教育的影响,当代大学生往往只有智力,在其他人格反面有很大欠缺,所以,以美育为载体塑造完美人格是当前大学教育十分急迫的事情。

3. 有助于提高大学生正确认识社会现象的能力,促进社会进步

大学生作为一个特殊的群体,有其自身的群体特征,他们充满激情,对新鲜事物好奇,有明显的喜恶观念,但是也有着做事冲动,评价事情片面的缺点。而当今世界正处在一个伟大变革的时代,随着经济全球化、政治多极化的发展,东西方文化相互影响、相互碰撞,是社会各种跨界现象层出不穷。作为社会主义中国的新一代大学生,他们的人格发展必然要受到现实社会的经济生活、现代科技、文化发展和具体的生存环境因素的影响。在众多因素的影响下,校园里出现了一些以奢、怪、新、丑等为美的不正确、不健康的审美观以及对社会现象的不正确的认识。这对于即将步入社会的大学生来说是一个阻碍因素,因此,引导大学生正确面对和评价社会现象,树立正确的世界观,是完成大学生人格修养的重要内容。这不仅关系到个人素质的提高,还关系到社会的进步、祖国的未来。

二、人格美之对立:人格败坏

(一)大学生存在的人格缺陷

大学时代既是学习掌握知识的黄金时代,又是人格发展的重要阶段。但在大学生人格的发展中普遍存在不足,主要有以下几个方面。

(1)无聊。

无聊心理的主要特点是空虚、幻想、被动,感觉不到自我存在的意义与人生的价值,其核心在于没有树立正确的人生目标。空虚是因为没有目标或目标太低,人一旦失去目标的牵引,生活就没有动力;缺乏对生命意义的深刻认识,就会出现茫茫然混日子的现象;幻想是由于目标定位不准确或者目标太多而导致的心理负担,实质是对责任的恐惧;被动是由于目标不是自己内心的渴望,未获得内心的认同,只是为学习而学习,为考试而考试,疲于应付,学习生活中缺乏主动性和创造性。克服无聊心理的根本方法是树立正确的人生目标,并由人生目标牵引着实现自己的人生价值。

(2)不良意志品质。

不良意志品质是指意志发展的不良倾向,主要表现为:生活缺乏目标,随波逐流,无所事事,懒散倦怠,浑浑噩噩,醉生梦死;还有的意志发展不成熟,曲解意志品质,把刚愎自用、轻率当作果断,把犹豫、彷徨当作沉着冷静,把固执己见、执着一念当作顽强,等等。不良意志品质一经形成,会带来很多性格缺陷,最后发展为人格缺陷。克服不良意志品质的办法是矫正自我认知中的非理性观念,正确理解意志品质的内涵,发展自觉性、果断性、坚韧性和自制力。远大的理想、坚定的信念和正确的世界观,是人奋斗的动力之源;树立正确的人生目标并付诸实践。

(3)懒散。

懒散是指一种慵懒、闲散、拖拉、疲沓、松垮的生存状态。主要表现为:活力不足,什么也不想做,没有计划,随波逐流;无法将精力集中在学业中,无法从事自己喜

欢的事,百无聊赖,心情不爽,情绪不佳,犹豫不决,顾此失彼,做事磨蹭。在大学生活中常常是踏着铃声进教室,生活中的"九三学社"会员,常为自己的懒散寻求合理的解释,做事一误再误,无休止地拖下去,虽下决心改正,但不能自拔,不接受教训,对任何事没有信心,没有欲望。克服懒散的办法是从小事做起,自我监控,学习运筹和管理时间。正如学者所言:你是容量极大的水库,里面蓄积了从未使用过却随时随地可以供你使用的你的天赋与才干,但如果拖拉和胆怯使你永远无法打开那智慧的闸门,那水库也就如同空的一样。

（4）退缩。

退缩是指在困难面前表现出怯懦与畏难的心理恐惧,选择逃避与后退。主要表现为:在困难面前缺乏勇气和信心,不表明自己的态度,不敢承担责任,不敢冒险,不敢与坏人坏事做斗争,回避困难,逃避责任等,这样的人常常抱怨自身的不幸,却宁愿忍受痛苦而不主动追求。克服退缩的办法是:鼓励自己积极应对生活中的挫折,发现自己的优点,变被动为主动。克服退缩需要勇气与毅力。

（5）偏狭。

偏狭是人们常常说的"小心眼",主要表现为心胸狭窄,耿耿于怀,挑剔,嫉妒。偏狭是一种有百害而无一利的人格特征。偏狭人格多出现于性格内向者。偏狭不是与生俱来的,而是后天习得的。因而,克服偏狭人格首先要学会宽容,能够容人容事,正确看待生活中出现的矛盾冲突,对事不对人;其次要开阔心胸,拓展视野。人一旦心胸狭窄,就容易进入管状思维,只见树木,不见森林。

（6）虚荣。

虚荣是指过分看重荣誉、他人的赞美,自以为是。虚荣心往往与自尊心、自卑感紧紧相连。没有自尊心,就没有虚荣心,也就没有自卑感。虚荣心是自尊心与自卑感的混合产物。虚荣心强的人一般性格内向,情感脆弱,自尊敏感,虽然有些自卑,又担心别人伤害自己的尊严,过分介意别人的评论与批评,与人交往时防御性强,喜欢抬高自己的形象,他们捍卫的是虚假的、脆弱的自我。克服过强的虚荣心,首先要对虚荣心的危害性有明确的认识,要正确看待名利,正视自己的优势与不足,扬长避短;其次是树立健康与积极的荣誉心,正确表现自己,不卑不亢,正确对待个人得失与他人评价。

（7）自我中心。

自我中心是指考虑问题、处理事情都以自我为中心,将自我作为思考问题的出发点与归宿。表现为一切以自己为出发点,目中无人,甚至自私自利。遇到冲突时,认为对的是自己而错的是他人。特别是那些优越感强,过于自信的大学生,比较容易以自我为中心,当这种倾向与一些不健康的思想意识(如个人主义、自私自利)和心理特征(如过强的自尊心、唯我独尊)相结合,自我中心与自我膨胀便呈现出来。改变自我中心的途径主要如下:一是正确评价自己,认识到自己的社会责任,既不妄自菲薄又不夜郎自大,既不自我贬损又不自恋;二是树立正确的人生观与价值观,将自己与他人、自我与社会、个人利益与集体利益统筹考虑,从狭隘的小天地走出来;

三是学会尊重自己与尊重他人,懂得设身处地,换位思考,真诚待人。

(8) 环境适应不良。

环境适应不良主要是指大学生对大学学习、人际关系、异性交往等方面表现出的不适应。表现为强烈的失落感、孤独感,不能适应环境的改变。事实上,在构成环境的诸多要素中,人是最重要的要素,个体既受环境的影响与制约,又影响与改变着环境,因此大学生要多了解自己所处的环境,培养自我调节的能力,在不同的环境下,能够主动适应环境并成为环境的改造者。

(二) 大学生人格发展缺陷的常见表现

大学生人格发展缺陷的常见表现如下。

1. 自卑

自卑是自我评价过低的心理体验,在心理学上又称为自我否定意识。主要表现为对自己的能力、学识、品质等自身因素评价过低,心理承受能力脆弱,经不起较强的刺激,谨小慎微,多愁善感,常产生猜疑心理,行为畏缩、瞻前顾后。

2. 社交障碍

社交障碍是一个人自我防御心理过强的结果,他们常常过于担心被动,过于谨小慎微,过于关注自己,自信心不足。

3. 懒惰

懒惰是不少大学生为之感到苦恼又难以克服的一种人格发展缺陷,是意志活动无力的表现。懒惰是影响大学生积极进取、张扬青春活力的天敌。

4. 狭隘

狭隘受功利主义影响,大学生中的"狭隘"现象有增无减。凡事斤斤计较、耿耿于怀、好嫉妒、好挑剔、容不得人等都是心胸狭隘的表现。

5. 抑郁

抑郁是大学生常见的情绪困扰,是一种感到无力应付外界压力而产生的消极情绪,常伴有厌恶、痛苦、羞愧、自卑等情绪体验。

6. 焦虑

焦虑是个体主观上预料将会有某种不良后果产生或模糊的威胁出现的一种不安感,并伴有忧虑、烦恼、害怕、紧张等情绪体验。在竞争不断增强的社会环境中,每个人都可能处于一定的焦虑状态。适度的焦虑对于保持生命活力是必要的,这里所说的焦虑主要是指不适当的高度焦虑。

7. 自我中心

自我中心随着自我意识的发展,大学生越来越感到自己内心世界的千变万化、独一无二,他们越来越多地把关注的重心投向自我,尤其是那些有较强自信心、自尊心、优越感、独立感的学生,就比较容易出现自我中心倾向。

(三)弱势群体家庭对大学生人格形成的负面影响

通过调查发现部分大学生人格表现情绪不稳定,容易激动,常因小事会使情绪变坏,烦躁不安,容易受到惊吓。这与大学生学习生活的压力以及自身心理承受能力有限等因素有关。情绪极端不稳定者只占极少数,但情绪状态良好的占整个大学生人群比例也不高。同时,女生较男生情绪波动更明显。

弱势群体家庭常在经济水平、生活质量和文化素养等方面存在部分较为困难的问题。这类群体家庭容易影响学生的心理承受能力,或者是无法提供相应的经济支持。学生可能会感到自卑、无助和失落,缺乏自信和安全感,以及由于家庭和社会环境的限制,他们可能缺乏正确的价值观和人生观。需要更多地帮助他们树立正确的价值观和人生观,提高道德判断和行为选择的能力。

1. 经济处于极度贫穷的状态

我国大学生在校学习的各项费用,单纯由家庭供给的比例相当的大,能达到95%以上。而如今部分弱势群体的家庭经济收入较低,生活多处于贫困状态,但大学生的培养需要投入教育经费、日常生活经费、社交经费等各项开支,家庭收入与大学生的消费开支产生了较大的矛盾冲突,如果冲突矛盾无法得到较好解决,则会对学生的在校生活产生一定影响,在学费、生活费等方面面临较大的压力。严重时甚至会影响学生的专业学习,对周围环境的适应能力减弱。

2. 心理贫困而无法自我调适

由于家庭环境不同,其在生存态度、生活方式等方面也会表现出明显的不同。弱势群体家庭大学生具有许多良好的性格特征,例如独立、奋进并且能够吃苦耐劳等。在心理健康上,部分弱势群体家庭的大学生可能会出现一些问题,可能会出现不敢与同学交往,不喜欢参加集体活动,和同学、老师关系较为疏远的问题。如果出现心理焦虑,不敢正视困难的情况,应该及时多和老师、同学沟通交流。思想政治教育工作者也需高度重视贫困大学生的心理健康、时刻关注心理变化,及时了解情绪变化的成因并加以解决。贫困大学生如果能一直保持着积极乐观的良好心态,就能在面对复杂问题时做到临危不乱、用辩证客观的眼光看待问题、冷静思考问题。

3. 在人际交往中存在障碍

弱势群体家庭大学生往往承受着巨大的经济压力和心理负担。他们生活困惑,既无经济实力,又无更多地精力进行人际交往。贫困大学生可能因为经济困难、文化差异、自卑心理等原因,在与人交往时感到紧张、不安、恐惧等情绪,导致社交能力受限。学校可以积极营造良好的校园文化,鼓励学生们相互关心和支持,增加彼此的了解和信任,促进人际关系的和谐发展。可以通过各项方法逐步提高学生的人际交往能力,建立和谐融洽的人际关系能有效协调贫困生的心理压力,促进身心健康发展。

4. 价值观出现偏差

贫穷和磨难在一定程度上能够激发人们的上进心,使他们更具有理想信念和奋斗决心。贫困大学生可能具有较高的自尊和自信,他们努力克服困难和挑战,追求自己的梦想和目标。他们可能具有强烈的自立自强精神和艰苦奋斗的品质,他们努力学习和工作,以改变自己的命运和家庭的生活。当然,这并不意味着所有贫困大学生都具有这些特点,个体差异是存在的。但是,通过培养贫困大学生的社会主义核心价值观,可以引导他们树立正确的价值观和人生观,提高他们的综合素质和自我价值。同时,社会各界也应该关注贫困大学生的成长和发展,为他们提供更多的支持和帮助,让他们在实现自己梦想的道路上更加顺利。

(四)当代大学生人格缺陷的教育反思

当代大学生人格缺陷的原因极为复杂,但从教育的角度看,在我国当代素质教育的教育体制下,社会各方教育中人格教育的缺失是其根本原因。

1. 社会对人格教育的轻视

当代中国处于社会转型阶段,世界范围内错综复杂的文化浸入和市场经济的趋利冲击,致使我国传统伦理观念发生动摇,传统道德规范在很大程度上失去了道德约束力,其功利化思想意识愈演愈烈,甚至大有占据上风之势。在新旧思想意识碰撞与整合的过程中,各种不正之风乘虚而入。受诸多不良社会现象影响,功利、拜金、享乐以及极端个人主义在校园内蔓延,当代大学生的人生观和价值观发生了严重扭曲,信仰迷茫、社会责任感淡漠、道德行为失范、心理素质滑坡等接踵而至。尤其是近几年网络文化的迅猛渗透,其负面效应凸显,导致了一系列网络人格问题。毋庸讳言,与社会道德文化的负面影响相比,我们的社会、我们的教育在提高人格素质、加强人格教育方面太过轻视。在发展市场经济的过程中,我国始终把经济建设放在首位。由于经济建设任务繁重,社会出现文明建设失重局面,即物质文明一手硬,精神文明一手软。与之相应,整个社会教育导向出现严重偏颇:重视个体科技素养,轻视个体人文素养;重视学历层次,轻视人格品质。时至今日,无论是社会文风建设,还是网络文化构建,人格教育的内容似有若无,健康人格培育的社会文化机制并未形成,人格教育的舆论导向、环境氛围以及落实举措都非常欠缺。

2. 学校对人格教育的不完善

学校对人格教育的重要性不可忽视。人格教育是培养社会主义核心价值观和中国特色社会主义事业合格建设者的基础。通过人格教育,可以促进学生形成正确的价值观念和行为准则,培养他们具备良好的道德品质和社会责任感。由于传统的教育模式过于注重知识传授和应试成绩,学校对人格教育的关注程度相对较低。许多学校更关注学生的学科成绩,而忽视了学生品德、情感和创造力等方面的培养。这种偏重功利和结果的教育观念导致了人格教育的缺失。这种教育思想在基础教育阶段较为普遍,存在一些与新时代发展不契合的问题。

(1)教育理念偏差。学校衡量学生、教师优劣的唯一指标就是分数和升学率的高低。

(2)教育目标片面。重视智育,忽视或轻视德育、心育的现象,从基础教育到高等教育普遍存在。

（3）教育内容窄化。重科学轻人文，重说教轻实践在学校教育中司空见惯；心理健康教育、人格教育的内容极为匮乏。

（4）教育方式简单。教师有一种急功近利的心态，缺乏对学生心理的深入研究，形式化的说教多，真正触动内心的体验少。

（5）教育者人格不完善。不少教师并未意识到自己的人格会给学生带来重大影响，离"以身立教"的师表风范尚存差距。还有少数教师本身存在人格缺陷，成为学生人格缺陷的直接招致者，极大危害了学生的身心健康。

党的二十大报告指出，坚持以人民为中心发展教育，加快建设高质量教育体系，发展素质教育，促进教育公平。尽管，新时代背景下，我国坚定不移地大力推行素质教育，实际落实到学生的学习生活中，仍然存在一些不足之处。例如，一些学校教学中机械单一的学习生活，使部分青少年走向两个极端：或因成绩不佳而放弃学习，过早流入社会，出现叛逆、反社会等道德人格问题；或只知道埋头读书，不晓得怎样为人处事，如何适应社会。上大学后人格缺陷凸显：社会认知程度低、生存能力差、性格自我、自私等。

3. 家庭对人格教育的弱视

家庭，本应担负个体健康人格培育的启蒙责任，然而，当代许多家庭受社会教育和学校教育的影响，弱化了人格教育。首先，养育重点的偏失。在应试教育及高考指挥棒的调遣下，很多家长在教育孩子的过程中，自然也认为分数就是一切，学习是孩子的唯一任务。为了孩子的学习不惜创造优越的条件，不惜包办其他一切事情。"重求知轻做人"的教育注重的是知识与分数等外在的方面，却大大忽略了孩子的心理素质和健康人格培养。其次，养育方式的偏失。研究表明，溺爱放任和专制的家庭养育方式对子女人格发展有不同程度的消极影响，只有民主的养育方式才对子女发展有积极影响。不过，完全采取民主养育方式的家庭并不多见，溺爱养育却占相当的比例。当代大学生多是独生子女，长期在被宠爱的环境中长大，他们的成长历程中很少感受生活压力，几乎没有经历挫折，因而依赖性强，缺乏独立坚韧品质。

4. 自我对人格教育的漠视

当代大学生的人格缺陷固然与家庭、学校乃至整个社会大环境影响有关，但也受个体心理因素的制约，如自我定位过高、意志薄弱、性格弱点等都可以引起人格缺陷。就主观因素而言，大学生对自身主观世界改造的认识不足，对自身修养的漠视是其人格缺陷的主要原因。当代大学生大都意识到专业学习的重要性，却不清楚专业学习与人格修养的关系，一些大学生在专业学习上可以做到全力以赴，却很少给出时间和精力通过自修陶冶自己。

（五）当代大学生人格存在的问题及原因分析

1. 大学生人格存在的问题

（1）道德缺失。

进入新世纪以来,世界政治多极化、经济全球化、文化多样化的趋势加强,社会的发展使人们的生活更加丰富多彩,改变了大学生原有的学习环境和生活状态,也使大学生的人格发生一些变化。总体来说,当代大学生的人格是积极向上的、是健康发展的。但是受到社会不良风气的影响,人格仍然存在一些问题,表现在以下几个方面:当今社会是一个充满竞争的时代,大学生是未来社会主义现代化的建设者,不仅要有丰富的知识储备,更要有高尚的道德品质。有些大学生却只有知识,没有道德。去年轰动全国的复旦大学的投毒案件,就是一个典型的案例。作案人林某,是国内某高等学府医学院的一名在读的研究生,在同学、老师眼中,他是一个爱学习的学生,发表了不少学术论文。然而,正是这样一个拥有硕士学历的研究生,在明知道药品有毒的情况下,毒害了自己的同宿舍同学,最终导致室友毒发身亡。作为一名准医生救死扶伤是他的职责,他却因为道德的缺失,成为杀害室友的凶手,最终受到法律的严惩。

(2)缺乏诚信。

法国浪漫主义作家大仲马曾说过:"当信用消失的时候,肉体就没有生命。"由此可见,诚信是人在生存的最基本的条件。自古以来,中国都是一个讲求诚信的国家,诚信是中华民族的传统美德,也应是大学生健全人格的重要组成部分。大学生作为优秀传统美德的传承者和接班人,应该继承和发扬传统美德。可是大学生身上还存在各种各样的失信现象:助学诚信缺失,拖欠学费、借贷不还的现象时有发生;学习诚信缺失,考试作弊屡见不鲜;生活诚信缺失,同学之间面和心不合;就业诚信缺失,个人简历造假。

大学,是人走向成熟的时期,也是人的情绪波动较大的时期。当代大学生大多是90后,成长在物质丰富的社会且大多是独生子女,从小就受到家人无微不至的照顾,过着衣食无忧的生活,无形之中躲掉了很多磨难,成了"温室的花朵"、易碎的"瓷娃娃"。进入大学后,许多学生都是异地求学,陌生的生活环境和不同的地域文化,让他们感到紧张和不安,心理也更加脆弱。华中师范大学武汉传媒学院通讯社在武汉13所高校进行的"关于大学生心理承受能力的网上调查问卷",结果显示超过60%的大学生心理承受能力差。一旦经受挫折,无法独立面对,变得自卑、消沉,严重的还患上抑郁症,更有甚者发生了暴力冲突,给自己和身边的同学带来了极大的伤害。除此以外,大学生还存在理想信念模糊、自卑、懦弱、人际关系不和谐等人格问题。

2. 大学生人格存在的问题的原因分析

导致大学生人格存在问题的原因也是多种多样的,不仅有学校的因素也有社会和大学生自身的因素,因此,我们要透过现象看到其内部的原因,从而促进大学生健康人格的发展。

(1)学校人格教育的缺失,使得大学生存在各种人格问题。

学校是大学生生活和学习的主要场所,是有计划有组织进行人才培养的专门机构。然而当前的学校却存在着各种各样的问题,导致了大学生人格出现问题。一些高校盲目的追求校舍的建设,忽视对科研的投入,使得一些人格的教育活动无法正常进行。部分高校对人格的教育没有与时俱进,缺乏时代性,培育的内容陈旧,使得培育的效果不理想。此外,许多高校中没有专门从事人格教育的老师,学校用思想政治教育老师或者直接用辅导员代替他们工作,这些老师又忙于自己的学术研究或者学院的管理工作,与学生的沟通交流少,使得人格的教育效果不尽如人意。学校的亚文化也是不可忽视的。校园暴力恶搞文化,使大学生心理受到冲击,思想发生转变,影响了健全人格的形成。

(2)大学生自身存在不足之处,导致心理脆弱,不堪一击。

对大学生活的不适应是低年级的大学生人格发生扭曲的主要原因。经过高中三年的努力奋斗,部分学生收到了大学录取通知书,进入自己心仪的学校,开始大学生活。然而,大学生活和中学生活存在着很大的差距,大学生人格因此发生变化,具体原因如下:①生活环境的变化。地域的差异,语言、饮食、生活节奏都发生了变化,远离父母、熟悉的同学和校园,出现寂寞、孤独的感觉,使得部分大学生无心学习,陷入焦虑之中。②角色转换的不适应。常言道:"山外有山,人外有人。"一些往日班级中佼佼者的优越感不复存在,昔日的种种荣誉已成为过往烟云,理想和现实的差距,使他们不知所措,心灵备受打击。③学习的不适应。进入大学,老师不再像高中那样时时刻刻的监督学生,讲课也不再那么仔细,学生需要利用课余时间努力学习。④生活上的不适应。大家同住一个宿舍,生活习惯却不一样,难免会起争执,产生摩擦,一旦关系处理不好,就会产生孤独感,不及时改变,就会出现人格障碍。除了生活的差距,大学生的价值取向也影响健全人格的形成。00后的大学生个性张扬,强调自我,使得个人取向利己化趋势明显。遇到事情只考虑自己,忽视他人的感受,上课听歌、说闲话、吃零食,不仅虚度青春时光,还扰乱课堂秩序,影响他人的正常学习,影响老师的正常授课。

3. 大学生人格发展与心理健康

(1)进行心理健康教育是提高学生综合素质的有效方式。

心理素质是主体在心理方面比较稳定的内在特点,包括个人的精神面貌、气质、性格和情绪等心理要素,是其他素质形成和发展的基础。学生求知和成长,实质上是种持续不断的心理活动和心理发展过程。教育提供给学生的文化知识,只有通过个体的选择、内化,才能渗透于个体的人格特质中,使其从幼稚走向成熟。这个过程,也是个体的心理素质水平不断提高的过程。正是从这个意义上来说,大学生综合素质的强弱,主要取决于他们心理素质的高低,取决于学校心理健康教育的成功与否。

(2)进行心理健康教育是驱动学生人格发展的基本动力。

心理健康教育与受教育者的人格发展密切相关,并直接影响个体人格的发展水平。一方面,学生以在心理健康教育过程中接受的道德规范、行为方式、环境信息、社会期望等来逐渐完善自身的人格结构;另一方面,客观存在的价值观念作为心理生活中对自身的衡量、评价和调控,也影响着主体人格的发展,并且在一定条件下还转化为人格特质,从而使人格发展上升到一个新的高度。同时,心理健康教育不是消极地附属于这种转化,而是在转化过程中能动地引导受教育者调整方向,使个体把握自我,对自身的行为进行是在转化过程中能动地引导受教育者调整方向,使个体把握自我对自身的行为进行认识评价,从而达到心理优化健全大学生人格的目的。

(3) 当代大学生心理问题的现状。

大学生正处于青年中期或晚期,心理已基本成熟。他们大多数人的心理是健康的,心境开朗,具有稳定的人格,能客观地认识自我、有效地工作及学习、友善而和谐地处理人际关系、与周围社会环境协调一致。但是,由于社会环境快速变化和主观原因等,部分大学生产生了诸多心理压力,对学习、生活、就业等出现了种种不适。

如何正确地认识自我:①养成良好的人格品质。良好的人格品质首先应该正确认识自我,培养悦纳自我的态度,扬长避短,不断完善自己。其次应该提高对挫折的承受能力,对挫折有正确的认识,在挫折面前不惊慌失措,采取理智的应对方法,化消极因素为积极因素。②养成科学的生活方式。大学生的学习负担较重,心理压力较大,为了长期保持学习的效率,必须科学地安排好每天的学习、锻炼、休息,使生活有规律。③学会科学用脑。学会科学用脑就是要勤用脑、合理用脑、适时用脑,避免用脑过度引起神经衰弱,使思维、记忆能力减退。④加强自我心理调节。自我调节心理健康的核心内容包括调整认识结构、情绪状态,锻炼意志品质,改善适应能力等让学生正视现实,学会自我调节,保持同现实的良好接触。进行自我调节,充分发挥主观能动性去改造环境,努力实现自己的理想目标。

美之赏析

梅兰竹菊四君子人格品性

梅花被誉为花中"四君子"之首,也是"岁寒三友"之一,因其所处环境恶劣,却仍在凌厉寒风中傲然绽放于枝头,是中华民族最有骨气的花,是民族魂代表。梅的傲骨激励着一代又一代的中国人不畏艰险、奋勇前进、百折不挠。我们更加熟悉那句"待到山花烂漫时,她在丛中笑",梅的品格与气节就是民族精神的写意。

梅花是中国的传统之花,坚强、高洁、谦虚的品格为世人所敬重,历代中引来无数爱梅、赞梅的文人志士,在文学艺术史上,关于梅的诗和梅的画数量之多恐怕是其他花卉所不及的。"墙角数枝梅,凌寒独自开。遥知不是雪,为有暗香来。"这首诗诠释了梅花自强不息的傲雪的精神;"无意苦争春,一任群芳妒。零落成泥碾作尘,只有香如故。"这说明梅花不与群芳争艳的高洁之美。

空谷生幽兰,兰最令人倾倒之处是"幽",因其生长在深山野谷,才能洗净那种绮丽香泽的姿态,以清婉素淡的香气长葆本性之美。这种不以无人而不芳的"幽",不只是属于林泉隐士的气质,更是一种文化通性,一种"人不知而不愠"的君子风格,一种不求仕途通达、不沽名钓誉、只追求胸中志向的坦荡胸襟,象征着疏远污浊政治、保全自己美好人格的品质。

明月如霜,好风如水,凉爽的闲庭中,翠竹依阶低吟,挺拔劲节,青翠欲滴,婆婆可爱,既有梅凌寒傲雪的铁骨,又有兰翠色长存的高洁,并以它那"劲节""虚空""萧疏"的个性,使诗人在其中充分玩味自己的君子之风。它的"劲节",代表不屈的节;它的"虚空",代表谦逊的胸怀;它的"萧疏",代表诗人超群脱俗。

如果说,冬梅斗霜冒雪,是一种烈士不屈不挠的人格,春兰空谷自适,是一种高士遗世独立的情怀,那么,秋菊才兼有烈士与高士的两种品格。晚秋时节,斜阳下,矮篱畔,一丛黄菊傲然开放,不畏严霜,不辞寂寞,无论出处进退,都显示出可贵的品质。

两千多年以来,儒道两种人格精神一直影响着中国的士大夫,文人多怀有一种"穷则独善其身,达则兼济天下"的思想。尽管世事维艰,文人心中也有隐退的志愿,但是,那种达观乐天的胸襟,开朗进取的气质,使他们始终不肯放弃高远的目标,而菊花最足以体现这种人文性格。咏菊的诗人可以上溯到战国时代的屈原,而当晋代陶渊明深情地吟咏过菊花之后,千载以下,菊花更作为士人双重人格的象征而出现在诗中画里,那种中和恬淡的疏散气质,与诗人经历了苦闷彷徨之后而获得的精神上的安详宁静相契合。因而对菊花的欣赏,俨然成为君子自得自乐、儒道双修的精神象征。

美之感悟

人格美是美的一种,是美在人格上的综合体现,是人的光辉思想、高尚道德、情操等主体精神及其外化的感性显现,是通过人的言行在周围人们心目中形成的一种巨大的感召力以及自己内心信念的不断升华的东西。人格美就是人的各种优秀素质在人身上的总和。

人格美应以高尚品德为核心。我国古代思想家推崇的理想的人格之美主要是道德。道德是人格美的核心,没有崇高道德的人,其人格不会是美的。只有那些道德意识先进,自觉按照社会道德规范来调节个人与他人、个人与社会关系的人,激励自己的责任感、义务感、形成高尚道德品质的人,其人格才是美的。

人格美是人性的最高境界,是人生的最高层次追求。随着社会物质文明发展水平的提高,对人格美的要求也越高。具备了人格美的人,生活就有了正确的导向,就有了崇高的追求,人生就会很充实。

人格美的存在是客观的,是不以人的意志为转移的。可以说,美总是和真、善联系在一起,真、善、美是有机的统一。美既要符合历史发展的规律,又要符合人类社会的道德准则。要使每个人的人格更加完善、美好,就应该致力于德、智、体的全面发展,使理论和实践统一,知与行一致;此外,更应该加强道德行为训练,养成良好的行为习惯,修身立德,高风亮节。当然,在改革开放的冲击下,学习和吸收国外科学技术和经营管理经验的同时,形形色色的腐朽思想也乘虚而入,拜金主义、极端利己主义也沉渣泛起,正在毒害、腐蚀和侵蚀着国人的灵魂。在这种形势下,用高尚精神塑造人格美,培养崇高的人格美形象会改变社会的不良风气,改变被扭曲了的人格,社会才会更加和谐,更加健康地向前发展。

  思考讨论

1. 讨论人格美的表现与作用。
2. 大学生如何塑造自身人格美。

参考文献

[1] 蔡元培.美育与人生——蔡元培美学文选[M].济南:山东文艺出版社,2020.
[2] 李泽厚.从美感两重性到情本体——李泽厚美学文录[M].济南:山东文艺出版社,2019.
[3] 高顺岭.绘画艺术与美术欣赏[M].长春:吉林美术出版社,2010.
[4] 彭吉象.艺术学概论[M].北京:高等教育出版社,2019.
[5] [法]丹纳.艺术哲学[M].傅雷,译.上海:上海科技文献出版社,2017.
[6] 郝圣恩.艺术概论[M].沈阳:辽宁美术出版社,2017.
[7] 陈燕敏,姚佩婵.舞蹈欣赏[M].重庆:重庆大学出版社,2016.
[8] 姚杰.艺术概论[M].北京:中国传媒大学出版社,2019.
[9] 宗白华.中国文化的美丽精神[M].武汉:长江文艺出版社,2015.
[10] 杜东枝.美·艺术·审美:实践美学原理[M].昆明:云南大学出版社,2015.
[11] 蒋勋.艺术概论[M].上海:生活·读书·新知三联书店,2015.
[12] 刘创.音乐之美——音乐艺术鉴赏[M].上海:上海交通大学出版社,2015.
[13] 顾春芳.戏剧学导论[M].北京:北京大学出版社,2014.
[14] 郭鹏飞.艺术鉴赏[M].北京:冶金工业出版社,2014.
[15] 宁薇.大学生美育论[M].天津:天津社会科学院出版社,2013.
[16] 朱立元.美育与人生[J].美育学刊,2012,3(1):1-4.
[17] 李君.音乐美滋养大学生的心灵[M].长沙:湖南师范大学出版社,2012.
[18] 王宏建.艺术概论[M].北京:文化艺术出版社,2010.
[19] 朱立元.美学大辞典[M].上海:上海辞书出版社,2014.
[20] 刘永增.解读敦煌·敦煌彩塑[M].上海:华东师范大学出版社,2016.
[21] 彭吉象.影视美学[M].北京:北京大学出版社,2019.
[22] 李泽厚.美的历程[M].北京:生活·读书·新知三联书店,2009.
[23] [俄]车尔尼雪夫斯基.艺术与现实的审美关系[M].周扬,译.北京:人民文学出版社,2009.
[24] 俞吾金.意识形态论[M].北京:人民出版社,2009.
[25] 宋丽.舞蹈欣赏[M].郑州:河南人民出版社,2008.
[26] 赵声良.敦煌艺术十讲[M].上海:上海古籍出版社,2007.
[27] 温洋.公共雕塑[M].北京:机械工业出版社,2006.

[28] 鲁迅.集外集拾遗补编[M].北京:人民文学出版社,2006.
[29] 彭富春.美学原理[M].北京:人民出版社,2011.
[30] 朱立元.当代西方文艺理论[M].上海:华东师范大学出版社,2005.
[31] 王焕镳.墨子集诂[M].上海:上海古籍出版社,2005.
[32] [美]约翰·杜威.艺术即经验[M].高建平,译.北京:商务印书馆,2010.
[33] 易存国.敦煌艺术美学[M].上海:上海人民出版社,2005.
[34] 郑新兰.天籁之声的奏鸣——音乐美[M].石家庄:河北少年儿童出版社,2003.
[35] 孙诒让.墨子间诂[M].北京:中华书局,2001.
[36] [美]阿瑟·艾夫兰.西方艺术教育史[M].四川:四川人民出版社,2000.
[37] 颜一.亚里士多德选集(政治学卷)[M].北京:中国人民大学出版社,1999.
[38] [德]莫里茨·盖格尔.艺术的意味[M].北京:华夏出版社,1999.
[39] 林清奇.美与艺术[M].合肥:安徽教育出版社,1998.
[40] 陈望衡.中国古典美学史[M].长沙:湖南教育出版社,1998.
[41] [波]塔塔科维兹.古代美学[M].杨力,等译.北京:中国社会科学出版社,1990.
[42] 王先谦.荀子集解[M].沈啸寰,王星贤,点校.北京:中华书局,1988.
[43] [德]恩斯特·卡西尔.人论[M].甘阳,译.上海:上海译文出版社,1985.
[44] [英]罗宾·乔治·科林伍德.艺术原理[M].王至元,陈华中,译.北京:中国社会科学出版社,1985.
[45] [苏]斯托洛维奇.审美价值的本质[M].凌继尧,译.北京:中国社会科学出版社,1984.
[46] [意]克罗齐.美学原理:美学纲要[M].朱光潜,等译.北京:外国文学出版社,1983.
[47] [德]莱辛.拉奥孔[M].朱光潜,译.北京:人民文学出版社,1982.
[48] [德]歌德.歌德的格言和感想集[M].程代熙,张惠民,译.北京:中国社会科学出版社,1982.
[49] [德]黑格尔.美学[M].朱光潜,译.北京:商务印书馆,1981.
[50] 鲁迅.鲁迅全集(第6卷)[M].北京:人民文学出版社,1958.
[51] 王妍.浅谈雕塑的"美"[J].美术大观,2013,(11):44-46.
[52] 曹海艳.浅谈艺术活动中的艺术接受过程[J].剑南文学(经典教苑),2011,(11):150-152.